專注本業，閒錢 All In
大俠武林教小資變富有的實戰練習

大量買進

大俠武林——著

目錄
contents

Chapter 3 投資報告1》14檔金控

目錄
contents

有底氣的財富人生

「專注本業，閒錢投資」是大俠一直以來的名言，而這句話也是大俠每次直播中開頭不斷提及的開場白，在我的 Facebook 粉絲頁「大俠武林」和前2 本書《股息 Cover 我每一天》、《全息人生》當中也不斷強調這個重點。買股票誰都會，但要從小資累積到足夠財富自由的程度，就一定要先有穩定的本業收入，並且有紀律的用閒錢投資，才能踏實的累積資產。

不少讀者在擁有了一定的資產後，也總會追問，有沒有什麼方法能夠有效的提高報酬？秉持著要帶讀者一起成長的精神，大俠想在這本新書中，進一步分享現階段使用的心法，更靈活、也能夠有效擴大報酬。

這個心法，可以濃縮成 4 個字：「大量買進」。簡單說，就是盡可能的投入閒錢，遇到市場恐慌，則要敢於將閒錢「歐印」（All in，全部投入）。但這是有前提的，首先你必須老實地累積到基本的股票資產，創造出正報酬後，再於市場超漲時期適時的調節部分庫存，將一些報酬收回口袋，確保之後回檔時能有銀彈繼續投入。

　　近幾年的市場大型恐慌，有 2018 年的美中貿易戰、2020 年的新冠肺炎疫情，2022 年則是發生俄烏戰爭、通膨環境、聯準會（Fed）升息造成資金緊縮，當年台股從年初最高點 1 萬 8,619 點一度殺到最低的 1 萬 2,629 點，全年共修正了 4,081 點，讓不少投資人叫苦連天；但是相對地，也讓當時在低點大量買進的投資人累積到不少資產。

　　2022 年那年，股市的氣氛有多低迷？一打開電視就有名嘴恫嚇台股將殺破萬點之下，還有網路上的討論、現實生活親朋好友的談話，都能聽到要「現金為王」、「遠離股市」的言論；然而當時大俠仍然在社群平台上不斷分享「適當的回檔，更有利於長線資產的累積」，因為那種環境對大俠來說，可是累積財富的好時機！這段過程，大俠有寫在上一本書《全息人生》中，並且出示對帳單，分享當時是如何度過那個年頭，也有提及幾檔強勁的個股及 ETF。那幾檔個股，在當年稱為「代工五哥」，後來沒想變成了「AI 五哥」；而主要提及的 ETF，也水漲船高成為區間內漲幅強過大盤的 ETF。

　　隔年（2023 年），市場因著新話題 AI 展開了多頭氣勢，大俠也陸續調節部分個股及 ETF，將帳上報酬換了新房，新房裝潢費用則全數都由股票投資報酬來完完整整的「Cover」。

　　在這本書中，大俠會將投資的 SOP（標準作業程序）再完整介紹一次，也會介紹大俠正在注意的 ETF 和個股。再次強調，不要小看 ETF，尤其在

2023 年～2024 年，台股有不少 ETF 帶來的資本利得勝過許多個股的同期表現，也因為 ETF 有分散個別風險的特質，所以能讓許多投資人放更多的心來投資。放心投資很重要，因為這也是讓我們敢於「大量買進」、敢用更多資金參與市場的關鍵之一。而一般投資人該如何做到在不同的市場狀況下，評估適當的持股比重？投資時該使用多少比率的資金？本書也會提供容易學習的方法，幫助大家做出判斷。

大俠的投資心法，歷經了多次恐慌及震盪，從這些恐慌中淬煉出完整的 SOP，而且都沒變動過。如果你常聽大俠在外面的演講、電視通告或直播，都一定常聽到我說，「各位股東們來聽大俠講話」，一定要聽大俠講的東西是不是一樣，因為如果講的東西不一樣，代表大俠之前都錯了。

目前大俠主要出沒點在每週一、週三晚上固定的 YouTube（簡稱 YT）直播（週一、週三的時間是固定，而如果問題較多，週二、週四、週五也會加開，所以經常週一到週五都會開直播），Threads、IG、同學會討論區、全息人生 App，然後我們在 YT 開設的 24 小時聊天室，有任何問題都可以在上面發問。

曾有人描述大俠是「股市人肉翻譯機」，因為大俠總習慣將股市刁鑽之處，用最簡單的方式描述出來，以及進一步舉例。若你是想要增進投資報酬的小資族，相信這本書，能幫助你更加理解長期投資過程中，遇到短期震盪時，

該用何種心態及策略來度過這些關卡，讓自己成為更成熟的投資人；也期許你每天只花少少的 15 分鐘，就可以完成不管是短期價差、長期投資的布局策略。

　　最後祝福各位讀者，能夠透過穩健的投資策略，達成有底氣的財富人生，並不再為錢所苦，早日享受美好人生。

大俠武林

2024.11

Chapter 1

擬定布局策略

1-1

掌握3重點
靠「大量買進」累積報酬

當投資人累積到一定的資產後,想要讓報酬更上一層樓,就得知道如何「大量買進」,這當然不是指一有錢就無腦全部買進,像是在市場高檔、氣氛貪婪時就不是適合大量買進的時間。以下先教大家掌握 3 個重點:

重點1》提高資金使用效率

第 1 個重點是「提高資金使用效率」。投資不能用玩的心態來看待,要投資就要穩健地進行,才能有效地累積出有底氣的資產來面對通膨生活。

所以大家要找到能夠放心投資的標的,並且用穩健的方式投資,然後加大我們的資金量,讓資金使用效率提高,整體獲利金額才能夠有效提升。

我們可以得出以下公式:

獲利＝報酬率 × 資金使用效率

資金使用效率＝實際投入資金 / 所有閒錢

就算單筆的報酬率很高，但是整體資金使用效率極低，恐怕也沒啥用，就好像一筆投資大賺 100%，但實際獲利只有 200 元，恐怕也讓人高興不起來。那麼為啥會有這種情況？最常見的原因就是投資人不熟悉所買的股票，可能只是剛好買到狂飆的妖股，因為不熟悉，只敢用一點點資金來玩，所以就算大漲，但買的量很少，也只是報酬率好看而已，實際進到口袋的獲利金額還是很無感。這種沒把握的股票，不敢大買也很合理，就像買彩券只能小賭怡情，沒必要把身家都壓進去。但是，如果買對了股票，想要擴大報酬，就得要持續地買進，一次拿不出太多錢也沒關係，就定期慢慢買、領到年終獎金繼續買，領到股息再回買，遇到恐慌大跌就拿出剩餘的閒錢大量買進！

一買進就穩穩上漲的股票，投資報酬率會讓人非常有感，但也容易遇到心魔。這邊要講一個實際案例，大俠有個朋友，在台積電（2330）還在 200多元的時候買了 1 張，這麼低的成本，可以想見帳上報酬率有多高，但他也就不繼續投入資金了，也不拿台積電給他的股息做回買，帳上的確看起來相當漂亮。但問題是，如果他能持續買進的話，整體的獲利金額會更理想，我當時也建議他續買並且剖析利害之處，但他的回答是，「如果持續買進，成本就上升了啊！而整體報酬率就會下降了。」乍聽之下似乎很合理，沒人會希望報酬率變低；但是，如果沒有擴大參與市場，只有一小部分資金享有

高報酬率，那手中累積愈來愈多的資金不斷被軋空，機會成本不斷下降，也無法享受到整體資產的明顯成長。

結論，針對好的資產而言，單筆投入的確能帶來最佳報酬率，但如果資金能持續投入，提高資金的使用效率，才能有效提高整體的獲利金額，也才能對財富成長帶來實質的幫助。

重點2》勇於在市場恐慌時大量投入資金

大量買進的第 2 個重點，是要「勇於在市場恐慌時大量投入資金」，此時不僅僅是閒錢投資了，更要用閒錢「歐印」（All in，全部投入）。

先來回顧 2020 年 3 月新冠疫情造成的台股股災，就以兆豐金（2886）為例，在股災發生前一年，大俠手中有 200 多張兆豐金，原本給自己的目標是存到 365 張，要用股息來「Cover」（照顧）日常花費；但是既然遇到了股災，兆豐金難得大跌 19%，當然要把握機會大買，也讓我當年就存到超越原訂的目標張數。這段過程，和大俠對於分批買進的心法，也都有寫在第一本書《股息 Cover 我每一天》當中。

最近一次大買則是 2024 年 8 月 2 日的台股暴跌，那天創下外資在台股歷史上第一大賣超（隔月 9 月 4 日又刷新一次紀錄），那段區間的大跌，

大俠則是買了將近 2,600 萬元，主要買摺疊手機類股、博弈類股、統一 FANG+（00757）、富邦臺灣中小（00733）、富邦台 50（006208）、元大台灣高息低波（00713）、群益台灣精選高息（00919）。後來股市在不到 1 個月的時間就反彈，區間報酬 30%，比同期大盤反彈的報酬率還要高，更有感的是，這波讓大俠在不到 1 個月的時間就大賺 800 萬元以上。

重點3》懂得控管與調節資金

大量買進的第 3 個重點，是要「懂得控管與調節資金」，這也是決定能否做到上述第 2 個重點的關鍵。

剛開始投資時，大俠會鼓勵大家紀律性地買，不管是定期定額或不定期不定額都好，持續用閒錢布局好標的，就能自然累積到一定的部位，並且長出正報酬。累積過程中，如果股市位階還未高漲，那麼領到的股息便可參與回買產生複利；如果股市高漲，又或者是你使用的資金量太高，就可以開始陸續調節部分本金跟報酬。

如果你常聽大俠直播，就會知道在 2024 年 8 月 2 日之前的整個月份，大俠就不斷在直播分享如何做資金調節，提醒大家位階已高不要追漲！正所謂「投資不追高，別往山上敲」，過熱時候就該緩緩，該停就要停，才是市場上長期生存之道。而調節出來的報酬，可以等之後市場回檔再進場布局，

也就是「在位階高漲時調節，低檔跌深時布局」，用這種方式來擴大報酬，並加快資產的累積。

如果調節出更多一點報酬，也可以用報酬來去提升生活品質，例如規畫出國旅遊、換手機、逛週年慶！如果金額再更多，那就去逛逛房地產，買房頭期款就用帳上的報酬來 Cover。我在上一本書講的《全息人生》，就是希望各位讀者投資到最後能達到這樣的境界——買東西時不用花到自己本金，每個月的食、衣、住、行等基本費用則用股息或調節出的報酬來支付，沒花完的資金看能投多少到股票市場，就盡量按照位階去布局。

到了這階段，甚至可以「週三調節、週五花錢」，這句話只是順口溜，不見得只能週三賣，會這樣說，是因為台灣股市交易採取「T＋2」制度，就是股市賣出的報酬要隔 2 天才收到。會說週五花錢是意味著，如果本週有調節出正向報酬，那麼投資人不用客氣，就在週末享受人生、提升生活品質。

大俠想鼓勵大家，不見得要辛辛苦苦、小心翼翼，一輩子工作到 65 歲才能退休，現在開始，就好好學會管理金錢與時間。管理好每一天的時間，就能空出時間去學習、精進自己；學好投資，使用對的投資策略，就能有多餘的錢用來提升生活品質，追求工作、進修、運動、休閒的平衡。從小處著手，你就能每天逐步「退休」，而不是等到傳統意義上的退休年齡才能享受人生。

─────── **1-2** ───────

步驟1》挑選
含息報酬表現為核心原則

股市從來都不是比誰賺得快，而是比誰活得久，唯有能真正在市場上長期存活且穩健產出報酬，才能算是合格的投資人。在市場多年，看過各種來來去去的投資人，不管單次報酬賺得再多，只要所使用的投資方式不能創造複利並長期穩健產出報酬，也是枉然，因為這類投資人不知道自己究竟是靠何種方式賺錢，一時賺來的獲利也將會不知所終的消失。

對於大多數還要上班的投資人來講，除了體質良好、配息穩健的金控股（尤其是官股金控）可以穩穩累積張數長期投資，ETF 也是一種可以比氣長、比耐心、比毅力的好工具。

畢竟絕大多數的投資朋友，都無法每天追著一大堆專業數據、籌碼分點、公司財報、全球總經數據去精挑細選個股，而且稍有不慎可能就將剛賺來的全數賠了出去。

因此本書在介紹投資商品時，除了會介紹大俠擅長的金控股，也會有相當大的篇幅在分享大俠挑選出的 ETF；而接下來要談的投資方法，則會以「投資 ETF 的 SOP」為主軸，這套方法非常簡單，只有 3 大步驟：

步驟 1》挑選。
步驟 2》布局與持有。
步驟 3》調節。

ETF是最適合新手的投資工具

ETF 非常適合剛進市場的投資人做練習，因為 ETF 具備多檔成分股，能自然分散風險，以及會依照指數追蹤規則，去汰換暫時表現不佳的產業或個股，所以通常投資人只要能夠紀律投資，長線即可有機會取得完整市場報酬。因為人類的資本主義推動，一個良好的經濟體必定要推動通膨，也會推動大盤指數不斷向上。健康的通膨，可以讓你我更享受於工作及經濟成長帶來的好處，也就是花錢能得到良好的生活品質，以及花錢投資有正向結果。

在通膨的環境當中，物價會逐漸上漲，今天不買，下週會漲；今天不投資，明年會漲更多……。為了跟上物價與資產價格的上漲，你會怎麼辦？是不是會一直想要提升自我價值，然後在就業市場上不斷往上爬？而也因為這樣，所以才不斷造成人類文明的前進，新舊的迭代，呈現正向的循環。

反之，如果是通縮呢？今天不買沒關係，反正下週會更便宜；今年不投資沒關係，反正明年會跌更多。在這樣的環境下，人人都不想消費，鈔票流通速度變慢，人也不會想要努力，也容易造成經濟社會體系的沉淪。

ETF優點》一次買進一籃子好股票

ETF 的全名是 Exchange Traded Fund，中文翻譯為「指數股票型基金」，是一種在股票市場上市並交易的基金，結合了股票和共同基金的特點。像股票一樣，投資者可以在股市交易時間內隨時買賣 ETF；同時，ETF 也像共同基金一樣，是一籃子資產的集合，可以讓投資者能以相對低的成本分散投資於多檔標的。

ETF 是一種被動管理的投資工具，通常是追蹤某個指數（例如台灣加權股價指數、美國標普 500 指數和道瓊工業平均指數等），或是追蹤特定資產類別（如債券、特定行業、大宗商品等）的表現。

ETF 的價值隨著其所追蹤的資產或指數的價值變動，這樣投資者就能夠獲得該指數或資產群體的收益。ETF 具有以下幾個特點：

1. **多樣化投資**：持有 1 檔 ETF 等於同時持有多檔標的，如果是投資單一公司股票，我們會擔心公司發生無法預期的風險，例如財務危機、失去大訂單、遭遇產業景氣循環逆風等。但是當手中持有的股票檔數一多，就能降低

個別的風險，因此若透過投資 ETF 持有多檔股票，就能自然地把風險分散掉。

2. 透明度高： ETF 會按時公告其持有的成分股及權重，投資者能夠清楚地知道資金配置。

3. 流動性佳： 由於 ETF 像股票一樣在交易所掛牌交易，投資者可以在股市交易時間內進行買賣，變現方便。

4. 低成本： 與主動管理的共同基金相比，ETF 的管理費相比通常較低，因為它是被動管理，主要追蹤指數，而不是主動挑選個股。

ETF類型》可分為2種不同管理方式

ETF 在市場上剛推出時，是以被動型的指數型基金為主，後來也出現了由基金經理主動管理的商品。這 2 種 ETF 是 2 種不同管理方式的基金，主要差異如下：

1. 主動型 ETF： 基金經理會主動選擇和調整投資組合中的資產，目標是超越市場或某個基準指數的表現。基金經理根據市場分析、個別公司的表現或其他投資策略進行買賣決策，並試圖抓住市場機會，以獲得超額收益。不過因為基金經理試圖超越市場表現，主動型 ETF 的風險可能會比較高。如果基金經理做出錯誤的投資決策，可能會導致低於市場基準的回報。但是，主動型 ETF 也有潛力在市場表現不佳時，通過精準選股提供更高的回報。

2. 被動型 ETF： 追蹤特定的指數或市場，如標普 500 指數、台灣加權股

價指數等。基金經理並不會主動挑選個股或頻繁調整組合，而是盡量使 ETF 的表現與該指數一致；目的是反映市場或某一特定資產的表現，而不是超越它，這也是本書主要討論的 ETF 類型。

挑選ETF的訣竅是「績效」

市面上的 ETF 種類繁多，涵蓋各種主題，如果要持續投資，又該如何選擇呢？大俠挑選 ETF 最起碼的條件是「同期報酬不輸給大盤，以及未來潛在績效有機會戰勝大盤」，也就是說，大盤只是最基本要挑戰的門檻。在財經投資的世界裡，無論是市值型、高息型還是具備低波動特色或產業型 ETF，這些名稱和理論術語對於大多數投資者來說，只是市場中不同的投資工具。長期認識大俠的朋友們都知道，大俠對於這些僅停留在名詞解釋的理論口舌之爭興趣不大。

投資的本質，是如何賺錢，而不是研究名詞的定義。大俠關注的始終是投資產品的核心價值：成分股的質量、指數規則的汰換邏輯，以及最終的含息報酬。

這些，才是決定一檔 ETF 投資價值的根本因素。例如「高息低波」的 ETF，這類產品雖然名義上標榜高股息、低波動，但是觀察它們的績效表現，卻可能超越市值型 ETF。

就以元大台灣高息低波（00713）為例，雖然自 2024 年截至 10 月底為止，其績效是落後市值型的元大台灣 50（0050），然而若把時間拉長到 3 年，00713 的含息報酬率高達 69.99%，明顯超越 0050 的 56.45%（詳見圖 1）。

原因在於這些 ETF 背後的成分股，正好是具有高成長潛力和穩定的現金流，即便內扣費用相對較高，依然能夠戰勝同期的大盤指數。再舉例，富邦臺灣中小（00733）與統一 FANG ＋（00757）這 2 檔內扣費用較高的 ETF，依然為投資者帶來了長期超越大盤的表現。

這說明了，內扣費用並非評估 ETF 好壞的唯一標準；真正需要考慮的，是該 ETF 能否長期為投資者帶來穩定的回報，成分股的質量、行業趨勢的把握，這些都是投資者應該深入研究的重點。

專注本質，了解選股核心邏輯再出手

因此，大俠強調的是，投資應該聚焦於 ETF 的內涵和核心邏輯，而非表面的名稱和費用結構。當然，不是所有的高息型 ETF 都合格，也不是所有的內扣費用高的 ETF 都能帶來優秀的投資回報，在挑選 ETF 時，一定要了解它的選股邏輯，並且仔細觀察其含息報酬率，避免掉入標榜高股息但實際績效不佳的投資陷阱。

圖1 **2021～2024年00713的3年績效超越0050**
——0050 vs. 00713含息報酬率

── 元大台灣 50（0050）　── 元大台灣高息低波（00713）

69.99%

56.45%

單位：%

註：資料時間為 2021.10.29～2024.10.30　資料來源：MoneyDJ

　　本書也不會特別點名那些大俠個人不認可的 ETF 或產業，因為大俠的目標是為讀者提供具有實質幫助的投資建議，而不是去挑釁或批評市場上的各類產品。寫這本書的初衷，是希望能幫助每一位讀者，通過正確的投資策略，逐步實現財務自由。這不僅是為了提高投資回報，更是希望各位股東能夠安心上班、努力加薪，並且在長期投資中收穫成果。

　　通過穩定的投資收益，提升生活品質，累積資產，最終能夠用一顆平常心面對工作和生活，不再為金錢煩惱。這是長期有效投資所帶來的最大價值，

表1 **37檔ETF可作為長期投資的布局參考**

代號	名稱	股價 （元）	布局至今 年化含息報酬率（%）	月報酬1萬元 要買幾張（張）	
0050	元大台灣50	189.35	7.31	8.7	
0052	富邦科技	186.20	10.64	6.1	
00713	元大台灣高息低波	55.20	10.18	21.4	
00733	富邦臺灣中小	53.50	13.56	16.5	
00757	統一FANG+	96.90	18.01	6.9	
00770	國泰北美科技	50.10	12.73	18.8	
00830	國泰費城半導體	44.70	13.85	19.4	
00850	元大臺灣ESG永續	44.77	10.45	25.6	
00881	國泰台灣5G+	24.13	12.77	38.9	
00891	中信關鍵半導體	17.33	18.57	37.3	
00893	國泰智能電動車	24.58	13.84	35.3	
00894	中信小資高價30	20.30	13.00	45.5	
00895	富邦未來車	31.18	19.43	19.8	
00901	永豐智能車供應鏈	21.04	15.50	36.8	
00904	新光臺灣半導體30	17.53	12.71	53.9	
00905	FT臺灣Smart	13.53	16.23	54.6	
00909	國泰數位支付服務	36.33	29.32	11.3	
00911	兆豐洲際半導體	25.15	13.95	34.2	
00912	中信臺灣智慧50	18.92	12.63	50.2	
00913	兆豐台灣晶圓製造	20.19	10.40	57.1	
00915	凱基優選高股息30	25.97	19.37	23.9	
00916	國泰全球品牌50	24.41	14.79	33.2	
00917	中信特選金融	23.61	17.42	29.2	
00918	大華優利高填息30	24.33	15.89	31.0	

──大俠精選ETF名單

投入總金額（萬元）	預估年化殖利率（%）	月領息1萬元	
		要買幾張（張）	投入總金額（萬元）
165	3.24	19.6	371
114	3.20	20.1	374
118	6.29	34.6	191
88	4.93	45.5	243
67	N/A	N/A	N/A
94	5.55	43.2	216
87	3.19	84.2	376
115	4.22	63.5	284
94	5.41	91.9	222
65	5.72	121.1	210
87	N/A	N/A	N/A
92	4.27	138.4	281
62	N/A	N/A	N/A
77	4.37	130.5	275
94	3.00	228.2	400
74	6.77	131.0	177
41	4.11	80.4	292
86	4.10	116.4	293
95	4.98	127.4	241
115	5.16	115.2	233
62	8.88	52.0	135
81	1.00	491.6	1,200
69	0.75	677.7	1,600
75	9.05	54.5	133

接續
下頁

代號	名稱	股價（元）	布局至今年化含息報酬率（%）	月報酬1萬元要買幾張（張）
00919	群益台灣精選高息	23.43	11.37	45.0
00922	國泰台灣領袖50	21.19	17.58	32.2
00923	群益台ESG低碳50	21.21	14.91	37.9
00924	復華S&P500成長	24.49	17.85	27.5
00926	凱基全球菁英55	23.23	16.55	31.2
00935	野村臺灣新科技50	21.69	13.60	40.7
006208	富邦台50	109.90	9.27	11.8
00631L	元大台灣50正2	232.50	18.73	2.8
00647L	元大S&P500正2	99.70	11.44	10.5
00663L	國泰臺灣加權正2	212.10	18.94	3.0
00670L	富邦NASDAQ正2	130.15	13.74	6.7
00675L	富邦臺灣加權正2	92.95	19.04	6.8
00685L	群益臺灣加權正2	82.80	19.35	7.5

註：1. 統計至 2024.11.21；2.「布局至今年化含息報酬率」指該 ETF 上市日起，假設每月第一個交易日投資至今之年化含息報酬率；3.「月報酬 1 萬元要買幾張」、「月領息 1 萬元要買幾張」，分別根據年化含息報酬率及預估殖利率試算投資該 ETF 所能獲得之每月平均含息報酬為 1 萬元、平

也是大俠希望每一位讀者能夠從本書中獲得的核心理念。

　　經過長時間的研究，大俠將經歷過市場恐慌且績效不俗的 ETF 整理出來，這些 ETF 不僅在震盪中脫穎而出，而且其中有多檔也在長期投資回報上顯示了卓越的表現，值得作為長期投資的參考（詳見表 1）。

　　表 1 不僅包含這些 ETF 在市場震盪後的歷史績效統計，本書也會附上「投

投入總金額（萬元）	預估年化殖利率（%）	月領息1萬元	
		要買幾張（張）	投入總金額（萬元）
105	8.36	61.3	144
68	5.24	108.1	229
80	4.61	122.7	260
67	N/A	N/A	N/A
72	1.42	363.8	845
88	2.96	186.9	405
130	3.26	33.5	368
65	N/A	N/A	N/A
105	N/A	N/A	N/A
64	N/A	N/A	N/A
87	N/A	N/A	N/A
63	N/A	N/A	N/A
62	N/A	N/A	N/A

均月領息 1 萬元需持有的張數，「投入總金額」則為張數乘以股價；4. 未配息之 ETF 月領息相關欄位以「N/A」表示；5. 此表乃根據 ETF 歷史數據之試算參考，不代表未來報酬率及殖利率，投資前宜審慎評估　　資料來源：全息人生 App

資報告」，幫助投資者了解它們追蹤的指數及成分股的篩選邏輯，進而清楚掌握這些 ETF 背後的運作機制，從而做出更加明智的投資決策。

　　這邊大俠還是要多叮嚀幾句，不要硬是為了要組成「月配」投資組合，而強迫自己要買一些明明績效就很慘的 ETF；就算沒有組成月配，也可以透過本書教學的觀念，打造出屬於你自己的現金流系統。

1-3

步驟2》布局與持有
維持紀律性投資

選出好的 ETF 之後，接著就要開始布局並長期持有，只要維持這樣的投資紀律，人人都可以在其中取得完整市場報酬，又能兼顧本業工作及日常生活的平衡。而不管你投資的是市值型、高息型，或者是其他優秀的 ETF，當你打算開始布局時，很可能又會浮現「今天真的要買嗎？」「今天上漲了，等明天買會不會更便宜？」「今天跌了好多，會不會一買進又下跌？」「我有一筆閒錢，今天要全部買完嗎？」……等一連串的煩惱。大俠不斷強調，儘管市場時漲時跌，但是把時間的尺度拉長，你會發現整個市場是呈現長期往上漲的格局，因此不管現在是歷史高點或盤整，或是在下跌的過程中，隨時都是可以布局的時刻！

方法》定期定額投資

在大俠上一本書《全息人生》第 109 頁，我們已經討論過定期定額投資

大盤 ETF 的策略，無論是從高點或低點開始，這種方法都能奏效。事實上，即使是從高點開始定期定額，而不是等到低點再投入，也依然能夠獲得可觀的收益。這背後的主要原因是，只要每次都依計畫投入閒置資金，那麼從長期來看，早買早享受。如果暫時還沒享受到收益，那就繼續保持紀律，等到市場再創新高時，就能完全享受從市場恐慌區間中獲得的報酬。就市值型的大盤 ETF 而言，包括元大台灣 50（0050）或富邦台 50（006208），許多投資人擔心台股最大權值股台積電（2330）的比重過高，害怕如果台積電表現不佳，會影響這類 ETF 的表現。

實際上，如果台積電真的出現衰退，這個過程不會一夜之間就發生完畢，它是會有遞延效應的，因為，ETF 會根據其權重機制逐步調整，將更具潛力的公司補上來。

可以想像一個菁英班級，班裡的學生取自全校前 50 名。如果連續多次拿第 1 的學生表現開始下滑，那麼排名第 2 的學生會接替，而即便下滑到 50 名之外，後面的優秀學生也會自動遞補。這是持續優化的過程。

當然，在這個調整過程中，投資者可能會感到壓力和不安，但只要保持紀律、持續投資，最終一定能看到轉機。因此，投資 0050 或 006208 時，不需要擔心「接刀」的風險，台灣市值前 50 名的公司同時下市的機率幾乎為零。假設真的發生如此極端的情況，那麼就算你沒有買股票，持有現金也

未必有用；反之，若最糟糕的情況沒有發生，而你卻因為持有現金錯過了市場增長，那麼現金的實質購買力將很可能被通膨侵蝕。

上述策略主要針對每月或每週的定期定額投資，且僅適用於經濟實力強大的國家所發行的大盤型 ETF，若想要獲取更高的回報，投資者還需要學習如何觀察產業趨勢，掌握各種策略型 ETF，並在市場恐慌和震盪時根據當前位階進行強勢進場。

當然，這些是成為成熟投資者的高階操作，對於剛開始的投資者來說，基礎練習尤為重要。看到這裡的投資朋友，不妨先從投資 0050 或 006208 開始，學習如何進行持續布局，累積出基礎報酬跟經驗。

原則》不畏市場波動並持續投入

持續布局是擴大獲利的關鍵，但是初入市場的投資人，必須先克服「平均持有成本提高」的心理障礙。

圖 1 是大俠朋友的台積電對帳單，他在 2020 年 3 月買了 1 張 272.5 元的台積電，至今報酬率相當高；以 2024 年 10 月 1 日收盤價 972 元計算，累積報酬率高達 255%，獲利達 69 多萬元。但他買進第 1 張後，再也沒有繼續加碼，理由是他認為持續買進會拉低報酬率，所以寧可將資金留在庫存

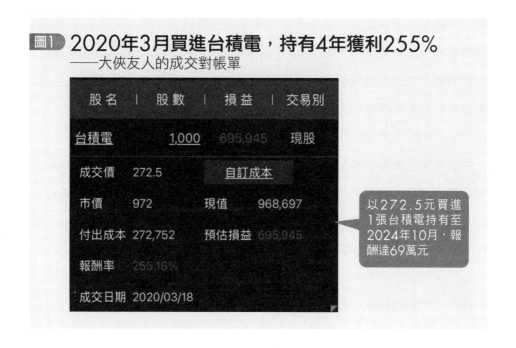

圖1 2020年3月買進台積電，持有4年獲利255%
——大俠友人的成交對帳單

股名	股數	損益	交易別
台積電	1,000	695,945	現股

成交價	272.5	自訂成本	
市價	972	現值	968,697
付出成本	272,752	預估損益	695,945
報酬率	255.16%		
成交日期	2020/03/18		

以272.5元買進1張台積電持有至2024年10月，報酬達69萬元

裡，也不再布局，甚至連領到了股息也不回買。

　　投資朋友，我們不妨仔細思考一下，持續買進的確可能會增加成本拉低報酬率，但問題是，獲利會因此下降嗎？大俠要再次強調一個投資的核心公式：

獲利＝（報酬率 × 資金使用效率）÷ 時間

　　換句話說，持續投入可能會降低你的報酬率，但如果你看好它的長期發

展，持續投入、加碼⋯⋯，反而會提升你的整體獲利金額，因為資金使用效率提高了。大俠常說的一句話是：「只要持續上漲，再貴的價格也都是便宜；如果不會上漲，那麼再便宜也都是貴的。」所以，不要被成本迷思困住，重點在於股票是否會持續上漲。

持續布局的優勢在於，它能有效降低投資的容錯率。單筆進場的時機對經驗要求非常高，一旦進場，成本就被鎖住，容錯率相對較低。如果不幸在高點投入並被套牢，如何解套？最常見的做法是等待股價突破當初的買入價格，或者是通過每月的薪資收入和股息持續回購來降低平均成本。

因此，「持續投入」是關鍵。這種策略不僅能降低高點進場的風險，還能利用市場波動中不斷增加的資金，最終實現更高的整體回報。單筆投入可能帶來的短期壓力，可以通過持續的資金流入來化解，從而提升長期投資的成功率。

結論是，單筆投資的確有機會取得漂亮的報酬率，但如果你有穩定的收入，持續投入才是符合人性且能實現更高的總體獲利。因此，問問自己：你是只追求表面的高報酬率，還是想要真正的核心實際獲利？答案顯而易見。

假設你是一名月薪 5 萬元的上班族，大俠建議你，除去基本的生存成本，也就是食、衣、住、行的必要開銷（或再加上緊急備用金）——將剩餘的閒

錢全部用於投資。這裡所說的「食、衣、住、行」僅包含基本費用，不包括偶爾外出旅遊入住飯店、週末在高檔餐廳的娛樂消費，或是犒賞自己購買名牌包包或昂貴的衣物等。大俠並非不鼓勵消費，而是建議讀者在產生投資報酬後，再用收益來滿足這些額外的消費欲望，切勿一開始就用自己的本金進行娛樂型消費。因此，領取薪水後，扣除基本開銷，將餘款全數存入證券帳戶。然後每月根據市場的情況持續投資，盡量不要持有過多現金。當年大俠初入市場時，正逢大盤震盪和恐慌，也是縮衣節食購買股票。隨後市場上漲，為大俠帶來了可觀的財富。

每月持續投入還可以降低投資者的心理壓力。大俠經常看到一些投資者，他們存了好幾年，積攢了 100 多萬元，終於開戶買股票；結果一買入市場就迅速下跌，導致他們心理壓力巨大，心神不寧，追高殺低，最終將多年的心血葬送於市場。

畢竟每月投入 3 萬元，與 1 次性投入 3 年積攢的 100 萬元，在心理承受能力上是完全不同的，這一點在經濟學眾多論文，以及所有的社交平台實際行為上已被證實。

而且你要知道，通常那些存了 3 年才開始進入市場的人，在股市長期向上的情況下，他們的資金實際上已經錯過了多年的增值機會，別人持續投入早已經賺了不少，他們才剛開始起步。在這種情況下，他們更容易因市場的

風吹草動而懷疑自己，從而嚴重影響投資報酬率。

所以，投資朋友，不如從現在開始，好好規畫每月的閒置資金，存入證券帳戶，透過挑選、布局並持有優秀的 ETF，保持穩定和紀律性的投資習慣，這樣的習慣終將為你打造出巨大的財富印鈔機！

資金》2步驟確認投入金額與標的

為了讓你能更安心的度過市場波動，大俠要再教你 1 招，也就是要買進時，先參考當前市場位階，評估你該從手中可用閒錢撥出多少比重來投資。這可以讓你即使是在市場相對高檔買進後遇到反轉，也能在下跌過程中，從容的繼續投入資金去參與市場。可掌握以下 2 步驟：

步驟1》根據「恐懼與貪婪指數」，決定可用資金

先來認識「恐懼與貪婪指數」（Fear & Greed Index），這是美國財經新聞媒體 CNN（Cable News Network）根據 7 項與投資情緒有關的指標所編製，包括市場股價表現、市場波動程度、市場避險需求……等。

雖然這個指數是針對美股市場，不過美國是全球經濟的核心，台股表現也與美股的連動性極高，因此這個能呈現美股信心的恐懼與貪婪指數，對於台股投資人來說具有很高的參考價值。

圖2 指數在「中性」區間時，可投入3/5資金
——2024年11月15日恐懼與貪婪指數

資料來源：CNN

　　恐懼與貪婪指數分為5個區間，由低而高分別為「極度恐懼」、「恐懼」、「中性」、「貪婪」、「極度貪婪」。只要到該指數的網站，就能快速看到指數的指針位置，顯示當前的股市情緒處在哪個區間。

　　例如：2024年11月15日，指針指向的是「中性」區間（詳見圖2）。而要買股票當天，可算算可用資金共有多少錢，根據當下指數位置決定要投入多少比率：

1. **極度恐懼（Extreme Fear）**：全數投入。
2. **恐懼（Fear）**：投入 4/5 資金。
3. **中性（Neutral）**：投入 3/5 資金。
4. **貪婪（Greed）**：投入 2/5 資金。
5. **極度貪婪（Extreme Greed）**：投入 1/5 資金。

步驟2》選定布局標的，計算可買進的股數

接下來就可以根據要買進的標的，計算可買進的股數。如果打算買超過 1 檔，則將要投入的資金平均分配。

範例：以 30 萬元可用資金為例，計算可投入資金水位

舉例來說，當你決定買進當天，恐懼與貪婪指數為「中性」區間，手中共有 30 萬元可用資金，那麼就投入「30 萬元 ×3/5」，也就是 18 萬元。

假設只打算買進 1 檔 0050，當下股價為 192 元，就將 18 萬元除以當下的股價，計算可買進股數：18 萬元 / 股價 192 元＝ 937 股。

布局心法》切勿追求短期暴賺

剛開始投資的人請不要太心急，尤其在股市位於相對高檔期間，不要過於期待一買進，隔天就看到帳上有令人滿意的正報酬，最起碼也要有布局 1

季（3 個月）以上的耐心。1 季還算是快的，建議最好要有等待 1 年、甚至 3 年的心理準備。

可以想想，不少人都買過儲蓄險來存錢，期滿（至少 6 年）拿回本金和一些利息，這類儲蓄險 1 次都要綁個好幾年，甚至在 3 年內解約還要付違約金導致賠本。如果你都有抱儲蓄險 6 年的耐心，那麼用這種心態套用在 ETF 布局上，想必你在時間上會更有耐性；也別因一時之間出現短暫的帳目虧損而產生焦慮。大俠本人在 2024 年 8 月那段期間布局了 2,600 萬元，那時候帳戶上也有出現 150 多萬元的虧損，但隨著市場回神，帳上就又看到數百萬元的報酬。所以別擔憂短期的波動，按照紀律做即可。

記得，千萬別過於追求暴賺，我們投資必須著重在績效能長期穩定。因為長期來看，市場報酬還是會回歸於正常的年化報酬率，真的不必要過分追求，要不然無法掌握的風險想必會提升許多。

如果真的很想要去追主題式的 ETF，比方說統一 FANG+（00757）及富邦臺灣中小（00733），這 2 檔近年的報酬率非常猛烈，不知道把大盤甩掉有幾條街。如果對於個股產業沒把握，也可以多多考慮這種居於市場主流的 ETF。

1-4

步驟3》調節
適時進行資產「再平衡」

當布局有成，庫存開始累積出正報酬，該不該適時停利？大俠不斷強調，投資要放眼長期，最好能一直待在市場內，但是市場一定會有波動，關於停利與否，要把握 3 個重點：

重點1》持續投資不停利，直到達成目標

如果只想穩穩的布局，長期領息，專注的累積資產，當然可以選擇不停利，直到達成投資目標。投資目標可以是存到買房頭期款；可以是達成年領100 萬被動收入獲得財富自由。但也要有心理準備，市場波動是無法避免的，布局及持有過程中，一定要耐得住震盪，別在市場谷底時逃跑。

重點2》市場高漲時適當調節，保持資金流動性

如果你希望能保有資金的流動性，則可以嘗試「適當調節」，也就是賣出部分庫存股票，當市場在相對高檔位置確保部分獲利入袋；當市場回調時，

再次有資金進場布局，以靈活應對市場的波動。這種策略不僅可以確保財富穩步增長，還能為投資者在震盪的市場中捕捉更多的投資機會，尤其是在你看到市場過熱或過度樂觀的時候，適時調節是保護獲利的重要手段。

重點3》不要全部賣出，要持續參與市場

千萬不要過於急躁離場，持續參與市場的長期增長，最終才能贏得更多回報！當我們回顧市場長期增長的趨勢，會發現長期持有優質資產仍是獲得豐厚回報的最佳方法。事實上，市場的波動很難被精準預測，過於頻繁地進出市場，反而容易讓你錯失那些關鍵的反彈增長機會。保持紀律性投資，通過時間的複利效應，往往能讓投資者在市場回調時從容不迫。

股票市場有一個特點，就是大部分時間其實處於橫盤整理階段，並且會有突如其來的大漲與大跌，這種波動性，讓投資者很難精確預測每一次的市場變動。所以大俠很常分享，不要想著賺到每次轉折，因為很有可能你會錯過真正上漲行情，也容易過度貼近市場，導致誤判而做出錯誤反應（這是絕大多數投資人不斷在犯的錯誤）。

頻繁交易、短進短出看似可以捕捉短期利潤，實際上，市場的大漲往往在短時間內發生，這意味著如果你經常短進短出，過早賣出股票，錯過這關鍵的幾天，在大漲的這幾天卻持有大量現金，那麼你可能會錯過最重要的收益，錯失資產快速增長的機會。

定期觀察市場位階，調整持股比重

那麼，資金到底要不要拆分成長期投資和短線交易？大俠的回答是完全不需要。現實中，股市是一個充滿變數且高效運作的市場，資金的運用應該根據當前的市場狀況靈活調整。

◆**市場恐慌時：適合布局長線部位。**
◆**市場過熱時：可適度調節超漲部位。**

大俠用的方法是透過調整「持股比重」，為資金做出有效率的應用，這個動作可稱為「再平衡」。

也就是說，當市場大跌、眾人情緒陷入恐懼時，就該勇敢布局，讓持股比重盡量提高；當市場高漲，則可以適度停利，讓持股降低到適當的比重。

持股比重就是持股市值占總資金（持股市值＋可投資現金）的比重。持股比重公式如下：

持股比重＝持股市值／（持股市值＋可投資現金）×100%

假設你持有市值 80 萬元的元大台灣 50（0050），可用於投資的現金

表1 指數在「中性」區間時，持股比重70%～80%
——恐懼與貪婪指數

指數位置	指數區間	參考持股比重範圍
極度恐懼（Extreme Fear）	0～25	90%～100%
恐懼（Fear）	25～45	80%～90%
中性（Neutral）	45～55	70%～80%
貪婪（Greed）	55～75	60%～70%
極度貪婪（Extreme Greed）	75～100	50%～60%

還有 20 萬元，2 者相加 100 萬元，那麼你目前的持股比重就是 80%：

> **持股比重 80% ＝持股市值 80 萬元／（持股市值 80 萬元＋可投資現金 20 萬元）×100%**

　　該如何評估適合的持股比重呢？同樣可以參考「恐懼與貪婪指數」的指數位置（詳見表 1）：

1. **極度恐懼（Extreme Fear）**：持股比重 90% ～ 100%。

2. **恐懼（Fear）**：持股比重 80% ～ 90%。

3. **中性（Neutral）**：持股比重 70% ～ 80%。

4. **貪婪（Greed）**：持股比重 60% ～ 70%。

5. 極度貪婪（Extreme Greed）：持股比重 50% ～ 60%。

假設參考當前的恐懼與貪婪指數為「中性」區間，適合的持股比重就是 70% ～ 80%，而你目前的持股比重正好是 80%，就可以考慮維持當前比重，先不要繼續買股；也可以考慮先調節一小部分，例如賣出市值 10 萬元的庫存，讓持股比重維持在 70% ～ 80% 之間。

如果之後看到恐懼與貪婪指數進入「極度貪婪」區間，代表當時市場熱度相當高，可以考慮調節市值 20 萬～ 30 萬元的庫存，讓持股比重降低到 50% ～ 60% 之間。相對的，若是股市大跌，進入到「極度恐懼」區間，此時就要義無反顧增加持股比重，將剩餘的可用資金 20 萬元全數投入，或者是至少投入 10 萬元，讓持股比重提高到 90% ～ 100%。

那麼該多久觀察一次以決定是否調節？其實恐懼與貪婪指數並不會頻繁的變動，大約每週看一次就可以了，或者每月檢視一次也可以。如此可以輕鬆的進行調節，也無需再糾結哪些資金應該用於長期投資，哪些應該用於短線操作，所有決策都可依據當前的市場位階來進行調整。

再平衡這個概念非常重要，它幫助你決定哪些部位適合長期持有，哪些部位適合短期操作。對於存股不賣型的投資者來說，他們賺取的是股息收入；而懂得水位調節的人則可以將存股部位、長期投資、波段價差部位相融合，

將股息轉化為含息報酬。

　　簡單來說，這就是低買高賣的策略，但不是全賣，只是進行適當的調節，保持足夠的長期部位，避免錯過未來的上漲機會。這種策略大概可以調節 2% ～ 3% 的報酬，大型機構、法人、專業投資人幾乎都會的做法，而此法你也能複製一起執行。

適度調節拿回的資金有2大用途

　　為什麼大俠會進行調節，難道不怕「賣飛」嗎？調節是趁市場相對高檔拿回部分獲利，這筆獲利有 2 大用途：

用途1》下次市場低檔時布局

　　長期投資人在持股期間，必須忍受市值的上下波動，有些存股者喜歡維持高持股比重，無論市場漲多高或跌多低，手邊都不會留下太多閒置資金，持股比重一直維持在將近 100%，他的投資報酬率就會與所投資股票或 ETF 的長期報酬率一致。若是能在市場相對高檔適度調節，拿回一部分資金，則可在市場大幅下跌時，有多餘資金重新進場布局，藉此創造更高報酬的機會。

　　長期投資若光靠 5% 的存股複利，至少需要 14 年才能翻倍；但要更快實現財富增長，我們需要的是含息報酬。當股市除息後，如果股價漲幅超過成

本，我們就賺到了實質股息；如果除息後，股價未能超過成本，那拿到的只不過是本金的返還，這些概念在大俠的前 2 本書中已詳細解釋過，相信你現在已經能更好地理解什麼是含息報酬，這也是提升投資回報的關鍵所在。

用途2》支付特定開支或提升生活品質

透過調節而取回的資金，還可以用來作為支付特定開支或是提高生活品質的資金。這裡要留意一個重要的投資原則——股息不是用來花的（除非你是以股息為主要收入的投資者），股息應該保存在交割帳戶中，等待市場進入價值位階時用來加碼。

如果要從股市中提款並拿出來花費，就要用市場過熱時調節出來的含息報酬。例如出國旅遊、添購新的家電、之前已經加入購物車但不敢結帳的購物清單……等，這些透過實現股票獲利而讓生活品質提升，也是一種實質的報酬。這樣一來，投資者將不再是股票的奴隸，而是金錢和股票的主人。

大俠常說：「有錢堪花直須花，莫待跌時空牽掛。」意思是，當股票賺錢時應該及時享受，不要等到股市下跌時才感到懊悔。投資是一個過程，不僅要把握時機進場，更要懂得適時調節，將市場的波動轉化為長期收益。

所以，有錢就買，一直買。當帳上報酬變成正數時，再根據市場位階進行適當的調節與重新布局，如此不但能長期持有優質資產，還能擁有更好的生

活品質，財富夢想將離你愈來愈近。最後為大家整理幾個重點：

1. 不要糾結於資金分配，應該根據市場位階進行靈活調節。

2. 學會再平衡，這能幫助你兼顧長期和短期收益。

3. 股息盡可能再投入，市場過熱時的調節報酬才是用來改善生活品質的財富來源。

4. 堅持紀律應對市場波動，資產才能在長期投資中真正獲得穩定增長。

1-5

避免短進短出
待在市場參與上漲行情

　　大俠一直鼓勵大家要長期待在市場內，就算要在投資過程中停利，也不要完全離開市場，短進短出很難為我們帶來可觀的報酬。留在市場裡，雖然得承受下跌的衝擊，但也才能持續參與長期的上漲。

頻繁交易將使資產難以成長

　　回顧幾次重要的市場反彈，我們不難發現，一旦錯過反彈，即便經歷了長期的市場震盪，仍然沒能獲得大幅度的資產增長。由於這些投資者從懷疑市場到相信市場時，通常都已經來到行情的尾聲；此時他們會急於進場，導致大量資金套在高點，只能耗費大量的時間等待漲回。但因為在高檔進場後遭到套牢，所以當市場一漲回、帳上才開始賺到 5% 時，他們又急於出場。然後看著市場繼續漲，又從懷疑市場到相信市場，不斷重複這個輪迴，就算他們手頭上有大量資金，財富仍始終難以成長。

假設在 2020 年新冠肺炎疫情引發的股市暴跌期間，某投資者持有大量現金而未能在低點進場，那麼當市場在隨後的幾個月內迅速反彈時，這位投資者的資金就無法參與到當時難得的資產增長機會，最終導致資產的購買力遭到侵蝕。大俠用過去 21 年（2003 年至 2023 年）標普 500 指數的表現，來證實長期參與股票市場優於短期進出，以下是過去 21 年標普 500 指數統計：

1.指數增長概況

◆**2003 年初**：指數約為 880 點。

◆**2023 年底**：指數約為 4,780 點。

◆**總體增長幅度**：約 443%。

2.歷經多次市場波動，但總體呈現顯著地上升趨勢

◆**2003 年～ 2007 年經濟復甦與增長**：在 2000 年網路泡沫破裂後，市場開始復甦。標普 500 指數從約 880 點上升到 2007 年 10 月的高點約 1,565 點。

◆**2008 年～ 2009 年全球金融危機**：受次貸危機影響，標普 500 指數從 2007 年的高點約 1,565 點下跌至 2009 年的低點約 676 點，跌幅超過 50%。然而，到 2013 年，指數已經恢復並超越危機前的高點。

◆**2009 年～ 2019 年持續的牛市**：隨著經濟復甦和量化寬鬆貨幣政策（QE），市場進入長達 10 年的牛市。標普 500 指數在 2019 年底達到

約 3,240 點。

◆ **2020 年疫情的衝擊與反彈：**疫情導致市場在短時間內急劇下跌約 34%，但隨後在政府刺激措施的推動下迅速反彈。2020 年底，指數超過 3,700 點。

◆ **2021 年～ 2023 年市場波動與調整：**受通膨、利率上升和地緣政治不確定性影響，市場經歷了較大的波動。截至 2023 年 10 月，標普 500 指數約為 4,780 點。

3.年化報酬率

◆**不計股息：**年化報酬率約為 8.39%。

◆**計入股息再投資：**年化報酬率約為 10.5%。

從標普 500 指數過去的表現，不難發現以下 3 個特點：

特點1》顯著的長期上升趨勢

儘管市場經歷多次重大波動，包括 2008 年金融危機和 2020 年疫情，標普 500 指數在過去 21 年仍呈現出顯著的上升趨勢（詳見圖 1）。這證實長期持有股票市場投資的優勢，而非試圖通過短期買賣來抓住市場時機。

特點2》市場波動的不可預測性與持續投資的必要性

短期的市場波動難以精確預測，試圖通過短期交易獲利可能導致錯失長期

圖1 近21年來，標普500指數趨勢向上
——標普500指數走勢

單位：點

註：資料時間為 2003.01 ～ 2024.10　　資料來源：Yahoo Finance

收益。根據統計，若這段期間錯過市場中表現最好的幾個交易日，總回報率將大幅降低，這說明了持續在市場中投資的重要性，避免頻繁交易導致錯失最佳投資時機。

特點3》對抗通膨

　　長期參與股票市場，有助抵消通膨對實際購買力的侵蝕，維持資產的增值。儘管市場存在短期的劇烈波動和危機，但長期持有股票市場投資（如標普 500 指數）的投資者通常能獲得可觀的回報，這證實了大俠的觀點——

股票最好長期參與，而不要短進短出。過度持有現金不僅可能錯失市場的上漲機會，還會因通膨而侵蝕實際購買力，從而降低資產價值。因此，適時調整資產配置而非全部賣出，有助於在風險和收益之間取得平衡。

最後，大俠要叮嚀大家：

1. **持續參與市場是關鍵**：長期參與股票市場，比短期交易更能捕捉市場的主要上漲日，從而實現資產的穩定增長。

2. **不要追求完美的入場點**：頻繁的短進短出交易，往往讓投資者錯失市場的關鍵漲幅；不僅如此，還容易陷入不斷懷疑市場、錯過最佳投資時機的循環。由於市場波動難以精確預測，試圖抓住每個轉折點是不現實的。與其頻繁進出市場，倒不如保持紀律性投資，這樣反而更能提升長期回報。

3. **對抗通膨**：股票市場的長期增長，有助於抵消通膨對資產實質購買力的侵蝕，持有過多現金將使你的資產價值被削弱。

4. **資產增值與生活品質並重**：適時調節能讓資產保持靈活性，同時也能透過抽回部分報酬來提升生活品質，但千萬不要一股腦的全部賣出，這樣可能會錯過市場的關鍵反彈機會。投資的目的不僅是賺錢，還要讓你的生活更好，所以財富應該為你服務，而不是讓你成為股票的奴隸。

低檔時勇敢布局
收穫可觀的波段報酬

近年的美股和台股持續寫下歷史新高，但要留意，黑天鵝隨時都會出現。當市場資金愈多，將指數愈推愈高，殺下來的力道也會一道比一道還強，短時間內跌到半年線或年線（編按：近 1 年平均收盤指數），都不令人意外。

台股曾經歷過多次重大事件

記得過去台股還沒上萬點時，單日跌個 300 點、400 點就是大新聞。而隨著近年指數的升高，恐慌時的跌點也跟著創紀錄，2024 年 8 月台股位在 2 萬點之上，8 月 2 日先是創下單日下跌 1,004 點的紀錄，下一個交易日 8 月 5 日竟又刷新紀錄，單日下跌 1,807 點（詳見表 1）。而在 8 月 2 日那天，外資也寫下史上第 1 大賣超，單日賣超達到新台幣 944 億 3,000 萬元，而 1 個月後，這個紀錄又被超越，外資在 9 月 4 日單日就賣超 1,007 億 5,100 萬元。經歷市場愈是瘋狂的盛宴，在恐慌來臨時，也得承受相對

瘋狂的衝擊,這是當今的投資人必須要有的心理準備。

台灣股市曾經歷過多次重大恐慌和震盪事件,這些事件往往伴隨著全球或國內經濟狀況的不確定性,近年最著名的非以下 2 大事件莫屬:

事件1》2008年金融海嘯

當時的金融危機雖是源自美國,影響力卻遍及全球,台灣股市也沒能倖免,台灣加權股價指數(台股)從 2007 年高點 9,859 點一路下跌,並在 2008 年 11 月 21 日跌破 4,000 點,最低點來到 3,955 點。這是一個極為劇烈的跌幅,反映了全球金融危機對台灣市場的衝擊。全球經濟衰退、投資人信心崩潰,造成大規模恐慌性賣壓,影響了多數股票的表現。

事件2》2020年新冠肺炎疫情

2020 年初,台股飆上 1 萬 2,197 點高點,就在市場引頸期盼即將突破 30 年前的歷史高點時,疫情突然爆發;隨著疫情在全球蔓延,各地陸續實施經濟封鎖與供應鏈中斷,台股也開始大幅下滑,最低點出現在同年 3 月 19 日,跌至 8,523 點,這是當時市場恐慌和不確定性影響下的最低點。而從高點 1 萬 2,197 點到 8,523 點,短短 2 個月內下跌了 3,674 點,跌幅高達 30%,市場出現極大的不確定性。

所幸隨著各國政府與中央銀行的財政與貨幣政策支持,以及疫情後市場的

表1 台股2024年8月5日單日下跌1,807點
——台灣加權股價指數歷史大跌點

日期	收盤指數（點）	前一交易日收盤指數（點）	收盤跌點（點）	跌幅（%）
2024.08.05	19,830.88	21,638.09	**1,807.21**	8.4
2024.08.02	21,638.09	22,642.10	1,004.01	4.4
2024.04.19	19,527.12	20,301.20	774.08	3.8
2024.07.26	22,119.21	22,871.84	752.63	3.3
2020.01.30	11,421.74	12,118.71	696.97	5.8
2021.05.12	15,902.37	16,583.13	680.76	4.1
2018.10.11	9,806.11	10,466.83	660.72	6.3
2021.05.11	16,583.13	17,235.61	652.48	3.8
2000.03.13	8,811.95	9,429.60	617.65	6.6
1990.04.07	9,828.22	10,440.67	612.45	5.9

註：1. 資料日期為 2024.11.18；2. 此表依收盤跌點由高至低排序　　資料來源：台灣證交所

逐步復甦，台股在 2020 年下半年強勁反彈，並在 2021 年之後持續創下新高。因此不難看出，台股的波動與國際市場的連動性非常高，外部經濟環境、政策變動及重大事件都會對市場造成顯著影響。而我們也可以觀察到，當台股陷入面臨重大系統性風險時，隸屬於行政院的「國安基金」（國家金融安定基金管理委員會）就會啟動，進場買入重要權值股，以穩定市場信心並避免指數過度波動。國安基金成立於 2000 年，截至 2024 年共有 8 次進場紀錄（詳見表 2）。

國安基金除了 2000 年第 1 次進場紀錄是虧損的，其餘每次都是帶著獲利出場。其中獲利金額最高的是 2008 年 9 月金融海嘯那次護盤，動用約 600 億元資金，出場後的獲利超過 319 億元，報酬率逾 50%。而最近 2 次 2020 年 3 月及 2022 年 7 月的護盤，報酬率分別達 34% 及 20% 左右。

從近年的台股大事件與國安基金進場紀錄，我們可以掌握 3 個重點：

1. 台股恐慌殺盤，約每隔 3 年～ 5 年會發生 1 次。

2. 當國安基金出動時，大概就是台股恐慌殺盤的相對底部。

3. 如果我們能夠適度保留資金實力，在相對底部布局，往往能收穫令人驚豔的波段報酬。

把握市場恐慌的進場時機

平常定期定額的投資，可以確保我們長期待在市場，但要創造更好的報酬率，就得要把握「恐慌時在底部勇敢布局」。要確切把握大跌發生的日子不容易，不過，只要懂得判斷市場的位階，把資金控管好，還是有很大的機會能抓到好時機。例如市場人人都在歡喜，尤其是恐懼與貪婪指數位在「貪婪」或「極度貪婪」區間時，多儲備一些現金，就算還是想買，也只拿出少量的資金。當市場殺到底部恐慌，恐懼與貪婪指數在「極度恐懼」區間時，就將身上所有可用的資金，全數在底部進場建倉。

表2 國安基金於市場恐慌時進場護盤
——國安基金8次進場紀錄

事件	背景	進場紀錄
2000年 政黨輪替	台灣首次政黨輪替，引發市場不安，投資人對新政府的經濟政策感到不確定，導致台股劇烈下跌	國安基金於當年3月首次進場干預護盤時間僅短短5日，也是唯一沒有獲利出場的護盤紀錄
2000年 科技泡沫	全球因網際網路泡沫破裂和國際油價大漲，加上台灣內部的核四停建爭議，使台股再次面臨巨大壓力	國安基金於當年10月時進場，動用超過1,200億元資金
2004年 319槍擊事件	總統大選前發生槍擊事件，引發市場震盪，台股單日大跌455點，跌幅高達6.6%	國安基金於同年5月總統就職時進場
2008年 金融海嘯	美國先發生次貸風暴，知名投資銀行雷曼兄弟破產，引爆一連串金融危機	國安基金在當年9月進場救市，成為台股的重要支撐力量
2011年 歐債危機	歐洲主權債務危機導致全球股市大幅波動	國安基金於當年12月進場
2015年 全球股市動盪	中國股市暴跌，也衝擊全球金融市場	國安基金於當年8月進場護盤
2020年 新冠肺炎疫情	疫情蔓延引發全球市場恐慌，台股急速暴跌	國安基金在3月19日進場護盤，市場隨後迅速恢復穩定，此次進場只動用約7億5,700萬元資金
2022年 俄烏戰爭與全球經濟不確定性	發生俄烏戰爭，美國通膨升高且連續升息，引發經濟的不確定性，緊張的國際情勢也使台股一瀉千里	2022年國安基金於當年7月進場，為有史以來護盤天數最長的1次，達275天

　　2024 年 8 月 2 日這天，台股暴跌千點，創下單日最大跌點紀錄，外資單日賣超 966 億元也創歷史紀錄；下一個交易日 8 月 5 日，台股單日跌 1,807 點，續創最大跌點紀錄，並且一舉跌破半年線，此時不進場更待何時？這段期間趁著恐慌，大俠大力布局了 2,600 多萬元資金（詳見圖 1）。

　　而後不到 1 個月的時間，台股就反彈，讓大俠賺到 800 萬元以上，區間報酬超過 30%，比同期大盤反彈的報酬率還要高。而當時大俠用的資金量幾乎是 99%，這裡也要提醒，每個人資金量大小都不一樣，所以絕對數字沒什麼參考性，大家該參考的是當時是如何使用資金量，才能有效地複製。

　　台股在 8 月 20 日到 9 月 3 日這段期間漲回接近季線位置，由於當時方向不明確，美國恐懼與貪婪指數還一度進入了貪婪的區間，因此大俠又在這段期間調節了約 1,400 多萬元。就在 9 月 4 日這天，台股單日大跌 999 點，外資單日賣超突破千億元又刷新紀錄。這幾日的崩跌，又讓大俠抓住進場布局機會，在震盪中強力回補庫存。

　　正所謂，「一點浩然氣，千里快哉風」、「事了拂衣去，深藏身與名」，這兩句詩詞，分別出自於蘇軾的〈水調歌頭・黃州快哉亭贈張偓佺〉及李白的〈俠客行〉，就是在形容「半年不進場，一進場就要吃 3 年」的投資老手。大俠本人已漸漸靠這招，在市場高漲時適時調節庫存、等待恐慌位階時放大資金進行布局（詳見圖 2），每年的操作報酬都愈來愈穩健，對於資

圖1 2024年台股兩度大跌，大俠皆進場布局

2024年8月初布局2600多萬元

2024年9月初布局近600萬元

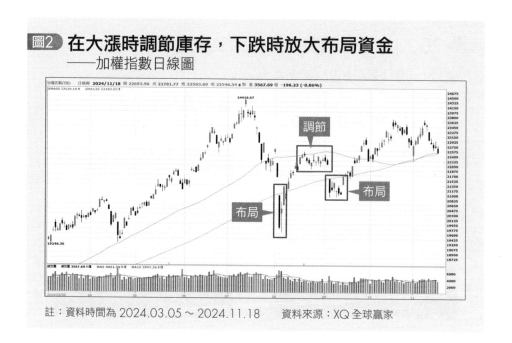

圖2 在大漲時調節庫存，下跌時放大布局資金
——加權指數日線圖

註：資料時間為 2024.03.05 ～ 2024.11.18　　資料來源：XQ 全球贏家

產累積更帶來明顯的幫助。

　　不只大俠，據大俠所知，真的有用這招長期實戰取得報酬的讀者，希望能有更多讀者也能夠學會不再像無頭蒼蠅般急著交易，而是有紀律的布局、調節、加碼，進而成為氣定神閒的成功投資人。

　　當然，底部進場很考驗投資人的經驗，我們也很常發現，當新手經驗不足，好不容易追到底部進場，但往往市場只反彈個 7% 不到就開始震盪時，又被

洗了出場，到最後報酬率及獲利又輸給了定期定額的投資人。

　　因此想嘗試的新手，遇到市場恐慌想進場布局時，不妨分成多次進場，每次投入相對低的資金，藉此輕鬆取得平均成本線（比方說定期投資大盤 10 年，則進場成本約等於 10 年平均成本線）。等到經驗足夠之後，遇到市場恐慌來臨就可以減少進場次數，並放大每次投入的資金，大手筆地在底部大量建倉與布局。

1-7

運用2策略
挑選並長期持有ETF

市面上的股票型 ETF 有很多種類型，最經典的是追蹤大盤指數的「市值型」，不過在台灣是以「高息型」最受歡迎，近年也有愈來愈多鎖定特定產業或策略的 ETF，以股票型 ETF 而言，可分為以下 3 類：

類型1》市值型

追蹤的是整體市場績效，買進市值型 ETF 並長期持有，長期績效會貼近整個市場的報酬；投資人若單純想獲得市場報酬，只要挑選想投資的市場，並買進追蹤該市場的指數即可。

例如台股最老牌的元大台灣 50（0050）及富邦台 50（006208），投資的是台灣市值最大的前 50 名公司。另外，也有追蹤整個大盤指數的永豐臺灣加權（006204）。

　　由於現階段台股是以台積電（2330）權重最高，因此傳統市值型 ETF 的表現也與台積電股價走勢有高度連動，同時，新台幣升值時會有很明顯的漲幅，新台幣貶值時則會出現區間的震盪格局。

　　而如果想要投資美股的市值型 ETF，美股市場有非常多標的可以挑選，當然最具代表性的還是標普 500 指數，例如海外基金公司發行的 SPDR 標準普爾 500 指數 ETF（SPY）、Vanguard 標普 500 指數 ETF（VOO）等，台灣投資人除了可以透過複委託方式購買這些海外 ETF，也可以參考台灣投信公司發行的元大 S&P500（00646）。

　　因為傳統的市值型 ETF 備受歡迎，且就長期而言，可以期待市場會持續成長，尤其是世界最大經濟體美國的股市，以及我們最熟悉的台股，這 2 個市場都很適合一般人長期投資。因此，比較積極型的投資人也會考慮透過槓桿型的 ETF 來參與市場，例如元大台灣 50 正 2（00631L）、國泰臺灣加權正 2（00663L）、元大 S&P500 正 2（00647L）等，這些是追蹤標的指數單日正向報酬率 2 倍的 ETF。

類型2》高息型

　　挑出一籃子高殖利率股的組合，因為具備定期配息特色，適合需要有穩定現金流入的投資者，這類型 ETF 也在台灣特別受到歡迎。過去，高殖利率的

公司多半是身處已進入成熟期的產業，或是景氣循環明顯的產業，因此股價波動程度較小；然而近年部分個股受惠於 AI 產業起飛而股價大漲，使得有布局在相關個股的 ETF 股價也水漲船高。

也有投信公司進一步加入「低波動」篩選條件，推出「高息低波」ETF，強調選股時不僅注重高股息，也將降低價差風險納入考量。高息型 ETF 可根據選股邏輯分為 3 類：

①根據「預估殖利率」選股：例如元大高股息（0056）。

②根據「歷史殖利率」選股：例如國泰永續高股息（00878）。

③根據「預估殖利率＋歷史殖利率」選股：例如群益台灣精選高息（00919）。

類型3》主題型

近年有愈來愈多瞄準特定主題或產業的 ETF，比較為人熟知的有以下幾種：

①ESG相關主題

以環境保護（E，Environmental）、社會責任（S，Social）、公司治理（G，Governance）等永續概念或低碳為主題，為投資人篩選出符合永續理念、具備社會責任的公司。例如富邦公司治理（00692）、群益台 ESG 低碳

50（00923）、元大臺灣 ESG 永續（00850）等。

②半導體及科技產業

以台積電為首的半導體產業是台灣的代表性產業，在台股當中占據最重要的地位，因此以相關產業或是範圍更大的科技產業也有專屬的 ETF。其中以科技產業而言，最老牌的 ETF 是 2006 年成立的富邦科技（0052），這是一檔追蹤臺灣證券交易所臺灣資訊科技指數的 ETF，基本上是納入台灣 50 指數和台灣中型 100 指數成分股當中的科技股。

而瞄準在半導體的 ETF 則有國泰費城半導體（00830）、中信關鍵半導體（00891）、富邦台灣半導體（00892）、新光臺灣半導體 30（00904）、兆豐洲際半導體（00911）等；另外也有專門投資在 5G 產業的國泰台灣 5G+（00881），以及投資範圍包含海外科技業的國泰北美科技（00770）、元大全球 AI（00762）……等，也要留意，雖然本書介紹的 ETF 都在台灣掛牌，但如果成分股當中有美股，該 ETF 也不會有漲跌幅限制。

③特定產業、特定策略

鎖定其他特定產業，如金融、電動車、數位支付等，相關 ETF 有中信特選金融（00917）、國泰智能電動車（00893）、富邦未來車（00895）、國泰數位支付服務（00909）等。

選股時採取特定策略，像是鎖定具備成長動能中小型股的富邦臺灣中小（00733）；根據成長、價值與品質等多因子策略挑選成分股的 FT 臺灣 Smart（00905）及中信臺灣智慧 50（00912）等。

上述分類是根據股票型 ETF 做一個簡單分類，這麼多 ETF，要怎麼選擇與投資才正確呢？

以下提供 2 種策略給大家參考：

策略1》無腦投資傳統市值型ETF

如果想要無腦投資，那麼選擇傳統的市值型 ETF 是最不用煩惱也不會出錯的，長期績效就會貼近整個市場的報酬率。而投資策略就是「規規矩矩的布局→持有領息→過熱調節」。

如果你才剛開始投資，可以先專心布局領息，有多餘閒錢可在恐慌時加碼布局。等到累積了足夠的時間，自然會看到帳上創造出正報酬及可觀的部位，屆時若發現市場過熱，可再考慮調節部分獲利並伺機回買。

要特別提醒，因為我們的目標是長期投資與累積資產，調節時只會是部分調節，為的是擴大報酬。千萬「不要」把所有庫存全部賣掉！若是賣掉之後

沒有及時回到市場而錯過了反彈時機，將會打亂投資節奏、功虧一簣。你可以想想股神巴菲特（Warren Buffett），就算他再怎麼不看好後市，也只會出現他「滿手現金」、「現金水位創新高」等新聞，絕不會看到他出清所有持股。

要靠投資累積更多資產，可一定要記得「持續參與市場」這條金科玉律。

策略2》鎖定績效優於大盤的ETF

若想挑選績效優於大盤的 ETF，可用以下簡單的原則來挑選，至於投資策略基本上與策略 1 相同。

①查看成立以來年化報酬率，選出有興趣的ETF

可參考 MoneyDJ 網站的「年化報酬率排行榜」（詳見圖解教學❶），挑出有興趣的 ETF。不過這是自上市日至今的市值年化成長率，也就是假設自上市日單筆買進並持有至今的年化報酬率。因各檔 ETF 上市時間不同，因此可再進一步比較同期的年化報酬率。

②試算定期定額投資績效

使用 MoneyDJ 網站的「定期定額年化報酬率試算」功能（詳見圖解教學❷），輸入 ETF 代號，並確認「開始扣款日」、「贖回日」及「每月扣款日」

並於「股利是否再投資」勾選「是」，按下「試算」，即可看到該 ETF 的年化報酬率結果。

③與元大台灣50的同期績效比較

接著用同樣的方法，查詢元大台灣 50 的同期表現，即可知道在相同期間定期定額投資年化報酬率的差異。

例如元大台灣高息低波（00713）自 2020 年初至 2024 年 11 月 27 日的定期定額含息年化報酬率，試算結果為 11.04%，同期的元大台灣 50 則為 10.55%，可以知道這段期間的元大台灣高息低波定期定額報酬率表現略優於元大台灣 50。

圖解教學① 查詢ETF成立以來年化報酬率

Step1 進入 MoneyDJ 首頁（www.moneydj.com），在上方點選❶「ETF」。

Step2 進入下一個頁面後，點選❶「ETF 排行」、❷「報酬排行」、❸「成立以來年化報酬排行」。

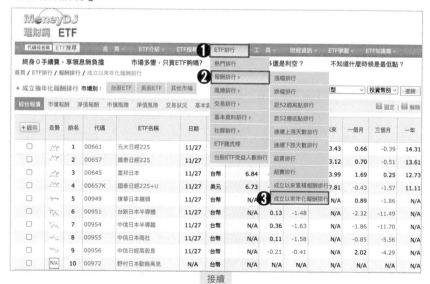

接續
下頁

Step3 最後，即可查看 ETF ❶「成立以來的年化報酬率」，或是可以直接掃描右方 QR Code（網址：https://pse.is/6runz3）查看。

	走勢	排名	代碼	ETF名稱	日期	幣別	成立以來年化報酬率	一日	一週	今年以來	一個月	三個月	一年
☐		1	00909	國泰數位支付服務	11/27	台幣	49.25	-2.63	-1.18	58.63	16.65	28.02	95.40
☐		2	00935	野村臺灣新科技50	11/27	台幣	41.60	-1.56	-1.65	28.19	-5.05	0.39	35.61
☐		3	02001L	富邦蘋果正二N	11/27	台幣	41.18	-4.99	-3.93	36.60	-12.50	-3.75	60.87
☐		4	020038	元大ESG配息N	11/27	台幣	40.05	-2.91	-3.40	18.15	-3.40	-0.13	34.89
☐		5	00924	復華S&P500成長	11/27	台幣	37.70	1.14	0.94	40.52	5.41	10.49	42.46
☐		6	00918	大華優利高填息30	11/27	台幣	36.86	-1.48	-1.56	19.34	-1.28	0.88	29.51
☐		7	00915	凱基優選高股息30	11/27	台幣	35.95	-0.73	-0.50	25.27	-3.69	-1.43	33.27
☐		8	00926	凱基全球菁英55	11/27	台幣	35.55	0.95	0.77	41.28	1.92	3.26	42.72
☐		9	020039	元大加權N	11/27	台幣	33.93	-1.58	-1.58	27.85	-4.34	0.89	33.86
☐		10	00663L	國泰臺灣加權正2	11/27	台幣	32.49	-2.95	-3.86	47.75	-9.43	-0.48	60.15
☐		11	00919	群益台灣精選高息	11/27	台幣	32.40	-1.49	-1.66	12.64	-2.74	-3.18	19.95

資料來源：MoneyDJ

圖解教學❷ 試算ETF定期定額年化報酬率

Step1 進入 MoneyDJ 首頁（www.moneydj.com），在上方點選❶「ETF」。

Step2 進入下一個頁面後，點選❶「工具」、❷「ETF 投資策略」、❸「定期定額」。

Step3 接著，在標的代碼輸入❶「00713」（此處以元大台灣高息低波為例，以下數值或設定皆可依個人需求調整），開始扣款日選擇❷「2020.01.01」；贖回日選擇❸「2024.11.27」；每月扣款日輸入❹「7」；每次扣款金額輸入❺「10,000」（新台幣）；股利是否再投入，點選❻「是」；手續費收費方式，點選❼「無」；最後點選❽「試算」。

接續
下頁

Step4 最後，即可看到過去這將近 5 年來 00713 定期定額年化報酬率
是❶「11.04%」。此網頁亦可直接掃描右方 QR Code（網址：
https://pse.is/6rur2z）進入試算。

定期定額　定期定值　定期定股

ETF 定期定額報酬率試算結果

投資標的：	00713.TW
每月投資金額：	10,000 台幣
投資時間：	2020/01/07 - 2024/11/27
累積投資金額：	590,000 台幣
股利金額：	159,255 台幣
總持有股數：	17,797.6850 股
手續費支出：	0 台幣
總投資成本：	590,000 台幣
資產終值：	985,102 台幣
損益金額：	395,102 台幣
總報酬率：	66.97%
年化報酬率：	11.04% ❶

上一頁

資料來源：MoneyDJ

━━━━━━━━━ **1-8** ━━━━━━━━━

用季配息ETF
打造月月領息組合

　　對於有現金流需求的投資人，則可以挑選高息型 ETF。而目前以領息為主的 ETF，很多都是採取季配息，也就是每 3 個月配息 1 次，1 年共可以領 4 次，如果希望每月領息，還可以分別挑選 3 檔季配息 ETF，自行打造「每月領取穩定股息」的投資組合，讓手中有定期的資金可以運用。

3步驟調節ETF投資組合

　　以下共有 9 檔季配息 ETF 清單，按照領息月份可分為 3 組，即可從以下 3 組各挑出 1 檔來組成月月配組合（詳見表 1）。

　　這是一種將長期收益與現金流管理結合的策略，無論市場如何波動，都能保持穩定的現金流，每月收到股息，並能利用股息 Cover（照顧）日常開支。也不要小看這樣的組合包，它們近年來的績效組合，可是不輸給同期大盤。

　　而月月領息的投資組合，在漲高之後，同樣可以進行調節的動作，因為若是股價上漲，配息卻沒有提升，甚至下降，接下來難以繼續領到同樣豐厚的股息，就可以考慮做出調整，調整步驟如下：

步驟1》檢查當前配置

　　參考恐懼與貪婪指數，若是在「貪婪」、「極度貪婪」區間，且手中持股比重過高時，即可考慮做出調節。

步驟2》找出殖利率最低者

　　從投資組合裡找出「殖利率最低」的 ETF。

步驟3》進行部位轉換

　　調節低殖利率的部位，並選擇同一配息月份中殖利率較高的 ETF。例如，如果新光臺灣半導體 30（00904）殖利率過低，可以考慮調整至同樣為 2 月、5 月、8 月、11 月領息的中信臺灣智慧 50（00912）或 FT 臺灣 Smart（00905），以保持穩定的股息收入。

3步驟擬定「混搭版」投資組合

　　在現實投資操作中，並非所有投資人的庫存都能完美打造出月月領息的投資組合。特別是當你的投資組合中有年度配息 ETF 或配息月份不均的標的

表1 **利用季配息基金創造每月現金流**
——3組季配息ETF組合

領息月份	1月、4月、7月、10月	2月、5月、8月、11月	3月、6月、9月、12月
ETF（代號）	元大台灣高息低波 （00713） 凱基優選高股息30 （00915） 大華優利高填息30 （00918）	中信臺灣智慧50 （00912） 新光臺灣半導體30 （00904） FT臺灣Smart （00905）	元大臺灣ESG永續 （00850） 中信關鍵半導體 （00891） 中信小資高價30 （00894）

時，就像大俠會同時有元大台灣50（0050，半年配）、富邦科技（0052，年配）、富邦臺灣中小（00733，半年配）、凱基優選高股息30（00915，季配），以及都是年配息的金控股或一般個股，就不是一個能夠每月穩定領息的投資組合。這時候，我們就可以採用混搭版策略，可以兼顧靈活及現金流的穩定，步驟如下：

步驟1》檢查當前配置

參考恐懼與貪婪指數，若是在「貪婪」、「極度貪婪」區間，且手中持股比重過高時，即可考慮做出調節。

步驟2》找出要調節的標的

若發現ETF的殖利率下降，可能代表股價過高，或是配息降低，若此時有

其他條件更好、殖利率更優的標的，則可以考慮更換。

另外，若持股組合當中有個股，例如金控股或是一般個股，也可以用可能配發的股利推算「預估殖利率」（詳見延伸學習），並與過去水準相比，觀察是偏高或偏低。若預估殖利率與過去相比是偏低的，代表目前股價偏貴，可以考慮換到殖利率更佳的標的。

步驟3》取回現金或改買其他標的

在市場高檔時適度取回部分資金，可改投入到其他更具潛在價值的標的。若當時還沒有其他更好的標的，也可以先持有現金，等待市場整體位階降低後再做布局。

4步驟計算個股預估殖利率

本書主要分享 ETF 投資，並未特別著墨在個股，但是對於有在投資個股領息的讀者，也可學習如何估算殖利率的心得。通常大俠會投資的個股，最好是能夠具備連續多年配得出股利的條件，且最好能夠長期有提高的趨勢，這唯有營運穩定、股東政策良好，且能度過景氣高低循環的公司能夠辦到。

要怎麼根據一家公司接下來的股利，進而推算當前殖利率的高低，可參考以下步驟進行確認：

步驟1》查看個股過去歷史平均殖利率

以下以許多人喜愛的存股標的統一（1216）為例（僅為舉例，不代表個股推薦），歷年平均殖利率為 4.62%。

	股利分派統計						**股利發放年度-歷年平均** ▾		
	歷年平均統計 (股利發放年度: 1984~2024, 共41年)						股利 連續 分派 年數	股利 連續 分派 總額 (元)	股利 連續 增減 持平 年數
	平均 股利 (元)	平均 增減 (元)	均填 權息 日數	殖利率(%)					
				歷年 平均	平均 最高	平均 最低			
現金股利	1.06	+0.08	191	2.63	3.25	2.19	+26	41.65	-1
股票股利	0.95	-0.06	280	1.98	2.66	1.52	-9	0	0
現金+股票	2.01	+0.02	-	4.62	5.91	3.71	+41	82.3	-1

資料來源：Goodinfo! 台灣股市資訊網

步驟2》計算個股近10年平均殖利率及盈餘分配率

由於近 10 年數據更能反映近年的營運狀況，因此可針對近 10 年數據進行計算：

◆近 10 年平均殖利率：4.07%。
◆近 10 年平均盈餘分配率：83.05%。

接續
下頁

項目：股利發放年度 ∨ 匯出：XLS HTML

股利發放年度	現金股利 盈餘	公積	合計	股票股利 盈餘	公積	合計	股利合計	現金(億)	股票(千張)	填息花費日數	填權花費日數	股價年度	股價統計(元) 最高	最低	年均	年均殖利率(%) 現金	股票	合計	股利所屬期間	EPS(元)	盈餘分配率(%) 配息	配股	合計
2024	3	0	3	0	0	0	3	170	0	27	-	2024	92.8	70.3	80.7	3.72	0	3.72	2023	3.23	92.9	0	92.9
2023	3.15	0	3.15	0	0	0	3.15	179	0		-	2023	78.8	65.7	71.8	4.39	0	4.39	2022	3.02	104	0	104
2022	2.7	0	2.7	0	0	0	2.7	153	0	117	-	2022	71.7	63	66.5	4.06	0	4.06	2021	3.5	77.1	0	77.1
2021	2.7	0	2.7	0	0	0	2.7	153	0	200	-	2021	76.9	64.2	70.4	3.83	0	3.83	2020	3.79	71.2	0	71.2
2020	2.5	0	2.5	0	0	0	2.5	142	0	144	-	2020	75.8	60.6	68.8	3.64	0	3.64	2019	3.35	74.6	0	74.6
2019	2.5	0	2.5	0	0	0	2.5	142	0	1,170	-	2019	83.8	67	75.6	3.3	0	3.3	2018	3.07	81.4	0	81.4
2018	5.5	0	5.5	0	0	0	5.5	313	0	19	-	2018	83.8	64.6	72.9	7.55	0	7.55	2017	7.01	78.5	0	78.5
2017	2.1	0	2.1	0	0	0	2.1	119	0	9	-	2017	66.9	52.4	59.8	3.51	0	3.51	2016	2.56	82	0	82
2016	2	0	2	0	0	0	2	114	0	277	-	2016	67.4	50.3	58.8	3.4	0	3.4	2015	2.48	80.6	0	80.6
2015	1.4	0	1.4	0.4	0	0.4	1.8	76.5	219	15	-	2015	60	48	53.9	2.6	0.74	3.34	2014	2.04	68.6	19.6	88.2
2014	1.5	0	1.5	0.6	0	0.6	2.1	77.3	309	15	15	2014	58.6	46.7	51.8	2.9	1.16	4.06	2013	2.48	60.5	24.2	84.7
2013	1.4	0	1.4	0.6	0	0.6	2	68.1	292	689	689	2013	68.3	49.6	56.4	2.48	1.06	3.54	2012	2.03	69	29.6	98.5
2012	1	0	1	0.7	0	0.7	1.7	45.4	318	90	90	2012	55	40	47.7	2.1	1.47	3.57	2011	2.08	48.1	33.7	81.7
2011	1	0	1	1	0	1	2	60	257	2	2	2011	49.3	36	41.2	3.4	1.46	4.86	2010	2.55	54.9	23.5	78.4

資料來源：Goodinfo! 台灣股市資訊網

步驟3》推估隔年可能配發的股利

可根據法人預估之全年每股稅後盈餘（EPS），以及近10年平均盈餘分配率，推估隔年可能配發的股利。

查詢法人預估之全年EPS，最便捷的方法是到鉅亨網，可看到法人機構FactSet做出的預估。

例如，2024.11.21法人預估統一2024年的全年EPS為3.86元，即可計算如下：

統一2025年可能配發股利：2024年預估EPS 3.86元 × 近10年平均盈餘分配率83.05% = 3.2元。

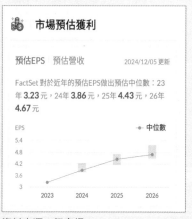

市場預估獲利

預估EPS 預估營收 2024/12/05 更新

FactSet 對於近年的預估EPS做出預估中位數：23年 **3.23** 元，24年 **3.86** 元，25年 **4.43** 元，26年 **4.67** 元

資料來源：鉅亨網

步驟4》根據當前股價算出預估殖利率

將計算出的預估股利除以當前股價，即可算出目前的殖利率，再與近 10 年平均殖利率比較，即可知道目前殖利率與過去行情相比孰高孰低。

例如

統一於 2024 年 11 月 27 日的收盤價為 86.5 元，預估殖利率即為：

預估配發股利 3.2 元 / 股價 86.5 元 ×100% ＝預估殖利率 3.7%。

算出的預估殖利率 3.7%，低於統一近 10 年平均殖利率 4.07%，因此可以判斷目前股價不算便宜，以此股價持有的預估殖利率與過去水準相比是偏低的。

1-9

拿正報酬打掉負報酬
確保資產穩定增長

剛開始進入市場時，大俠都鼓勵投資人要先有紀律的累積部位，就以投資 ETF 來說，至少可以先存個 3 年，經歷一個完整的市場循環，隨著整體的市場向上成長，你的帳上自然會累積出一定的正報酬。接下來，你可能會嘗試投資其他有爆發潛力的個股或產業型 ETF，但是不一定所選到的標的都能創造好的報酬，也可能一買就跌，或是虧損愈來愈大，該怎麼處理？

在投資的路上，我們要認清一點：我們是人不是神，不可能每一檔股票一買完就開始暴漲。千萬不要有這樣的期待！在瘋狂多頭的行情裡，可能你買什麼就漲什麼，但這樣的行情能持續多久？在這種情況下你能學到什麼？

投資就 2 種行情：漲與跌；你的投資組合也只會有 2 種情況：賺或賠。真正要在市場上好好學習的，是當行情不如預期時，我們如何處理虧損部位、如何應對市場波動，才能累積出更強大的實力。

整體呈現正報酬，且年化報酬率跑贏大盤

　　大俠要分享一個「拿正報酬打掉負報酬」的實用策略。就好比一家科技公司，不見得每一個研發項目都能順利盈利，但是只要主要產品賺到錢，就可以 Cover 那些研發還未成功的損耗成本。

　　以美國電商巨擘亞馬遜（Amazon）為例，早期它們的盈利主要來自於其核心的電商業務，這是公司最穩定且主要的收入來源。然而，亞馬遜並沒有滿足於僅僅依靠電商賺錢，而是將大量資金投入到不同的創新領域，比如雲端運算服務 AWS（Amazon Web Services）、電子書閱讀器 Kindle、智能音箱 Alexa 及物流配送系統等。這些創新領域中，並非所有項目都在初期盈利，甚至有些產品在早期階段經歷了虧損。

　　然而，正因為亞馬遜的電商業務有穩定的現金流，能夠 Cover 這些新項目的損耗，使得公司能夠承擔這些研發投入。其中，AWS 剛開始推出時並不被廣泛看好，但隨著時間推移，這一業務逐漸成為亞馬遜最賺錢的板塊之一。如今，AWS 是全球最大的雲服務提供商，為亞馬遜帶來了巨大的收入，成為公司盈利的重要支柱。

　　而其他一些項目，如亞馬遜 Fire Phone 智能手機，則是失敗的案例，雖然未能成功，但公司整體的盈利並未受到重大影響，因為主力業務（電商和

AWS）仍然為亞馬遜提供了穩定的收入，幫助它們 Cover 了這些虧損，並繼續進行其他創新。這個案例正好印證：只要主要產品賺錢，就可以 Cover 那些研發還未成功的損耗成本。這種策略能讓公司在探索新機會時，承擔一定的風險，而不至於對整體業務造成毀滅性的打擊。

這道理和投資股票完全一致，我們的投資組合裡，難免會有看錯的部分，或者是尚未起飛的產業，但只要整體報酬為正，我們的策略就是成功的。

千萬不要因為 1、2 檔股票的失誤，就覺得整個投資策略是錯的；只要整體呈現正報酬，且年化報酬率跑贏大盤，這套策略就算是不錯的。投資是看整體，不是單點，所以即便某些產業暫時不如預期，我們也要懂得用正報酬去 Cover 負報酬，這樣才能保持長期穩定的增長。

成功的投資組合中，可包容少數股票失誤

而正報酬從哪來？如同前面所說的，要先累積足夠的正報酬，然後投資觸角再擴展到其他產業型標的。

就像大俠目前還持有的 2 檔 ETF：元大台灣 50（0050）和富邦科技（0052）。截至 2024 年 10 月 21 日，0050 庫存共有約 58 張，帳上報酬 89 多萬元，報酬率 8.38%；0052 庫存共有約 18 張，帳上報酬約

圖1 大俠持有0050及0052帳上報酬率僅個位數
——大俠庫存對帳單摘錄

庫存對帳單							
損益:16,409,417							
下單	明細	商品	損益	報酬率	類別		幣別
下單	明細	元大台灣50	898,994	8.38%	現股	58,806	台幣
下單	明細	富邦科技	170,691	5%	現股	18,277	台幣

註：資料時間為 2024.10.21

17 萬元，報酬率約 5%。

其實這 2 檔 ETF 的長期持有報酬率相當不錯，光是 2024 年以來就分別有大約 45% 和 50% 的累積報酬，但為什麼大俠的帳上只有個位數報酬率呢？主要是因為大俠很常將這 2 檔 ETF 的正報酬調節出來，用來 Cover 生活成本，像是繳卡費、房貸和辦公室租金等。所以呈現在大俠帳上的報酬，可能只是 1 個月左右產出的而已（詳見圖 1）。再回到「拿正報酬打掉負報酬」這個策略，要怎麼實際操作呢？這又可以分為以下 2 種狀況：

狀況1》決定調節股票時，同時賣出部分正報酬與負報酬部位

當大俠發現目前的持股比重太高，決定要調節股票時，會優先調節報酬率

較高的標的，同時將帳上呈現負報酬的庫存打掉。例如同時賣掉正報酬 10 萬元的部位，以及虧損 2 萬元的部位，這樣調節出來的獲利仍有 8 萬元，整體而言不會出現虧損。這個策略不僅能 Cover 掉虧損部位，還能確保整體收益依然為正。

狀況2》當部分正報酬部位已接近負報酬部位的2倍

假設帳上有 2 檔產業型的 ETF，其中 1 檔已經產出理想的高報酬，另一檔則是持續虧損。由於產業型標的要發酵的時間難以預期，大俠並不會因為其中 1 檔出現虧損就選擇放棄，而是會再持續觀察。不過當產業出現較明顯的波動時，為了確保獲利，大俠就可能會根據以下評估公式，啟動「拿正報酬打掉負報酬」策略。

> **評估公式：正報酬 ≤2x｜負報酬｜**
> 說明：1. 負報酬為絕對值；2. 當正報酬明顯大於負報酬絕對值的 2 倍以上，可輕鬆看待；但開始接近或小於負報酬金額的 2 倍時，則可考慮啟動「拿正報酬打掉負報酬」策略。

例如，帳上有 1 檔 A 股票賺 60 萬元，B 股票虧損 12 萬元，大俠會輕鬆看到，若是 A 股票持續上漲，就能 Cover 掉報酬不如預期的 B 股票。但是如果 B 股票持續下跌，變成虧損 30 萬元，而 A 股票還是只有賺 60 萬元，可能就會開啟打掉動作，也就是同時賣掉 A 股票、B 股票來確保利潤，這樣打掉至少還可以賺 30 萬，也就是起碼要賺一半的意思。

在這邊要提醒大家，也許打掉之後，B 股票就開始狂噴，但是既然這次沒抓到，就別想太多，不要過於糾結；因為也有可能打掉之後，B 股票就狂崩，所以千萬不能用僥倖來看待市場，才能在這個市場上活得最久，賺得最久。因為投資報酬率是算到人蓋棺的那一刻，而不是結算到投資的中途，長期的紀律維持正確才是你該做的事。

當然，這個策略的前提是你必須先累積出正向報酬，這一點從 ETF 開始是最簡單的選擇。剛進入市場的投資新手，可以先從 ETF 開始學習累積正報酬，並磨練投資心態。當有了更多的經驗後，再去做產業投資，這樣就更有機會在產業投資中獲得漂亮的回報。

穩定獲利的關鍵在於心態與紀律的修煉

波克夏（Berkshire Hathaway）公司執行長，同時也被稱為「股神」的巴菲特（Warren Bufett）在 2003 年的股東大會上提到：「你不需要對所有公司都看對，你只需要每 1 年或 2 年抓到一個好的機會。」這一點也適用於上述的策略。我們不需要每次都準確預測市場，而是當機會來臨時，通過正報酬的調整來處理負報酬，確保總資產的穩定增長。正報酬並不只是用來欣賞的，它是我們在投資過程中的「資本保護傘」。透過計算水位，讀者更可以知道什麼時候該調整負報酬部位，並保護整體資金安全。這樣的策略不僅能避免情緒化操作，更能在市場動盪中持續維持你的投資紀律。

投資的智慧不需次次都對，而是在於避免犯下大錯、抓住好的機會。調節不如預期的部位只是其中一個關鍵點，它不是失敗的象徵，而是保護長期回報的工具，而且我們通過用正報酬去平衡負報酬，讓整體不管是已實現報酬或者是未實現報酬都呈現正值，如此能讓投資更為穩固。投資就像一場馬拉松，而不是短跑競賽。每次決策不需要十全十美，只要在關鍵時刻做出正確的選擇，就能為長期的回報奠定基礎。正如巴菲特所說：「你只需要在你一生中很少的事情上是正確的，並且只要不犯任何大錯誤。」這句話道出了投資的核心──關鍵並非次次都要正確，而是要避免大錯，並在適當時機抓住好的投資機會。

最後，大俠要提醒大家，投資中的穩定獲利不僅僅是賺錢的技巧，更是心態與紀律的修煉。不可能每一次都完美操作，但我們可以透過正確的策略，來應對市場的各種變化。正報酬來自穩健的操作，在布局產業之前，請先從 ETF 累積正報酬，在穩健中求成長，是相對有保障的投資方式。

Chapter 2

掌握致勝關鍵

2-1

持續布局＋穩定累積
財富自由不是夢

很多人問大俠，小資投資到底能不能實現財富自由？答案是可以，保證可以！不過，這並不是隨便小打小鬧就能輕鬆達到的事情，這裡面有幾個重要的前提條件，投資不僅僅是把錢放進市場，還需要懂得如何正確使用工具、保持長期的紀律，這些才是通往財富自由的真正關鍵。

勿滿足於小報酬而急於離開市場

首先，人可以一開始是小資族，但不能一輩子都是。這意味著，當你一開始用小額資金進行投資時，這並不是問題；問題在於，你不能止步於此，還要專注於提升自己的本業，努力加薪並尋找其他收入來源來擴大資金基礎。投資只是一部分，主業收入的提升會是你走向財富自由的第一步。接下來，一開始可以在股市賠點小錢，這是學習的過程，誰沒有在市場上跌過跟頭？但重點是，你不能一生都在賠錢。

　　你需要學會正確的投資方式，了解市場規律，並且掌握紀律操作的方法。這樣，賠錢就只是過程中的一個小插曲，你最終會反轉局面，開始穩健地累積報酬。最後，當你穩健取得報酬後，不要被小報酬滿足而急於離場錯過長線完整報酬。很多人賺了一點點錢就急著獲利了結，這種心態會限制你的成長。你必須學習在市場過熱時做儲備，震盪時按位階大量加碼，並且持有大部位良好資產在市場中長期持有。在合適的時機，根據市場水位狀況調節部分部位，取回一些報酬。這樣的策略能幫助你抓住最佳的投資機會，實現更大的回報。

　　要達到財富自由，不僅僅靠運氣，更需要不斷地學習和市場的實際驗證。你要學會選擇長期穩健的標的，要了解市場運作規則，知道如何分析市場、如何使用投資工具，根據不同的市場階段做出正確決策。同時也要懂得資金管理策略──市場過熱時，需要儲備資本；市場低迷時，你要果斷加碼。當大俠還是剛出社會的小資族時，光靠著存死薪水，省吃儉用，也曾經覺得要滾到 1,000 萬元是難如登天。但大俠要告訴你，在退休之前擁有千萬資產，絕對是可以達成的，且只需要花費 15 年！這並不是天方夜譚，而是通過合理的策略和持續的努力，實現財富自由的途徑。

複利的威力在長期投資中會逐漸展現

　　首先，我們來談談累積資產的方式。這裡所謂的「累積」，並不是一開始

表1 每月投入2萬1000元，15年可累積近千萬元

——定期定額投資可累積金額試算

年數	每月投入金額			
	1萬1,000元	2萬1,000元	2萬2,000元	2萬5,000元
8	173	330	345	393
10	246	470	493	560
15	524	**999**	1,047	1,190
20	1,012	1,932	2,024	2,300
25	1,872	3,575	3,745	4,256
30	3,389	6,470	6,778	7,702

註：1. 單位為萬元；2. 此表以年化報酬率12%，計算出每月投入不同金額及年數可累積的金額

就進行神乎其技的低買高賣，而是穩定地持續布局。

我們先專注於基本的方式，選擇好ETF，然後定期進行投資。假設你選擇1檔長期含息年化報酬率在12%以上的ETF，每個月定期定額投入大約2萬1,000元～2萬5,000元，經過15年的時間，就能達成將近1,000萬元的目標（詳見表1）。而這些投入的資金能夠迅速增長，就是因為複利的威力在長期投資中會逐漸展現。

有可能找到1檔含息年化報酬率12%的ETF嗎？答案是可能的！我們可以看看一些基本的、大盤指數型的ETF，過去10年的年化報酬率約為

表2 3檔老牌ETF近10年含息年化報酬率超過12%
——近5年含息年化報酬率逾12%的ETF範例

名稱（代號）	含息年化報酬率（%）			
	近1年	近3年	近5年	近10年
富邦台灣中小（00733）	9.04	14.41	29.15	N/A
富邦科技（0052）	60.02	19.17	28.23	**20.8**
國泰費城半導體（00830）	38.22	14.75	26.13	N/A
元大全球AI（00762）	48.19	14.60	23.40	N/A
國泰北美科技（00770）	47.27	16.35	22.71	N/A
元大台灣高息低波（00713）	22.83	18.46	20.19	N/A
富邦台50（006208）	50.63	14.59	19.86	**14.92**
富邦公司治理（00692）	43.41	13.50	19.38	N/A
元大台灣50（0050）	50.27	13.83	19.29	**14.52**

註：1. 選自本書納入介紹之ETF且成立滿5年以上者（不含槓桿型），並按近5年含息
年化報酬率由高而低排序；2. 部分因成立未滿10年故無近10年數據；3. 統計截至
2024.11.22；4. 此表依近5年含息年化報酬率由高至低排序
資料來源：Yahoo奇摩股市

13.81%，有些ETF的表現更有超越同期大盤的表現或是未來有潛力戰勝大盤，大家可以挖掘更多機會！

接下來我們看數據，就看台灣加權股價指數近幾年的資料（皆為含息，計算截止日為2024年11月22日）：

1. 近3年的年化報酬率則約為12.73%。

表3 拉長時間或提高金額，降低年化報酬率仍滾出千萬
——達成千萬資產的年化報酬率、月投入金額及所需年數

月投入金額（元）	含息年化報酬率			
	6%	8%	10%	12%
6,000	38	32	28	25
8,000	34	29	25	22
10,000	30	26	23	21
15,000	25	22	19	18
21,000	**21** ❸	18	16 ❶	**15**
25,000	18	16	**15** ❷	14
30,000	16	15	14	13

❶年報酬12%，月投入金額2萬1,000元，15年可存到千萬資產
❷年報酬10%，月投入金額提高到2萬5,000元，同樣可在約15年達標
❸年報酬6%，月投入金額維持2萬1,000元，花費21年也能達標

註：1. 單位為年；2. 此表為目標累積千萬元，不同年化報酬率及月投入金額所需花費的年數

2. 近 5 年的年化報酬率約為 18.58%。

3. 近 10 年的年化報酬率則約為 13.81%。

　　這些數據顯示台股在這段時間內表現相當優異；尤其近年受到科技股和半導體產業的強力支持，成為國際資金的投資熱點，且台灣也有發行投資於海外科技股的 ETF，所以找到戰勝大盤 12% 年化報酬率的 ETF 就有機會辦到。以本書專文介紹的 26 檔 ETF 來說，其中成立滿 5 年（不含槓桿型）的 9

檔 ETF，其近 5 年含息年化報酬率都超過 12%（詳見表 2）；其中具大盤代表性的元大台灣 50（0050）、富邦台 50（006208）投資於台灣前 50 大市值股票，近 10 年含息年化報酬率都達到 14%；而富邦科技（0052）是追蹤台灣前 150 大市值當中的資訊科技股，近 10 年含息年化報酬率更有逾 20% 的亮眼績效。

有些人可能會質疑，這些報酬率都是過去的表現，真有可能一直持續嗎？未來的報酬率的確可能會波動，如果擔心無法達成，我們可以採取 2 種策略來應對：1. 提高每月的投入金額、2. 提前開始投資，拉長投資期間（詳見表 3）。這 2 種策略能讓我們在長期報酬率不如預期時，依然能夠達成目標。

大俠小叮嚀
新手投資不要被資金多寡局限

小資投資可以是你進入市場的起點，但絕不會是終點。市場的起伏無法避免，保持學習的心態，不斷提升自己，隨著知識和經驗的成長，不斷擴大投資範圍和資金池，財富自由並不是遙不可及的夢想。

2-2

本多未必終勝
投資須做好資金控管

在談到靠投資財富自由這個議題時，許多人最先想到的往往是資金的多寡，認為平常可用於投資的閒錢太少，再怎麼努力也很難賺到大錢；或是認為，那些能夠投資成功的有錢人是「本多終勝」，依靠的是他們原本就擁有的鉅額資金。

有錢人若是靠著投資變得愈來愈有錢，並將財富傳承給後代子孫，也一定要用對投資方法。因為無論資金多寡，如果投資方法不當，或是野心超過了資金管理能力，也會玩壞一手好牌，尤其在市場波動較大的時候，更容易蒙受巨大損失。以下分享一個實際案例：

大俠有位朋友，在國外上班，手上資金非常非常多，在 2019 年前，大概多出大俠總資產 2 個 0。他在牛市的時候進行了槓桿操作，試圖用槓桿來放大收益。在市場上升階段，他的資產確實獲得了巨大的增長，也因此過

於自信，認為市場只會一直上漲，於是繼續擴大槓桿，甚至超過了他實際能管理的範圍（他還是一位財務相關的學者）。然而，當市場突然回調時，由於槓桿倍數過高，股價僅下跌了 30%，他的資產卻因為槓桿倍數而迅速縮水。最終，因為資金管理不當和操作風險過大，不得不面臨強制平倉，資產幾乎全部蒸發，妻離子散。

其實，起步時的資金大小並不是問題，關鍵在於，我們需要學習如何有效地利用資金進行投資配置，讓資金的運用效果最佳化，並靠著時間與複利的力量去壯大資產。

上述的真實例子也提醒了我們，就算鉅額資金在手，如果控管不當，還是難留住財富。資金管理和操作風險控制是每位投資者必須高度重視的核心問題，我們一定要把手中 100% 的資金控制得當，位階到了該加碼的時候，不要囉唆，市場歡樂、水位高漲時則考慮調節，或是不調節但也別繼續重壓新資金。

增強本業收入是基礎，投資盡量用閒錢

在投資過程中，100% 的資金使用效益該如何最大化？首先，專注於本業，努力提升收入，然後將增加的本金用於投資，讓我們能夠盡可能參與到市場的完整報酬，以實現靠投資支持生活開銷，甚至提升生活品質的目標。

以下 3 個實用法則，大俠特別希望小資族能夠遵循，因為大俠就是這樣過來的：

1. **專注本業，努力加薪**：提升自身競爭力，讓收入持續增加。
2. **找到穩健的投資方式**：持續累積資產，選擇長期增長潛力的投資標的。
3. **維持紀律**：無論市場波動如何，都要堅持自己的投資計畫。

累積資產與生活品質須達成平衡

不論你的資金大小，投資時都要經歷選股、布局、持有、調節等過程，保持紀律、持續學習，這些都是達成財富自由的關鍵。有人會問：「既然大俠提倡累積資產，那為何會調節獲利拿去花掉？」當你剛開始投資，當然可以專心累積不調節；當累積到了一定的資產，有了足夠的投資經驗，同時也還有本業的收入，那麼市場高檔時，將調節出的部分獲利用來適度提升生活品質，也是很合理的。況且調節出的獲利，大俠也不會全部花掉，還是會保持紀律，留下足夠的資金再投資，兼顧長期穩步累積財富及增進生活品質。以下是大俠平常記錄投資狀況的文章節錄：

◆調節報酬，提升生活品質

今天調節了 6、7 萬元的報酬，同時帳上還有 99.5% 的報酬留在長期部位中，順便我還打掉了 3 萬元左右的不如預期部位，這種拿正報酬的一半

去打掉負報酬的做法，無論在任何市場環境下，都是非常正確的操作。

　　大家常常會糾結：調節後市場會不會大漲？會不會大跌？說實話，這些都不應該是你太過煩惱的問題。關鍵在於：你今天的操作是否遵循紀律，取得的報酬如何被合理利用？今天調節的這筆報酬，你可以拿來打掉負報酬，減少未來的虧損風險，這是很重要的一步。或者，你也可以選擇將這些報酬用於提升生活品質，買些自己喜歡的東西，讓投資的成果真實地反映在生活中。這樣的做法，無論是減少未來虧損或即時提升生活質量，都絕對不會錯。

◆調節後漲跌無需糾結，重點在於紀律與平衡

　　很多朋友常常會問：如果今天調節了，下週市場大漲怎麼辦？大俠要告訴你，根本不需要為這種情況而擔心。即使下週市場真的上漲，我今天抽回的報酬依然是有價值的，因為它已經轉化為實實在在的生活提升。市場的漲跌無法預測，但紀律操作是你能夠掌控的。無論市場後續如何走，我們都已經按照紀律完成執行，這才是最重要的。投資其實是一個長期的過程，我們的目標是持續穩健地前進，而不是追求每次的絕對完美操作。

◆投資是一種對生活的掌控

　　投資不僅僅是數字的遊戲，更是對自己生活的一種掌控。每一次的調節，其實都是一次讓你更好掌握自己資產的機會。當你能夠從市場中抽回部分報酬，並且有效運用這些資源，來提升自己的生活質量，這才是投資的真正價

值。畢竟，我們進行投資的最終目標，不就是為了讓自己和家人過上更好的生活嗎？

　　因此，請記住：按照紀律操作，即使市場未來的走勢與你預期不同，今天調節的報酬依然有它的價值。 無論是減少虧損，還是提升生活的改善，這樣的選擇永遠是對的。「千里之行始於足下」，現在就開始行動吧！

大俠小叮嚀
股市操作需有層次

股市的操作不是一場無止境的「All in（全部投入）」比賽，投資是需要有層次感的，我們要學會適時調節資金、懂得再平衡。這樣，你才能在市場波動中游刃有餘，穩步前行。

閒置資金放股市
長期享受豐厚回報

　　大量買進是強調要在投資過程中將閒錢 All in（全部投入），盡量把閒置的資金放在能夠長期成長的股市裡，讓資產購買力不至於被通膨侵蝕，還能大幅向上增長。但是把那麼多錢放在股市裡，股市真的會長期一直上漲嗎？這並不是憑空想像，我們先看一下美國 5 大指數實際數據：

1.道瓊工業平均指數（Dow Jones Industrial Average，DJIA）

　◆由 30 家大型工業公司組成，代表了美國傳統藍籌股企業的表現。

　◆是歷史最悠久、最著名的指數之一，通常反映美國經濟的整體健康狀況。

　◆道瓊工業平均指數同樣展示了穩健增長，長期年化報酬率約為 10%，主要受到藍籌股和傳統產業的穩定支持。

2.標準普爾500指數（S&P 500）

　◆由 500 家美國大型公司組成，涵蓋了多個產業。這是全球最廣泛使用

的指數之一,因為它更能代表美國整體市場的表現。

◆投資者普遍認為 S&P 500 指數是衡量美國股市表現的標準指標。

◆作為美國大盤的代表,過去 20 年來的年化報酬率大約在 9% ～ 10% 左右,這個指數反映了美國 500 大公司的表現。

3.那斯達克綜合指數(NASDAQ Composite)

◆包含在那斯達克證券交易所上市的所有公司,特別是以科技股為主。

◆因為包含眾多科技公司(如蘋果(Apple)、微軟(Microsoft)、亞馬遜(Amazon)等),該指數通常反映科技產業的整體走勢。

◆以科技股為主的那斯達克指數表現尤為亮眼,得益於科技產業的爆發式成長,過去 20 年的年化報酬率約為 12%,特別是在蘋果、亞馬遜、微軟等科技巨頭的帶動下。

4.羅素2000指數(Russell 2000 Index)

◆由美國市值較小的 2,000 家公司組成,代表小型股市場的表現。

◆用來觀察中小型企業的成長潛力,並反映經濟中較小公司的健康狀況。

◆專注於小型股的羅素 2000 指數波動性較大,但在經濟擴張期通常表現較好,長期年化報酬率大約在 8% ～ 9% 之間。

5.費城半導體指數(Philadelphia Semiconductor Index,SOX)

◆追蹤半導體產業的 30 家主要公司,該指數專門反映半導體產業的表現。

◆半導體產業對科技產業至關重要，該指數常作為科技產業的健康指標。

◆半導體產業的強勁需求推動了該指數的高速增長，成立以來的年化報酬率接近 15%，反映了晶片和科技產業的巨大潛力。

通過回測數據驗證股市長期表現向上

此外，有許多學術文獻和研究討論全球主要股市長期呈現出持續穩定向上的趨勢，這些研究結果來自經濟學、金融學等領域，通過回測市場數據來驗證股市長期表現的穩定性。以下舉幾個具體的學術文獻及相關著作為例：

1.金融經濟學的經典文獻

◆Fama and French（1992 年）提出的「三因子模型」，分析股市長期收益的構成，表明小市值股票和高價值股票長期以來表現出色，推動市場穩定向上。

◆Campbell and Shiller（1988 年）對股票市場收益和股價／盈利比率進行長期的研究，證明股市在不同的經濟週期中都能夠保持長期向上的趨勢。

2.資產配置與長期回報相關文獻

◆Dimson, Marsh, and Staunton（2002 年）的研究報告《Triumph of the Optimists: 101 Years of Global Investment Returns》涵蓋 1900 年以來全球 16 個主要國家的股市表現，強調長期持有全球股市帶來的穩定增長和豐

厚回報。

◆ Bodie, Kane, and Marcus（2008 年）在《Investments》書中討論了股市作為一種長期投資工具的回報特性，並提供了全球市場的長期回測數據。

3. 股市回測與全球股市表現

◆ 傑諾米席格爾（Jeremy Siegel）（2002 年）的《長線獲利之道》（Stocks for the Long Run）提出「股票長期優勢」，回測美國股市 200 多年來的數據，證明股市長期向上，並將股票定義為最適合長期投資的資產。

◆ 根據摩根士丹利資本國際公司（Morgan Stanley Capital International）所編製的世界各項市場指數，如 MSCI 世界指數、MSCI 新興市場指數……等，這些數據表明隨著經濟增長和全球化，全球股市是持續向上。

從這些學術研究、著作和股市的回測歷史，都能了解到隨著全球經濟的持續增長，企業盈利能力的增強及生產力的提高，股市往往能夠在長期反映這些基本面的增長。

投資需要正確策略、心態與對市場的了解

而投資者通過承擔風險，則能獲得更高的預期回報，這使得股市在長期內能夠提供高於無風險資產的回報，相信此點大家特別有感。因為只光靠定存不投資，長期銀行給出的利率的確難以讓投資人戰勝通膨。但大俠在這裡想

補充，並不是每個人都能通過投資獲得比定存更高的回報，投資成功需要的不僅僅是時間和資金，還需要正確的策略、心態和對市場的深入了解。

我之前有位鄰居，投資股市已有 30 多年經驗，但他經常追高殺低，並且在市場波動中頻繁操作。他不僅沒有正確理解行情和產業趨勢，還常常將情緒發洩在家人身上，甚至犧牲了家人的生活品質，把大部分資金投入到他並不真正了解的股票中。

這樣的投資方式，使得他在這 30 多年裡雖然偶有盈利，但更多的時候是虧損。比如賠了上百萬元之後，賺回 10 萬元就感到沾沾自喜，卻從未從根本上改善投資策略或學習如何提高投資回報。因此，他的 30 多年投資經驗並沒有為他帶來真正的財富增長。

這例子說明，長期的投資經驗並不等同於成功的投資。投資者必須具備正確的知識、耐心、紀律及對市場的深刻理解，才能真正從中受益。否則，即使投入再多時間和資金，結果也可能不如人意，甚至還慘輸給定存的利息。

因此，大俠要再次強調，還不會投資的新鮮人，想用定存或是買儲蓄險保單來存下資金也是可行的，但也請一定要及早開始學習投資，當你學習到更多知識並開始投資之後，也許就可以降低定存或是儲蓄險保單的資金占比，把滾大資金的工作交給股市。而且經驗愈多，愈能理解到市場有自我修正機

制，即便在短期內，市場會出現波動甚至下跌，但由於全球市場的自我修正能力和經濟體系的調整能力，市場最終會回歸增長趨勢。

前述學術文獻所提到支持全球股市長期持續上升的理論基礎，來自於大量的歷史回測和經濟學研究，這些研究表明，儘管短期內股市會受到波動和不確定因素的影響，但長期來看，隨著經濟增長、企業盈利的提高以及全球市場的發展，股市將持續穩定向上。

透過長期投資讓資產翻倍

長期投資的魅力，用「資產翻倍」的時間來描述會更有感覺。可以用一個簡單的「72 法則」來概算，只要將 72 除以年化報酬率的數字，就能知道一筆投資可用幾年的時間往上翻 1 倍。例如，一筆 200 萬元本金，每年以 8% 的報酬率向上成長，只要花費 9 年（72/8 ＝ 9），這 200 萬元就會變成 400 萬元（詳見表 1）；接著投資第 2 個 9 年，就會變成 800 萬元；如果繼續投資第 3 個 9 年，則會變成 1,600 萬元。如果能有更高的報酬率，翻倍速度也會加快，例如 12% 年化報酬率，只需要花 6 年就能夠讓單筆資金翻倍。

在實務上，大家還是採取定期定額投資，即使一項投資工具能有每年超過 10% 的年化報酬率，但由於每筆投入的時間不同，整筆定期定額投資所呈

表1 **年化報酬率8%，本金可用9年翻倍**
——「72法則」速查表

年化報酬率	幾年可翻倍	年化報酬率	幾年可翻倍
12%	6.0	6%	12.0
11%	6.5	5%	14.4
10%	7.2	4%	18.0
9%	8.0	3%	24.0
8%	9.0	2%	36.0
7%	10.2	1%	72.0

現的年化報酬率會比我們想像中再低一些。那麼到底實際在台股的長期投資成果是如何呢？

我們就用元大台灣 50（0050）這檔台灣老牌的市值型 ETF 來試算，根據 MoneyDJ 的定期定額試算結果，可以看到從 2003 年 7 月初開始，每月定期定額投資 1 萬元並將股息再投入，到了 2024 年 11 月底，總市值可達到 884 萬元，含息年化報酬率大約落在 7.2% 左右。

在現實情況下，若投資者在此期間不斷提升薪資水準，並投入更多資金，那麼資金的累積將更加快速；隨著時間推移，如果能保持穩定投資，資產增長將會持續遞延。到了準備退休那一刻，已能累積到一筆雄厚的資產，此後就算不再投入新資金，光靠該筆資產每年產出的報酬，就能 Cover 所有生

活開銷,甚至還有機會繼續成長,這正是長期參與市場的巨大好處。

　　投資過程中,投資者也可能會將部分報酬轉移至其他資產配置,最常見的就是購屋,以及生活中會有一些沒想到的開銷。真實的財務情況遠比理論更複雜,但可以確定的是,長期參與市場,會是累積財富的穩定途徑。

　　此外,我有時會分享,若能抓住「10 年線」,也就是股市跌到近 10 年平均價位,會是勇敢大量買進的難得時機;不止一位投資者說,他們在股市投資了 20、30 年,卻始終沒有真正抓住「10 年線」的機會。大俠想告訴這樣的投資者,如果過去 20 年或 30 年能穩定、持續地定期投資股市,就算是只買追蹤大盤的 ETF,那麼投資成本就不僅僅是「10 年線」,而是 20 年或 30 年的大盤平均成本了。當然,30 年前還沒有大盤 ETF 可以買,相關的投資知識也不太普及,但是追蹤大盤的 0050 已在 2003 年時問世,如今甚至有更多能在特定市場和時期超越大盤績效的 ETF 可以選擇。

　　投資者若能將目光放長遠,就算年化報酬率只有 7.2%,還是能享受到資產每 10 年翻倍的「基本」成果,如果能選到表現更好的 ETF,還能獲得更加強勁的市場報酬體驗。

　　長期投資是一個積累和應對波動的過程,不過現實生活中會涉及更多的變數,比如投資者的風險承受能力、個人財務目標及市場的不確定性等;投資

者還是要根據自身情況靈活應對，制定適合自己的投資策略。

大量資金放定存將難以對抗通膨

最後再回頭談談定存。當你閱讀到這段時，應該已經清楚理解，定存只是你在剛開始學習如何投資時的避風港（或是緊急備用金、短期需求的資金停泊處）。在尚未搞清楚市場運作前，貿然進場投資很可能會導致損失本金，因此將錢先放在銀行裡是合理的選擇，因為錢不會主動帶來風險。然而，一旦開始理解市場運作後，你就會明白，長期將大量閒置資金放在定存裡，是一個不理想的投資策略。

最近 20 年，台灣的銀行一年期定存利率大多在 1% ～ 2% 之間，根據前述提到的 72 法則，資金每年成長 1%，需要 72 年才能使資產翻倍，而通膨率每年大約以 2% 至 3% 的速度增長，這意味著，雖然定存資金也會增長，但其實是以非常緩慢的速度，遠遠落後於物價上漲的步伐。與此同時，如果將資金投資於大盤 ETF 如 0050，即便用最保守年化報酬率 7% 估算，資產仍可以在每 10 年翻倍；相比之下，定存的增長速度幾乎是停滯的，連通膨都抵抗不了。

假設將大量資金長期放在定存，實際上等於是失去了資產成長的機會成本，通膨會逐漸侵蝕你的購買力，你會發現自己日常生活中的花費，能吃的

牛肉麵愈來愈小碗，生活品質也會逐漸下降！原因在於你的資產增長速度跟不上通膨的步伐，資產購買力將因此逐年下降；這不僅是因為錯過了投資市場中的增長機會，也因為定存無法提供與通膨對抗的足夠回報。

為了避免這種情況，當你對市場有一定理解後，應該積極尋找更高回報的投資選擇，以確保你的資產能在長期內增值，而非被通膨逐步侵蝕。而貼近大盤績效的 ETF 會是最基礎的選擇，因為這是買進市場整體組合，只要紀律買進，長期來看自然能取得接近市場的報酬績效。

買大盤 ETF 很簡單，就 2 招，大俠稱為「買大盤 2 招」：

1. 當天有多少錢就買多少。
2. 平時累積資金，等有恐慌時再進場布局。

買進之後需要調節嗎？也很簡單，就 2 招：

1. 都不調節，長期持有。定期領到的股息再投入或用來 Cover 日常開銷。
2. 市場高檔時，若持股比重過高就稍微調節取回部分報酬，之後再按前述「買大盤 2 招」繼續買。

就如此簡單，別懷疑，上述都是大俠一直在做的事。

2-4

股市長期上漲主因1》
通膨的適度升溫

儘管經歷了市場波動與經濟危機，長期持有股票的投資者依然能夠獲得豐厚的回報。股市為什麼會呈現成長趨勢？這是基於幾個關鍵的經濟與社會驅動因素：通膨的適度增溫、全球人口上升、科技創新、貨幣政策的調控，以及「市場預期心理」針對上述因素產生的反映。

市場預期心理帶動經濟成長正向發展

面對不斷上漲的物價和生活成本，人們要保持競爭力，就必須更加專注於提升自身技能與收入，這種動機促使他們不斷學習、努力工作，從而提高收入水平，這不僅強化個人的財富累積能力，還推動經濟的長期正向增長。當個人不斷提升競爭力，也反映在整個宏觀經濟的健康發展上，強大的企業通過市場的篩選與波動生存下來，並繼續創造價值，這些企業的成長也會促使資本市場的進一步繁榮。而隨著大眾逐漸理解這些經濟動態，這些集體心理

預期會進一步鞏固市場運行的穩定性。

當群體理解市場的運行機制後，投資者的集體心理預期就會產生更強的驅動力。這種心理預期表現在 2 個方面：一方面，投資者會趁市場較低時積極布局，並在市場高漲時適當調節，保持資金靈活性；另一方面，投資者會更加注重個人技能與財富的累積，從而在市場中長期持有優質的資產，最終獲得豐厚的回報。

這樣的心理預期對市場有著非常積極的影響——人們會提前做出消費和投資決策，這加速了經濟週期的運行，也鞏固了市場長期增長的趨勢。最終形成了一個正向循環：人們通過努力工作、投資來累積財富，而這些行為反過來又進一步推動了經濟和市場的增長。

所以，大俠為何如此著重於預期心理？因為這背後涉及投資市場運行的核心：市場的行情不僅僅取決於現有的資金流動，還深受心理預期的影響。這種心理預期會成為影響市場波動的重要驅動力，因為投資者的行為很大程度上基於對未來的預期，而這些預期往往影響他們的投資決策。

市場行情＝資金＋心理預期

各位讀者看到這裡應該能更明白，為什麼大俠一直強調，遇到恐慌時有錢

就要按照位階「Buy、Buy、Buy」！尤其 ETF 本身具備汰弱留強的機制，讓我們能夠在投資時更加省心，因為它會自動幫你淘汰不適合的成分股。所以，投資朋友們不需要太過擔心，只需按紀律行事，持續布局，長期下來就能享受到豐厚的回報。

接下來，我們先來看「通膨」為何是促進股市長期增長的核心原因之一。

通膨率2%視為健康增長的表徵

推動股市的長期上漲，適度升溫的通膨是一個不可或缺的條件。通膨雖然會帶來物價上漲，但它也是經濟活力的象徵，適度的通膨能夠促進消費、投資，並推動經濟增長。然而，過高或過低的通膨都可能對經濟造成不利影響。

如果通膨率過高，可能導致以下結果：

1. **購買力下降**：貨幣價值降低，消費者需花更多錢購買相同商品和服務。
2. **生活成本上升**：基本生活必需品價格上漲，對固定收入和低收入人群影響更大。
3. **經濟不確定性增加**：高通膨可能引發市場動盪，企業和消費者的信心受到影響。
4. **利率上升**：為抑制高通膨，中央銀行可能提高利率，增加借貸成本，

進而影響投資和消費。

如果通膨率過低,甚至出現通縮(物價總水準下降),則可能造成以下不利的影響:

1. **經濟增長放緩**:消費者可能推遲購買,期待價格進一步下降,導致需求減少。

2. **企業利潤受損**:價格下降可能壓縮企業利潤,影響其投資和僱傭決策。

3. **債務負擔加重**:實際債務價值上升,債務人償還債務的壓力增大。

4. **失業率上升**:企業為降低成本可能裁員,導致失業率上升;失業的民眾不敢消費,衝擊企業收入,造成惡性循環。

因此,溫和的通膨,特別是美國聯準會(Fed)設定的 2% 目標,通常被視為是健康的經濟增長的表徵,主要能帶來以下優點:

1. **刺激消費和投資**:當價格預期會緩慢上升時,為了不讓現有的購買力縮水,消費者和企業更傾向於加快購買或投資決策,這反過來推動了通膨的進一步升溫。

2. **提高企業收益**:價格上漲可能導致企業收入和利潤增加,這對其股票價格有正面影響,有助於支持股市的正向發展。

3. **降低債務負擔**:通膨可以降低實際債務價值,減輕借款人的壓力。

預期心理具體表現

人們對於通膨的預期心理，會具體反映在消費行為上，因為預期物價會上漲，為了不讓現有的購買力縮水，就會加快購買決策，這反過來推動了通膨的進一步升溫。

2-5

股市長期上漲主因2》
全球人口增長

全球人口持續增長，尤其是在新興市場，這將推動商品和服務的需求增加。人口增長是經濟成長的重要驅動力之一，並且與科技創新這個因素，一起促進了資本市場的長期增長。

在我過去的直播中，經常會有投資朋友在留言區問到：「台灣少子化那麼嚴重，未來經濟該怎麼辦？」「我們的企業還能持續成長嗎？」每次聽到這樣的提問，我總是提醒大家，投資視野不應該只放在台灣本地市場，因為我們生活在一個全球化的世界，台灣的電子產業及供應鏈早已跨越國界，成為全球市場不可或缺的一部分，而這也是台灣人應該感到自豪的地方。

全球消費需求與生產力將愈來愈強勁

少子化確實是台灣面臨的挑戰，但這並不代表著投資前景暗淡。當你將目

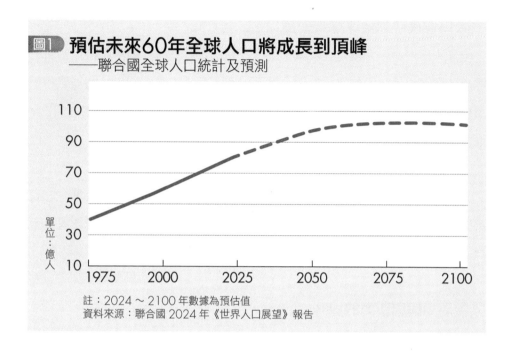

圖1 **預估未來60年全球人口將成長到頂峰**
——聯合國全球人口統計及預測

註：2024～2100年數據為預估值
資料來源：聯合國2024年《世界人口展望》報告

光擴展到全球，你就會發現整個世界的消費力和需求仍在穩步上升。全球人口在1975年時大約有40億人，經過近半個世紀的2024年已突破81億人。

而根據聯合國在2024年所發布的《世界人口展望》報告，預期37年後的2061年全球人口可望達100億人，並於2084年左右達到頂峰（詳見圖1）。這意味著至少在未來60年，全球範圍內的消費需求和生產力只會愈來愈強勁。

1.人口增長帶動全球經濟成長

全球人口增長，尤其是在新興市場，將持續帶動商品、服務及科技創新的需求。隨著世界人口的增長，這些地區的經濟發展也將出現更多的消費和投資機會。台積電（2330）及台灣的電子供應鏈並不僅依賴本地市場的需求，而是服務全球，這正是台灣科技業長期穩定增長的基石。

人愈多，需求就愈大，這意味著全球企業，特別是科技創新型企業，將有愈來愈多的機會來滿足這些需求，從而推動其營收增長。投資者應該擁有全球化視野，理解市場需求來自全球，而不是僅限於本地經濟狀況。

2.生產力與創新力的提升

全球人口增長不僅帶來更多消費需求，也代表著生產力的提升。隨著更多人口參與到全球生產活動中，科技的創新與經濟的發展將得到進一步推動。當人口增長時，不僅僅是需求增加，企業的創新力和生產能力也會提升，以滿足持續增加的市場需求。因此，全球經濟發展潛力非常值得投資者重視。

3.全球化的投資視野

這也就是為什麼我總是強調，不要因為台灣的少子化問題而對經濟前景感到悲觀；相反地，應該將目光投向全球，了解全世界的經濟和需求動態。全球化背景下，台灣企業憑藉其技術創新能力，完全能夠在這樣的環境中繼續成長，並在全球市場中占據一席之地。當你擁有一個宏觀的全球視野，會發

現台灣科技業的未來依然充滿機會。

　總結來說，全球人口的增長將持續推動消費與創新，這為企業的長期發展提供了巨大機會。對於投資者而言，不應該只著眼於本地市場的短期挑戰，而是要關注全球經濟的長期潛力。掌握全球市場的趨勢，才能抓住真正的投資機會。每當你對市場的前景感到不確定時，請記住：人口增長與經濟成長是長期向上的動力。

預期心理具體表現

隨著全球人口增長和市場競爭加劇，人們預期未來的競爭會更加激烈，因此會更加注重提高自己的技能和能力，以保持在職場和市場中的競爭力，這進一步推動了經濟成長。

2-6

股市長期上漲主因3》
科技創新

全球人口的持續增長,有助於市場不斷擴展,而為了滿足這些不斷增長的需求,科技創新便顯得至關重要,無論是醫療、科技還是基礎建設,這些領域的發展都在不斷提升生活質量。

作為一名財經實戰作家,大俠經常在直播中與投資朋友討論未來的投資方向與趨勢。每次當提到科技股時,我總會強調:科技創新推動生產力的長期增長,這是一個亙古不變的事實。

科技發展推動生產力長期增長

從歷史的角度來看,科技技術進步一直是經濟增長的重要推動力,無論是工業革命時期的蒸汽機,還是當今數字化轉型中的人工智慧(AI),這些技術的進步大幅提高了人類的生產效率,並創造全新的市場需求與商業模式。

1.過去》工業革命開啟新篇章

人類的歷史，從遠古時期製造簡單的工具和武器開始，一直到今天複雜的 AI 和自動駕駛車輛，都是一部不斷追求更高生活品質的歷史。欲望是驅動這一進步的核心力量。早期，人類為了生存而製造工具，為了安全而建造房屋，但隨著時代發展，舒適與便利成為新需求，促使科技不斷進步。

工業革命讓人類從手工勞作過渡到機械化生產，蒸汽機和紡織機等發明大幅提高了生產力，帶來城市化的浪潮和全新的經濟結構；同樣地，現代的數位革命和互聯網技術也促進全球資訊互通，使我們的工作和生活更加便捷。

2.現在》AI為核心技術之一

隨著時間的推移，AI 成為當前科技創新的核心技術之一。從自動駕駛到智慧家居，AI 技術在各個領域中應用廣泛，極大地提升了我們的生活便利性和效率。這些創新技術不僅改變我們的生活方式，還創造了新的產業，推動經濟增長。

值得注意的是，全球經濟增長與生產力提升背後的驅動力正是這些科技技術的發展。每一次科技的革新，都是人類不斷追求更好生活的結果，這些新技術將不斷推動生產力的提升。隨著全球人口增長，這種趨勢將愈發明顯，人類需求將進一步推動科技創新的加速發展。與此同時，也總會伴隨著資本市場的強烈反映，而科技股的長期潛力，也源於這些技術在全球市場中的核

心地位。

　　如果你也看好科技會持續變革與創新,別忘了多關注科技尖端行業和具有強大創新能力的公司;也應當擁有長期視野,不要被短期的震盪嚇跑,不要看到那些尖端科技企業股價大跌,就擔心它們要倒了。如果對於投資單一公司有疑慮,也可以考慮有投資一籃子科技股或尖牙股的 ETF,並按照市場位階布局、留意分散風險,趁早卡位科技產業潛在的市場報酬。

預期心理具體表現

投資朋友千萬不要忽視「預期心理」對於市場的推動作用,尤其這些年來科技股的股價迅速上升,有很大的推力是來自市場預期。當科技發展不斷提升生產力與創造經濟效益,會驅使投資者大量投入資金到創新公司和科技行業中,進一步推動技術的發展和市場的繁榮。

2-7

股市長期上漲主因4》
貨幣政策的調控

　　大俠經常強調，金融市場的波動和經濟週期是不可避免的，而在這其中，政策與市場調控扮演著極其重要的角色。當經濟過熱或面臨衰退時，政策的介入就起到了重要的平衡作用。最常見的就是央行會透過貨幣政策如升息或降息，以防止經濟過度膨脹或過度收縮。在市場過熱時，政策會選擇升息，將市場中的過多資金回籠，以避免經濟泡沫；同樣的，當經濟下行時，降息則是激勵市場的手段，讓企業和消費者擁有更大的購買與投資能力。這些政策不僅是為了控制通膨，還能維護市場的穩定性，進一步鼓勵經濟的復甦。

聯準會QE牽動全球市場走向

　　我們就以美國過去 10 多年來的經濟政策來看，2 次大規模量化寬鬆貨幣政策（QE）對全球市場產生了深遠影響，尤其是台灣加權股價指數的推升。QE 是政府公開買進證券和債券，對市場挹注大量資金，因此這個措施也被

稱為「印鈔」。而龐大的資金需要尋找出口，像是亞洲市場，其中台灣因為其科技產業的領先地位，成為資金流入的熱點之一。

這 10 多年來，相信大家一定親眼見證台股在這些國際資金潮中，逐步被推高的過程。雖然台股本身的基本面穩健，但無可否認，美國的寬鬆政策直接或間接地挹注市場的上漲。當然，隨著資金湧入，台灣的資本市場也面臨了更高的波動性與風險，因此投資者應保持謹慎，因為市場隨時有風險。簡單回顧過去 2 次 QE：

2008年全球金融危機後

在 2008 年全球金融危機後，美國聯準會（Fed）推出第一輪 QE，購入了大量政府債券和抵押擔保證券，目的是刺激經濟復甦。根據美國聯準會的數據，第一輪 QE 購買了 1 兆 2,500 億美元的不動產抵押貸款證券（MBS）和約 3,000 億美元的政府債券。這些政策的效果之一就是全球市場流動性的增加，導致許多資金流入高成長市場如台灣。

台灣加權股價指數在 2008 年全球金融海嘯時波段大跌 59%，而後隨著全球經濟復甦和美國 QE 的影響，也出現快速反彈，從最低 3,955 點回升，至 2010 年站上 8,000 點，並且持續上升。我們也可以從國際資金流動的數據觀察到，全球投資者在美國實施 QE 時，將資金投入亞洲市場，尤其是身為全球科技供應鏈重要一環、成長潛力強勁的台灣。

2020年新冠肺炎疫情期間

聯準會最近一次的大規模 QE 發生在 2020 年，全球面臨疫情的巨大衝擊，經濟停擺，美國失業率大增，市場信心一度崩潰。聯準會實施了一系列措施，包括降息，以及再度實施 QE，推出合計 7,000 億美元的國債及不動產抵押貸款證券購買計畫。

隨著疫情蔓延，QE 力度進一步加強，資產購買規模改為無上限、提供中小企業貸款資金⋯⋯等多項措施，來應對經濟下行壓力。

這些措施成為市場的「救命稻草」，大量資金流入市場，提供巨大的流動性，資金進入了高成長市場，並降低全球的借貸成本，幫助市場快速回暖。無限 QE 讓資本市場經歷了一次「報酬大補包」，不少及時進場布局的投資朋友因此獲得了豐厚的回報，帳戶中的報酬「盆滿缽滿」。

未來是否會有新的量化寬鬆政策？這要取決於全球經濟狀況、通膨壓力，以及聯準會的貨幣政策目標。根據當前的數據和經驗推論，未來出現 QE 的可能性，取決於幾個主要因素：

1.經濟衰退風險

如果未來經濟面臨重大衰退風險，聯準會可能會再次啟動 QE 來支持市場流動性和經濟活動。歷史上，在 2008 年金融危機和 2020 年疫情爆發後

都迅速推出 QE，以穩定市場和支持經濟復甦。未來若出現類似的全球或美國經濟危機，QE 很可能會再次成為挽救市場的重要政策工具。

2.通膨和利率因素

聯準會的主要目標之一是控制通膨。如果通膨過高，聯準會將傾向於提高利率並收緊貨幣政策，而不是推出 QE。然而，如果經濟面臨通縮風險或低通膨壓力，QE 有可能再次被採用來刺激經濟增長。

3.全球資金流動與美元地位

目前聯準會的貨幣政策對全球市場有深遠影響，尤其是在資本流動性和美元強勢的情況下。如果全球市場動盪加劇或其他主要經濟體（如歐洲或亞洲）經濟放緩，也可能迫使聯準會進行 QE，以保持美國經濟的競爭力。

從目前全球經濟風險加劇情勢中，我們可以推測，未來再次實施寬鬆政策的可能性依然存在。這讓我們可以更堅定地相信，在股市震盪、投資人普遍拋售股票的時候，我們不必過於擔心！這正是維持紀律進場的最佳時機。

大俠不斷分享的核心觀念是，市場中總會有黑天鵝事件出現，這是不可避免的現象。因此，當市場高漲時，不要過於樂觀，而在市場開始恐慌時，也無需過度擔心。我們要做的，就是依照已經設計好的紀律操作策略，穩健執行每一步，從容應對市場波動。

　記住：市場長期向上，政策調控往往能提供短期增長的助力。要學會利用這些政策進行投資，而不是被短期波動嚇跑。要懂得在市場低點做好準備，並理解這些政策背後的長期影響，將能在經濟復甦時獲得顯著的回報。

市場波動將對企業形成自然淘汰機制

　在經濟的興衰變化與市場波動期間，企業的生存能力受到了嚴峻考驗，但是那些強大的企業不僅有能力繼續穩健運營，更往往能在逆境中脫穎而出，甚至在經濟復甦時變得更強大。這樣的企業不僅能抵擋市場震盪，甚至能夠在危機過後迎來更大的成長機會。那些僅靠投機炒作的空殼公司，則會被市場自然淘汰。

　每一波的景氣循環，都像是市場在篩選優劣企業的過程。有遠見的投資者，會了解到唯有具備創新能力和經營實力的企業，才能在市場動盪中生存並繼續壯大，這會更傾向於將資金投向這些強勢公司，並預期它們能在市場恢復後創造豐厚回報，這也是所有投資者們應該長期看好股票市場的原因。

　當你了解了這些市場背後的驅動力量後，就會明白，股票市場的長期增長並不是一個偶然現象。當人們根據過去的市場運作模式（例如通膨、科技創新、政策調控等）形成對未來的預期時，就會更加強化經濟理論和市場動態的環環相扣。簡單來説，當愈來愈多的人相信市場會上漲，他們的行為（比

如加快購買決策、努力加薪、增加投資等）反過來促進了市場的穩定增長。

這背後的邏輯來自於行為經濟學中的一個關鍵概念：預期驅動市場行為。當大多數人預期價格會上漲時，他們會提前購買，這會進一步推動價格的上漲；同時，為了應對這種價格上漲，人們也會更加努力地工作，爭取更高的薪資和更多的資金，從而在市場中保持競爭力。這就形成了一個自行增強的正反饋循環。

此外，經濟危機時期，長期投資的觀念更加凸顯。許多投資者明白市場波動是短期現象，並相信市場恢復後會帶來長期增長的機會，這也使得他們願意保持長期持有，而不是急於退出；同時，投資者會通過分散投資降低風險，這樣即便某些公司在篩選中淘汰，他們依然能夠享受強勢企業帶來的回報。

記住，市場震盪並不是危機的信號，而是機會的來臨。在市場波動中，強大的企業經過篩選後，往往能夠創造出長期投資機會。投資者應保持信心，選擇那些具備創新能力與經營實力的公司，並通過分散投資來降低風險，同時耐心等待市場的復甦，不要因短期波動而錯失長期增長的潛力，真正的成功是長期而穩定的努力與智慧投資。

許多長期關注大俠的朋友，在多次市場震盪中成功布局，逐步展開自己的財富自由之路。然而，大俠一再強調，這些朋友並沒有因此放棄工作，反而

依然保持良好的工作習慣，只是他們現在能夠選擇自己喜歡的工作，並且不再需要透過加班來過度消耗自己。這就是大俠不斷進行直播與演講的原因，目的是向更多投資者分享如何在震盪市場中進場布局，並在行情起漲時享受成果的智慧策略。

預期心理具體表現

有了這些貨幣政策的調控基礎，市場投資者也隨之形成對市場波動的適應心理。大家都知道，當市場過熱或出現衰退時，政府和央行會採取措施，通過降息、量化寬鬆等手段來支撐經濟增長，往往能為市場帶來新一輪的漲勢。因此，許多投資者在面臨短期波動時不再輕易撤出，而是選擇持有，等待政策帶來的市場復甦。這種心理預期對市場有著深遠的影響，形成一種「政策保險」的心態，讓投資者更有信心度過短期的不確定性，而不會因短期的市場動盪而做出過激的決策。

2-8

用穩定的投資收益
支付必要的保險支出

　　剛出社會的新鮮人，容易被親友遊說購買保險。沒辦法，人之常情，剛出社會涉世未深，而且面對學長、學姊邀請喝咖啡買保險，有些人可能不好意思拒絕。買保險需要考慮到真正的需求和自身的財務狀況，如果對保險內容一知半解，又花費了過高的保費買到自己不太需要的保單，那麼每月要繳的保費將成為一大負擔，進而影響你的財務規畫。大俠的建議是，社會新鮮人若對累積財富有企圖心，首要之務是專注於本業，努力提升薪資，這是在步入社會初期最有效的財富增長途徑。而保險不是不能買，而是必須確定你真的需要那些保障，同時保費支出也務必控制在合理範圍內。

從3方面著手，主動提高本業收入

　　我們先來談社會新鮮人該如何「提高主動收入」，這也是實現財務自由的第一步。主動收入是指你直接通過時間和勞力換取的報酬，而不是被動收入

如投資收益或租金收入。

要提高主動收入，可以從以下 3 方面著手：

1.努力提升自我能力，與老闆談加薪

提高主動收入的第一步是提升自我能力，這包括專業技能、解決問題的能力、團隊協作以及領導能力等。當你的工作表現足夠優秀，並且對公司有明顯的貢獻時，你就有更高的資本向老闆提出加薪要求。如何做？

①**持續學習**：不斷提升專業技能，通過參加培訓、獲取證書來提升自己在職場中的價值。

②**提升影響力**：在團隊中擔當更多責任，展現你的領導能力。參與更多高影響力的項目，讓自己的能力可見。

③**具體數據支持**：談加薪時，提供你對公司價值的具體數據支持，比如增加的營收、節省的成本或提高的效率等，會讓老闆看到你帶來的直接價值。

當你在工作中持續展示卓越的業績，老闆就會認識到你的價值，這樣加薪的談判會變得更加順利。

2.加薪談不攏？請跳槽

如果在職場上努力多年，仍無法獲得合理的加薪，那麼就要考慮跳槽。跳

槽往往能夠帶來比在原公司加薪更高的收入增長，能夠證明你自己的價值，同時也讓你有機會在更合適的環境中發展。如何做？

①**更新簡歷和 LinkedIn**：隨時更新簡歷，尤其是重要項目和成就。確保你的 LinkedIn 個人資料完整，並且包含過去的成功案例和專業技能。

②**了解市場行情**：定期瀏覽求職平台，了解市場對你這個職位的需求和薪資水準，確保自己跳槽的目標明確且具有競爭力。

③**建立職場網絡**：參加行業會議、加入專業團體，拓展你的人脈。這樣可以讓你在需要的時候迅速獲得內部推薦機會。

跳槽不僅是獲得更高薪資的方式，還可以進入更具成長潛力的企業或行業，從而提升長期職業發展的機會。

3.跳槽沒人要？請自行創業，讓市場給你薪水

如果在職場上難以找到合適的跳槽機會，並且你對自己的技能和市場需求有足夠的信心，那麼可以考慮自行創業。創業的本質是讓市場決定你的價值，通過提供產品或服務，直接從消費者手中獲得收入。如何做？

①**找到市場需求**：首先要找到市場上尚未被滿足的需求，無論是某個行業的痛點，還是消費者未被解決的問題。創業的核心是解決市場問題。

②**小成本試水溫**：如果你擔心創業風險，可以從副業開始，先測試市場反

應。確保你的產品或服務有一定的需求和市場接受度，逐步發展。

③**不斷學習與適應：**創業是一個不斷學習和適應的過程，需要靈活應對市場變化。保持開放心態，隨時調整策略以應對新的挑戰。

創業是提高主動收入的一種有效途徑，因為你不再受限於固定薪水，市場會根據你的產品或服務決定你的收入。這既是機遇，也是挑戰。

提高本業的主動收入並非一蹴可幾，以上歸納的 3 方面非常基本，只能幫助你了解自己。要知道，通常會抱怨老闆、社會、環境，通常都是來自於不能面對自我，所以你必須根據自身情況做出相應的選擇。

無論是通過努力加薪、跳槽，還是創業，最關鍵的是「持續提升自我價值」，並保持靈活的職業策略。當你能夠抓住機會，讓你的能力、經驗與市場需求匹配，你的主動收入自然會不斷提升。也要知道，主動能力提升，往往也能帶動被動收入的穩定成長；在確保收入穩定且有餘力的情況下，再去學習如何在資本市場上穩健獲取報酬。

投資自己，增強職場競爭力

當你有了穩定的投資收益，這些收益可以用來支付必要的保險支出。這樣一來，你既能保障自己，也不會因為過早投入過多資金在保險上，而影響了

其他更具成長性的財務規畫。

那麼，沒買保險，一旦生病或發生意外事故，沒有收入該怎麼辦？我們除了平常享有健保，若身為勞工，勞工保險也會提供傷病給付，公司一般也會有團體保險，用來提供我們基本的保障。

如果你在人生剛開始的時候，從本就不高的起薪中拿出一大筆資金購買保險，你會發現，這可能會讓你失去提升自我和增長資產的機會。原本可以用來進修技能或累積投資本金的資金，全部被交給了保險公司。這樣的結果是，你可能在短期內缺乏靈活的財務調整空間，導致更難提升收入。

投資自己，增強職場競爭力，這是一項長期而穩定的策略。當你的薪資逐步提高，資金逐漸充裕時，保險支出不再會成為財務負擔，而是一種額外的保障。例如我們可以透過充裕的資金進行投資，再從投資收益中支付這些費用，而不是在剛起步時就過度分散資源。這樣的安排才能讓你的財務狀況更加穩健，未來也更加自由。

如果你認同以上觀點，接下來大俠要告訴你，為什麼順序一錯，人生就會離自由愈來愈遠？因為當你繳費給保險公司，保險公司會算一個平衡比例，先拿你的資金去買房、買股，賺取收益，再從中去支付給保戶的理賠金。所以你如果一開始就拿自己專注本業賺來的本金去購買高額保險，恐怕終身都

得用自己無窮盡的時間，去追不斷上漲的房地產。

　　講到這，大俠要不斷跟你講，我不抗拒保險！也不是叫你不要買保險，而大俠是在說，當你還是小資族的時候，要按照順序打造出投資配置後，再用投資報酬來 Cover 保險。所以，想要保險保多一點？請先好好穩定產出股票投資報酬！

　　假設你是家庭的經濟支柱，為了保障萬一發生意外後家人的經濟安全，你可能需要考慮購買不同類型的保險，如壽險、醫療險、意外險、失能險及長期照護險。隨著家庭資產的增加，例如買了房子或車子，還需要購買房屋保險和汽車保險。雖然保險種類繁多，但請務必注意一個關鍵點：你的總保險年繳費用不應超過你每年股票獲利的 10%。這裡指的是你的被動收入，而不是你的總收入。這樣的安排可以確保你在保障家人安全的同時，仍然能夠保持財務的靈活性和增長潛力。

總保險年繳費用＜每年股票獲利的 10%

　　最後，記得要向合格且長期講求信用的保險經理人尋求專業意見，根據你的需求制定最適合的保險方案，而且在討論過程中如果感覺到被強迫或者是不愉快，請保持冷靜且表明立場，例如你可以說：「我需要更多時間來消化這些資訊，之後我再與你聯絡。」或是「謝謝你的建議，但這個產品對我來

說不適合，且目前不打算立即做決定，需要更多時間考慮。」

資產購買力的防守與攻擊必須並進

其實大俠更強調的是「同時並進」的理念。大俠個人在保持健康上的支出，通常會比保險費用還要多，因為預防勝於治療。健康的體態不僅能讓你更愛自己，還能幫助你保持身心的最佳狀態。定期運動、減脂、進行健康檢查，這些健康上的投資是你能夠直接看到、感受到的，而花在保險上的錢，則是未來的不確定性，甚至可以說是你不願看到的。舉個例子，你購買了車險，但你會希望車子真的出事故嗎？你買了重大疾病險，難道真心希望自己得病用到嗎？答案當然是否定的。健健康康，保險備而不用，這才是理想狀態，是「皆大歡喜」的局面。

保險存在的意義是為了最壞的情況做準備，但我們都希望永遠不需要用到它，也要留意「別買低保障但高保費」的保險商品。因此，你應該理解這個邏輯了——保險是備而不用的工具，所以在財務安排上，年度保險支出的總額應該控制在年度投資報酬總額的 10% 內。這樣的比率相信已經能夠讓你買到足夠的保險保障，還能讓你將更多的資金投入到提升健康和實現財務增長的方向，真正實現長期的財富和生活質量的穩定增長。

當然保險還有個非常重要的功能，那就是節稅，這也是許多人考慮的重要

因素之一，尤其是高收入族群或有資產規畫需求的人。在許多國家，包括台灣，壽險的保險金通常免徵所得稅。這意味著若被保險人過世後，受益人收到的保險賠償金是不需要繳納個人所得稅的，這筆資金可用來支付遺產稅、償還負債或繼續維持家族生活品質。這種規畫方式可以在被保險人過世後，避免資產被過多的稅負侵蝕，並確保資產順利過渡到下一代。

資產購買力的防守與攻擊必須並進。保險可視為防守，為我們的生活提供一層安全網，應對意外和風險；而攻擊則是通過主動收入的提升，以及在投資市場上的報酬增長來增強資產購買力。

好好地規畫資產，並且保持學習，讓自己在工作上及投資上的能力與年俱增。累積知識跟資金，在工作機會來臨時，勇敢抓住；在股市崩盤時，勇敢進場，好好把握財富增長的機會。

2-9

波動期間保持冷靜
避免被市場情緒左右

你是否曾經幻想過，如果自己、家人、伴侶、孩子、同事、主管，甚至投資夥伴，都是理性且情緒穩定的人，那麼生活和投資決策會不會變得簡單而幸福得多？

這個想法同樣適用於投資市場。在投資中，情緒往往是影響投資決策的關鍵因素之一。美國心理學家保羅・艾克曼（Paul Ekman）和理查・戴維森（Richard J. Davidson）做了一系列情緒研究，發現人類的基本情緒包括：喜悅、憤怒、悲傷、恐懼、厭惡、驚奇和羨慕。值得注意的是，這些情緒中，大部分都是負面情緒。

這意味著，無論是在生活中還是投資中，一個正常的人不可能沒有情緒，特別是負面情緒。如果一個投資者看起來總是保持冷靜，那麼很可能是在壓抑自己的恐懼或焦慮。

著名的奧地利心理學家佛洛伊德（Sigmund Freud）對於壓抑情緒有著深刻的見解：所有沒有被表達的情緒不會消失，它們是被「活埋」了，最終會以更劇烈的方式出現。在投資中，這樣的情況也屢見不鮮；那些壓抑了內心恐懼而不願認賠的投資者，最終可能會在市場崩盤時情緒失控，做出更極端的決策，導致更嚴重的損失。

同樣道理，當一位投資者壓抑對市場波動的擔憂，執著於持有虧損的股票，他可能在短期內感到安慰，告訴自己這只是「市場短期波動」，但最終當市場持續下跌時，累積的焦慮會爆發，讓他做出非理性的拋售行為。

成為一位情緒穩定的投資者

情緒穩定並不意味著在投資中完全沒有情緒或負面情緒，而是學會及時察覺和表達自己的情緒，從而做出更理性的決策。在投資領域，這種能力可以稱之為「一致性表達」。這概念來自家庭治療先驅薩提爾（Virginia Satir），指的是將內在的感受如實表達，並用穩定、誠懇的方式做出決策。當投資者能夠清晰地看見市場帶來的焦慮和不確定性，並根據理性的分析而非情緒做出決定，他就能成為情緒穩定的投資者。舉例來說，在市場發生大型震盪時，不同類型的投資者的態度分別如下：

1. **討好型投資者**：在市場下跌後告訴自己「沒關係，市場總會回來的」，

結果卻長期持有虧損的股票。

2. **指責型投資者**：看到虧損後，情緒激動地抱怨「市場就是騙局」或「股市不可信」。

3. **超理智型投資者**：認為「短期波動沒什麼大不了的，我不用太擔心」，結果忽視了長期風險。

4. **逃避型投資者**：直接忽視市場，任由資產虧損，拒絕面對真實情況。

5. **一致性表達型投資者**：在市場大幅波動時會這樣想：「目前市場波動比較大，這讓我感到焦慮。我需要重新檢視我的投資組合，調整風險管理，並考慮是否有更合適的資產配置方案。」

如果你發現自己沒有「一致性表達型投資者」的特質，建議可用以下 2 方法來改善：

1. 當股市過於高漲讓你感到擔憂時，市場區間過熱高檔，適當降低持股，將部分報酬轉為現金，確保資金安全。

2. 如果個股出現一定程度的虧損，應立即啟動「正報酬來對沖負報酬」策略，即時處理虧損部位，不要忽視長期虧損的風險，以免進一步影響整體資金狀況。

雖然一致性表達型投資者不能保證每一次投資都不虧損，但它能讓你即時察覺風險，並做出理性的決策，避免情緒主導下的極端操作。這樣的投資者

會更加關注自己的風險承受能力，理解市場趨勢，並在波動時保持冷靜，而不會被市場情緒所左右。

如果你想找一位能一起投資的夥伴，並不是觀察他是否總是保持冷靜、少發脾氣，而是看他在市場出現波動時，是否能夠一致性表達自己的情緒和判斷？他能否在情緒影響下，依然保持尊重自己和他人，做出理性投資決策？這樣的夥伴，才能在投資旅程中與你共同進退，保持長期的財務穩定。

2-10

做好時間＋財富管理
拿回人生主導權

在我們的生活中，最具挑戰的往往不是外部的環境，而是內部對時間的管理。你是否覺得每天忙碌不堪，總是被時間追著跑？其實，時間一直在那裡，它沒有對你下手，而是你在不斷讓它從指尖溜走。與其讓時間流逝，不如把握瑣碎的片段，時間並不是敵人，真正需要面對的是我們對它的利用方式。

我常常問自己，也問投資朋友：你喜歡現在的自己嗎？很多人覺得生活忙碌、不自由，這種感覺大多來自於一個事實——我們在時間管理上缺乏自律。當我們沒有自律，或者還沒有找到有效的方法來實現自律，就很容易讓日子一天天流逝，結果奔跑在錯誤的軌道上，忘記了最初的自己。

你有沒有想過，為什麼運動員讓我們著迷？運動員的比賽不僅僅是力量與速度的較量，更多的是時間與自律的表現。他們把天賦最大化，並持續努力直到比賽的最後一刻，這就是所謂的「運動家精神」。我們從中學到的是，

無論在哪一個年齡階段，只要開始專注於自律與規畫，最終你會超越時間，而不是被時間追趕。

年齡，其實只是個數字。27 歲的你可能顯得蒼老，而 47 歲的你或許正處在人生中最年輕、最美麗的時刻。這一切不在於你如何「變老」或「變年輕」，而在於你如何賦予自己的時間更多的意義。也許你曾經迷茫，找不到人生的核心價值，也沒有動力或牽絆去實踐它，但當你終於找到並決心努力執行時，你會從被時間追趕，到逐漸超越時間。即使到了 47 歲，你依然可以充滿活力，活出最真實的自己。

想邁向財富自由，先從學習自律開始

大俠常說，學會管理時間，就是提早退休。退休不一定要等到 60 歲之後才會發生，實際上，我們每天都可以進行「小型退休」──每天給自己 1 小時的時間，用來休息或從事自己感興趣的活動。如果你每天都能規畫出這樣的 1 小時，那麼 1 週下來就等於累積了 7 小時的「退休時光」，這種習慣就是在為未來的自己培養出更強的時間管理能力。這份底氣來自於對自律的要求，而自律也是有極限的。畢竟在有限的時間內，即使再如何緊逼，也只能將時間效率發揮到極致。因此，大俠要告訴你：在學會自律的同時，能提升時間效能，再來就務必學會財富的有效管理，這樣才能達到真正的平衡與成功。

所以，重點來了！**要掌控生活的主導權，就要學習「如何在投資與收入間取得平衡」**，擁有人生更多選擇權的關鍵，來自於自我掌控與累積。

增加收入、積累投資報酬，讓人生有更多選擇

當我們在努力增加收入的過程中，投資報酬也逐漸穩定下來，這時候你會發現自己有更多選擇的餘地。這種選擇權並不是某一天突然掉到你手中的，而是經過長期的努力與積累，所以大俠常分享，想要退休，它不會突然有一天掉下來，而是都要通過慢慢訓練自律生活及財富管理而逐步達成。

當工資已經足夠時，報酬也逐漸穩定累積成長，你可能不再急於升官，因為升官可能意味著更多的工作壓力或是花更多時間去思考，而這些額外的收入甚至不如你的投資報酬來得高。這時候，你就能自由選擇，是不是還要再追求更高的職位，還是專注於投資讓錢替你工作。這種權利，就是你生活主導權的象徵。當然，沒人會嫌錢少，所以你也可以選擇同時升官，增加收入，同時擁有更多資金投入市場並保持穩定的投資成長。但大俠想說的重點是，這並不是一個 2 選 1 的問題。當你有能力自由選擇要不要升官時，這意味著你已經明白，自己的確有能力，掌控自己的生活節奏。

大俠一直分享，人要如何有底氣地做出選擇。這種退休的「底氣」來自於 2 個方面：1. 你掌握了時間管理的能力、2. 你通過穩健投資創造了足夠的

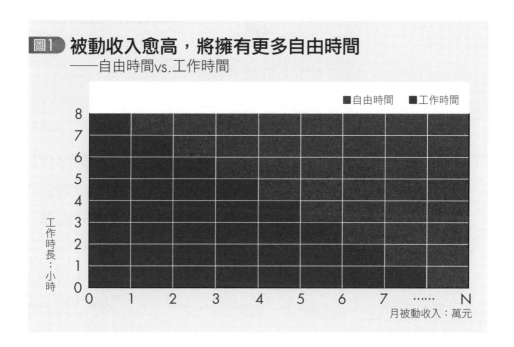

圖1 被動收入愈高，將擁有更多自由時間
——自由時間vs.工作時間

資金流來支持生活。因此，退休並不是一個突然發生的事件，而是一步步通過投資與自我管理逐漸實現的目標——時間管理的自律讓你擁有更多時間，投資理財的自律讓你累積更多報酬，這就是「愈來愈有錢，愈來愈有閒」。

　　投資最好的起點是 10 年前，其次是現在，時間不會回頭，當你讀到這段文字時，就從現在開始投資！不論你的年齡如何，都要明白生活的主導權來自於你的財務與時間自由，而這些都是通過穩健的投資與收入增長來實現的（詳見圖 1）。時間管理和財富增長相輔相成，也是通向自由人生的道路。

2-11

實戰問答解析
克服投資盲點

　　回想起來，大俠的投資路並非一開始就順風順水。想起來就有趣，因為人生第一次最慘的投資經歷是賠掉了 1 萬元，那時候 1 萬元是我身上所有的資金，簡直天崩地裂。更搞笑的是，當我在廁所尿尿時，因為情緒低落，不小心把 iPad 摔進了小便斗，還把尿灑在了鞋子上。那一瞬間，我的腦袋一片空白，這 1 萬元彷彿帶走了我所有的希望。

　　但跌倒後，我沒有就此放棄。反而，我開始深刻反思自己的投資方式，大俠開始蒐集資料，看了從 1970 年以來的市場數據，並且常常思考，如果回到當時我會做出什麼決策。我不斷回測，推演市場走勢，直到最終找到能夠穩定取得市場報酬的策略。

　　而我所追求的不僅僅是高報酬，我堅信資金使用效率是非常重要的，因為在取得高報酬的同時，若資金使用效益不佳，沒有把握「大量買進」精神，

只敢用一點點資金，這就是「看對沒做對」的情況，最後的獲利結果也不會令人滿意。

記住穩健取得第一筆報酬的喜悅

經過一段時間的實踐，大俠從每月穩定產出 500 元報酬，接著變成每週產出 500 元，然後報酬數字上逐漸增加。尤其是撰寫這本書的期間，正經歷了 2024 年 8 月 5 日的市場震盪，短短 2 個月內，大俠帳上多增加了超過 1,000 萬元的報酬。

回顧過去的投資歷程，我發現感到最快樂的時光，並不是後來賺取千萬元報酬的時候，而是當年終於找出方法，然後穩定累積出第一次 500 元報酬的那一刻，那種成就感至今仍歷歷在目，那是大俠第一次真正體會到投資帶來的純粹喜悅。

這也是為什麼，大俠不遺餘力地推廣小資族的投資理念，因為大俠深信，任何人都能夠通過穩健的投資，逐步累積出足夠的底氣，實現自己的夢想與目標。投資並不是金錢的遊戲，它是對自我情緒與心態的挑戰，而穩定的策略則是克服市場波動的最佳依據。

隨著時間的推移，我們終將會在未來某一天看到更大的回報，但那第一次

透過穩健策略產出 500 元報酬的意義，永遠無法被取代，它代表著我們在投資路上邁出成功的第一步。真正的成功不在於金額的多寡，而是在於能否在這條路上找到穩健的 SOP，並且能持續實施，這才會有幸福及快樂感。

這段旅程還在繼續，市場上的恐慌永遠不會停止，它就像一場無盡的考驗，隨時準備挑戰我們。當一套策略是真正有效的，不僅能夠讓我們在幾年之間創造好的報酬，而是可以延續數十年，一直到我們退休之後，甚至可以傳承給我們的晚輩。

但無論市場如何變化，我們都要牢記那穩健產出第一筆報酬的喜悅，這份感受能夠不斷提醒我們，只要依循正確的 SOP，踏實走下去，就能戰勝恐懼。未來我也希望能和更多人分享成功的經歷，大家一起在投資的路上走得更遠。正如大俠常說：「要賺，就要一起賺！」自從出書和定期直播以來，認識了不少網友和讀者朋友，大家在實務上曾碰到的問題，這邊也一併列出並提供建議：

◆為何一直聽到有人玩股票玩到破產，老實工作的話還需要碰這東西嗎？

股票市場確實有風險，許多人因為缺乏策略或過度投資而遭受損失。老實工作可以提供穩定的收入，但這些收入賺到後該放在哪裡？銀行裡頭嗎？微薄的利息只會被通膨侵蝕，如果有餘力，一定要考慮投資或置產來提升購買力。而想在資本市場上獲得更好的回報，就需要學習如何正確投資，掌握市

場的規律，投資應該被視為一種長期增值的方式，但務必保持理性和謹慎。

◆看到股票漲了為何不直接賣？早點有更多本金不就能早點買更多股票？

賣出股票的決策應該基於你的投資策略和目標。如果你看到某檔股票漲了，但未來還有增長潛力，或許可以考慮繼續持有一段時間。短期波動不應該成為唯一的考量，重要的是長期的獲利潛力。

◆看到報酬增加，就想要丟進更多本金，要怎麼調適這種心情？

這種心情很正常，但要記得，投資要理性而非感性，一定要設置好風險管理策略。大俠常見到，當你看到有賺錢的機會想要再加碼時，往往已經來到了行情的尾端。因此，在加碼之前，一定要先估算目前的資金，以及根據市場位階評估適當的持股比重，即使面對情緒波動，也能依照計畫行事。畢竟股市每年都會有震盪，平時存錢，等待市場的恐慌，再根據位階來規畫，這才是高手的行為。半年不出手，一出手就能吃到 5 年的回報。

◆很多人都買很多檔，身為新手，只買 2 檔會不會太少？

1 檔 ETF 都包含多檔成分股，例如追蹤美國科技巨頭的統一 FANG+（00757），約有 10 檔成分股；追蹤台灣前 50 大市值的富邦台 50（006208）約有 50 檔成分股，2 檔相加包含約 60 檔成分股，所以絕對不會太少。如果是新手只持有這 2 檔，可以先耐心布局累積到一定的部位，等創造出報酬之後，再考慮視市場位階稍微調節。

◆大盤處於恐慌階段，要如何買在最低點？

當市場進入相對恐慌的低檔時，如果手中的閒錢很多，就是大量買進的好時機，實務上很難判斷是只跌一天？3 天？還是 1 個月？因此要將所有閒錢一次「All in（全部投入）」在最低點並不容易，不過只要此時敢出手，之後能獲取的報酬都不會太差。

再複習一次，假設你的持股比重僅 50%，當股市大跌，且恐懼與貪婪指數在「極度恐懼」階段，就很適合持股提高到 90% ～ 100%，也就是將手中閒錢盡量全數投入，但就算沒有買在最低點那一天也不用沮喪，能夠在低檔階段買進就很值得為自己鼓掌。這麼做，平時可以保持足夠的資金靈活性，等到真正的決勝點時大幅投入，對於擴大報酬率會有明顯的幫助，這個就是大俠常講的：「一進一出，千里快哉風。」

大俠的辦公室有一位實習生 Ray，即使大俠幾乎天天貼身指導，他在投資時仍然會有很多想詢問的問題，為什麼會這樣呢？因為時間與期待的差異，會導致出現所謂的「時間盲區」。

比如你今天做出的這個決策，可能要等到 3 個月後才會看到結果；甚至是偶爾因為一時的衝動，可能只賺到短期的小錢，卻忽略了半年或幾年後更大的成長潛力。這一切都是源自於投資人習慣「直線性思考」，總覺得今天做了 A 行動，明天就會得到 B 結果。實際上，事情往往不是這樣，很多時

候投資的效果會遞延，會經歷一段時間之後才出現。

　　也就是說，市場並非總是立即回應投資行為，投資人需要耐心的等待，並理解市場波動有時會與預期脫節，而最終結果可能會比當初的預測來得更晚或呈現不同的軌跡。因此大俠經常提醒大家，不要過度追求每次市場轉折都要完美，因為這可能會讓你錯過更多的長期完整回報。有時候，差不多就可以了。

從投資名人的名言，汲取寶貴經驗

　　以下容我引述一些投資名人關於長期投資的名言：

華倫・巴菲特（Warren Buffett）

　　「股市是一個將錢從有耐心的人那裡，轉到沒耐心的人手裡的工具。」這句話強調了耐心在投資中的重要性。「股神」巴菲特相信，長期持有優質的投資標的，最終能帶來更好的回報，而那些急於在短期內獲利的人，往往會因為缺乏耐心而錯失真正的投資機會。

查理・蒙格（Charlie Munger）

　　「大多數人沒辦法忍受長期持有潛力的資產，只因為他們無法忍受市場的短期波動。」蒙格是巴菲特最重要的投資夥伴，他強調，長期持有具備價值

的資產是智慧的選擇，但能做到的往往是少數人。

彼得·林區（Peter Lynch）

知名基金經理人林區曾在《彼得林區征服股海》書中提到，「長期而言，企業成功與否，跟股價會不會漲，絕對是百分之百有關。而利多不漲，絕對是賺錢的好機會。要買好公司的股票，還要有耐心。」他認為要有足夠的時間，才能讓股票真正的價值顯現出來，也不要因為市場短期波動，影響投資決策。

班傑明·葛拉漢（Benjamin Graham）

被稱為價值投資之父的葛拉漢提倡「投資最高境界的智慧，就是將它視為事業經營。」他認為投資人應該將股票投資視為企業的擁有權，而不是短期的投機工具。

約翰·柏格（John Bogle）

「時間是投資者的朋友，衝動是他的敵人。」柏格是基金管理公司先鋒（Vanguard）集團創辦人，他倡導指數化投資和長期持有，認為時間是投資者獲得回報的重要因素。

霍華·馬克斯（Howard Marks）

「最好的投資策略就是買入並耐心等待，時間愈久愈能顯示價值。」美國

橡樹資本（Oaktree Capital）共同創辦人馬克斯強調，市場中的短期波動經常掩蓋了真正的價值，長期持有能讓這些價值浮現。

傑西・李佛摩（Jesse Livermore）

「在投資市場中，真正的錢不是在買入或賣出中賺來的，而是耐心等待中賺來的。」作為歷史上最著名的投機者之一，李佛摩也認識到耐心和長期持有的重要性。

安德烈・科斯托蘭尼（André Kostolany）

「投資者用少量金額，不會在短期內成為百萬富翁。但長期來看。他卻能夠累積出鉅額財產。」著有《一個投機者的告白》系列書籍的德國投資大師科斯托蘭尼，以投機者自居，但他肯定「投資者」才是證券市場中的長跑者，並鼓勵所有讀者都應該加入投資者的行列。

菲利普・費雪（Philip Fisher）

「我不想把時間花在賺取很多的小額利潤，我想要非常非常大的利潤，我已經準備好等待。」費雪以投資成長股聞名，他這段話說明了，要獲得豐厚的利潤，必須找到好的投資機會並願意花費時間耐心等待。

投資成功的核心就是找到優質的企業，然後堅持長期持有，避免因市場波動而情緒化操作，才能真正最大化獲利並有效降低風險。耐心和紀律，長期

持有不亂動，才是實現穩定收益的關鍵所在。所以不要急於短線變現，選對標的並長期投資，財富自然與日俱增。

大俠小叮嚀

方向對了，每一步都能通向成功

投資並非一蹴可幾，也不是運氣的產物。大俠在這條路上經歷過無數次的底部恐慌以及高漲歡喜，但正是這些經歷，讓大俠總是如此冷靜。對於小資族來說，能讓你情緒穩定的投資策略，是非常重要的事情。開始的每一步都很重要，穩定的積累才能換來未來的巨大利益。記住，賺錢不是一朝一夕的事，但只要方向對了，每一步都是通向成功的基石。

Chapter 3

投資報告1

14檔金控

3-1

認識5重要名詞
掌握金融業財務體質

　　金控股一直是備受喜愛的長期投資標的，在這個篇章，我們來介紹當前台灣 14 檔金控股的現況。多數的金控股旗下都有實體銀行事業，以下先為大家介紹在觀察銀行業財務狀況時，必須認識的 5 個重要名詞：

名詞1》資本適足率

　　資本適足率（Bank of International Settlement ratio，BIS）是指自有資本占風險性資產之比率，數字愈高代表愈安全。

資本適足率＝自有資本／風險性資產總額 ×100%

　　根據台灣的《銀行法》規定，銀行資本適足率必須達到 8%，以避免銀行操作過多風險性資產，並確保銀行能夠穩健經營。根據 2024 年 6 月的資

料，隸屬於金控公司旗下的 13 家銀行，資本適足率都明顯高於標準，多在 13% ～ 15% 之間。

名詞2》逾期放款比率

逾期放款比率（Non-Performing Loans Ratio，NPL）簡稱「逾放比」，指的是逾期放款占總放款的比率，數字愈高代表這家銀行的放款品質愈不好。

逾期放款比率＝逾期放款／總放款 ×100%

逾期放款的定義則是超過清償期 3 個月未償還的本金或利息，或是未超過 3 個月但已透過法律管道向債務人追討或處分擔保品。而市場上一般將「逾放比 3% 以下」視為金融機構授信品質良好的標準。根據 2024 年 9 月的資料，金控公司旗下銀行的逾放比都不到 1%，其中最低的元大銀行甚至僅有 0.04%。

名詞3》備抵呆帳覆蓋率

備抵呆帳覆蓋率（Coverage Ratio）指的是銀行為了因應呆帳所準備的金額（備抵呆帳）除以逾期放款的比率，數字愈高代表銀行能夠承擔呆帳的能力愈強。

備抵呆帳覆蓋率＝備抵呆帳／逾期放款 ×100%

根據 2024 年 9 月的資料，金控公司旗下 13 家實體銀行的備抵呆帳覆蓋率最高的前 3 名，分別是元大商業銀行（3,545%）、國泰世華銀行（1,294%）、台北富邦商業銀行（1,141%）。

名詞4》存放款利差

存放款利差（Interest Spread）指的是銀行的放款利率減去所支付的存款利率。

名詞5》淨利差

淨利差（Net Interest Margin，NIM）指的是銀行的淨利息（利息收入減去利息支出）占平均孳息資產的比率。簡單說就是銀行的淨利率，是在評估銀行獲利能力的重要指標。

兆豐金
官股金控獲利王　但成長性平淡

2024 年股市行情雖然算是難得一見的好光景，但台灣的銀行業卻沒有明顯受惠，背後的主因在於高利率環境的延續期間比先前預期更長，導致銀行在進行存放款與資產配置時未能達到年初時設定的目標。例如兆豐銀行因美元放款占比較高，面臨的衝擊比同業更大，且債券價格下跌也讓銀行的投資利益縮水。

兆豐金（2886）獲利約有 85.5% 來自兆豐銀行、7.8% 來自兆豐證券、其餘來自票券及其他子公司，其業務主體兆豐銀行又以利息、交易及手續費淨收益為主。2024 年前 3 季，財管商品的手續費收入年成長率高達 31%，但占比最大的利息淨收益僅成長 2%，占比第 2 的交易淨收益僅成長 5%，使得兆豐金整體獲利成長性並不突出；前 3 季累計稅後淨利 293 億元，年成長 8.5%，每股盈餘（EPS）為 1.98 元。然而以獲利規模而言，兆豐金仍在金控中排名第 4，在 4 家官股金控排名第 1。

美元存放比過低，轉捩點恐須再等2年

此外，兆豐銀行 2024 年前 3 季的國內放款規模雖然年增 9.5%，其中企業貸款與房貸都呈現穩定成長，但從地區別來看，海外分行與 OBU（國際金融業務分行）的放款都是微幅衰退。這就導致兆豐銀行的整體存放比雖然維持在 70% 以上，但美元存放比卻只有將近 40% 的水準。

兆豐銀行在美元利率攀升的環境下不僅沒有順勢把握高利率的機會拉升放款規模，資金成本反而還因此墊高，導致銀行整體淨利差（NIM）下滑至不到 1% 的水準（詳見表 1），獲利性非常不理想。

目前人工智慧（AI）發展雖然讓不少企業需要增加投入的資金，而美中貿易戰也讓供應鏈陸續轉移至海外、增加資本支出；但在高利率環境下，公司更傾向透過發債或是現金增資的方式籌資，使銀行的放款業務沒有明顯受惠這波資金熱潮。

由於目前各家企業都認為聯準會（Fed）在未來 2 年（2025 年～ 2026 年）內將處在降息循環，因此在貸款成本逐季下降的趨勢下，企業會希望等到降息循環結束後，再以相對低廉的利率成本進行借貸。這代表兆豐銀行若要扭轉目前美元存放比與淨利差過低的狀況，可能還需要再等 2 年才有機會出現比較明顯的改善。

表1 **2024年第3季兆豐銀行淨利差下滑至0.93%**
——兆豐銀行存放款利差vs.淨利差

	2023		2024		
	Q3	Q4	Q1	Q2	Q3
存放款利差（%）	1.51	1.45	1.46	1.41	1.38
淨利差（%）	0.94	0.95	1.00	0.97	**0.93**

註：存放款利差及淨利差皆為季度平均數字　　資料來源：兆豐金 2024 年第 3 季法說會簡報

聯貸案與信用卡收入上揚，有助手續費收益維持高檔

財管商品銷售的部分，兆豐銀行看好 2024 下半年債券與保單銷售動能延續，且聯貸案與信用卡動能逐漸恢復，以及私人銀行業務在 9 月開始營運，可望推升2024年手續費淨收益呈現年成長，占銀行獲利比重持續拉升。

其他子公司的部分，需要留意兆豐產險和德國漢諾威再保險公司（Hannover Re）的求償狀況。先前因防疫險保單虧損，兆豐產險向漢諾威要求給付再保險金及遲延利息，目前仍處於訴訟階段（註1）。兆豐產

註1：國內產險公司近年防疫保單再保險共超過 300 億元仍未獲攤回給付，其中，兆豐產險即於 2024 年 6 月 25 日向台灣台北地方法院起訴，因防疫險再保人德商漢諾威再保險股份有限公司未依再保險契約攤回再保險金，兆豐產險請求漢諾威公司給付再保險金及遲延利息。據了解，國內共有 5 家產險公司對漢諾威公司提告，包括兆豐、國泰、泰安、新光及華南產險。

表2 **2024年第3季兆豐銀行備抵呆帳覆蓋率為586%**
——兆豐銀行逾放比vs.備抵呆帳覆蓋率

	2023		2024		
	Q3	Q4	Q1	Q2	Q3
逾放比（%）	0.22	0.17	0.30	0.31	0.28
備抵呆帳覆蓋率（%）	696.05	985.00	538.73	522.49	**586.78**

註：股利於隔年發放　　資料來源：兆豐金 2024 年第 3 季法說會簡報

險於 2023 年已提列備抵損失約 24 億 8,000 萬元，占應攤回再保賠款 22.7%，若之後未能取得求償金額，則兆豐產險還需要再增提備抵損失。

逾期放款個案增加，資產品質遜於同業

兆豐銀行近幾季因逾期放款個案增加，導致逾放比提升，第 3 季較上季微幅改善，來到 0.28%；備抵呆帳覆蓋率則約 586%（詳見表 2），放款品質比多數銀行更差。雖然以目前處在資金寬鬆的環境來看，銀行面臨呆帳的壓力仍不算大，但還是需要留意未來經濟若出現反轉時，兆豐銀行可能也會受到一定程度的衝擊。

受到美元放款規模未能提升以及淨利差太低的影響，導致 2024 年兆豐銀行的獲利性未能明顯轉佳。由於各家企業預期未來 2 年內美元利率會逐

表3 **2024年前3季兆豐金EPS達1.98元**
——兆豐金（2886）每股盈餘、現金股利、股票股利

年度	每股盈餘（元）	現金股利（元）	股票股利（元）
2020	1.84	1.58	0.00
2021	1.89	1.40	0.25
2022	1.32	1.24	0.08
2023	2.37	1.50	0.30
2024前3季	**1.98**	—	

註：股利於隔年發放　　資料來源：XQ全球贏家

步下降，再加上目前股市行情延續，發行可轉債或是現金增資的難度較低，導致企業在短期內的資金需求不容易大幅增加，使兆豐金獲利成長性也跟著受到壓抑，短期之間恐怕難有改善空間。

　　整體而言，兆豐金2024年的獲利表現平平，但畢竟是屬於官股金控，歷年股利都能維持穩定（詳見表3）。而2025年時究竟能不能發放令人滿意的股利？我們可以從財政部的預算書的數據試算看看。可以看到兆豐金預計在2024年上繳的現金股利為18億2,463萬4,000元，除以財政部截至2024年10月持有兆豐金的股數12億1,642萬2,727股，約可得到每股1.5元的計算結果（詳見表4）。

　　假設是1.5元，而投資人想獲得5%的現金殖利率，那就得在股價30元

表4 預估2025年兆豐金每股現金股利1.5元
——兆豐金（2886）上繳財政部股息之每股金額試算

2025年需上繳總股息（元）	財政部持股（股）	試算每股現金股利（元）*
1,824,634,000	1,216,422,727	**1.50**

註：* 試算每股現金股利採 2025 年需上繳總股息除以 2024 年 10 月財政部持有股數計算
資料來源：財政部、公開資訊觀測站

買進；以 2024 年 11 月股價約 39 元計算，現金殖利率約 3.8%。當然這僅是試算，實際發放的股利金額，還是要以 2025 年兆豐金董事會的決議結果為準。

華南金
克服利差縮水穩健獲利

隨著聯準會（Fed）在 2024 年 9 月正式步入降息循環，不少壽險業都鬆了一口氣，未來終於得以擺脫聯準會頻頻調整貨幣政策的干擾，大幅降低資產配置的難度；對銀行而言，由於台灣央行對打房的態度堅定，若是再延續升息趨勢，就會讓銀行在決定存放款利率時持續面臨挑戰。在各家銀行當中，華南金（2880）旗下的華南銀行在面對利率動盪的挑戰時，總是展現比同業更強的韌性，透過提升放款規模並加速推廣財管業務的方式，讓整體獲利維持在相對穩定的水準。

投資與手續費收益為獲利主要成長動能

華南金是一家獲利以銀行為主體的金控，2024 年前 3 季約有 84% 的獲利來自銀行、9% 來自證券、6% 來自產險，其餘為其他子公司，其中華南銀行的獲利又有約 46% 來自利息淨收益、32% 來自金融商品投資淨收益、

表1 **2024年前3季華南金EPS達1.3元**
——華南金（2880）每股盈餘、現金股利、股票股利

年度	每股盈餘（元）	現金股利（元）	股票股利（元）
2020	0.67	0.265	0.264
2021	1.30	0.780	0.340
2022	1.27	0.590	0.000
2023	1.58	1.200	0.100
2024前3季	**1.30**	—	

註：股利於隔年發放　　資料來源：XQ全球贏家

21%來自手續費淨收益以及1%來自其他業務，顯示存放款業務是華南金最重要的獲利來源。

　　2024年上半年雖然受到台灣與美國之間利差縮小的影響，導致華南銀行存放款業務的獲利面臨微幅衰退；不過受惠同年股市大幅上漲與ETF買氣升溫，使投資收益與手續費收益的成長力道抵消利息收益的減退，使前3季淨收益仍呈現年成長。而華南金在2024年第3季的單季獲利創下歷史新高，前3季累積獲利達178億元，年成長則僅有5.7%，累計每股盈餘（EPS）達1.3元（詳見表1）。

　　儘管華南銀行2024年在存放款業務的獲利有所衰退，但是和其他銀行相比，表現已算是相對平穩。受到台灣央行實施打房政策的影響，使各家銀

表2 **2024年第3季華南銀行淨利差為0.7%**
——華南銀行存放款利差vs.淨利差

	2023		2024		
	Q3	Q4	Q1	Q2	Q3
存放款利差（%）	1.42	1.37	1.31	1.32	1.30
淨利差（%）	0.71	0.71	0.64	0.67	**0.70**

註：存放款利差及淨利差皆為季度平均數字　　資料來源：華南金 2024 年第 3 季法説會簡報

行的房貸規模受限，不過華南銀行在 2024 年前 3 季的房貸規模仍年成長 16.6%、整體放款規模年增成長率也達到 11%，表現並不差。

從利差的角度來看，由於台灣央行傾向透過升息以加速房市降溫，這將迫使銀行必須在短期內提供更高的存款利率，但放款利率卻難以立即轉嫁給客戶。依 2024 年華南金第 3 季法説會的數據顯示，華南銀行存放比維持在約 72% 上下，顯示存款需求比貸款需求高出不少，才會導致存放比處在低於 80% 的正常水準。在這個環境下，利率定價的主導權掌握在資金需求者的手上，使得銀行要針對企金客戶提升利率的空間相對有限。如果存款利率調升，存放款利差會有再進一步降低的風險；反之，若存款利率調降，存放款利差則有機會提升。也可看到 2024 年第 1 季～第 3 季，華南銀行存放款利差在 1.3%～1.32% 水準，淨利差（NIM）則僅有 0.64%～0.7%（詳見表 2）。

表3 **2024年第3季華南銀行備抵呆帳覆蓋率達837%**
——華南銀行逾放比vs.備抵呆帳覆蓋率

	2023		2024		
	Q3	Q4	Q1	Q2	Q3
逾放比（%）	0.18	0.15	0.16	0.15	0.15
備抵呆帳覆蓋率（%）	734.13	846.33	825.31	821.37	**837.31**

資料來源：華南金 2024 年第 3 季法說會簡報

資金環境寬鬆，財管商品銷售熱度可望延續

在財富管理業務的部分，基金與保單仍為主力產品，從手續費組成結構當中，2024 前 3 季保險占約 47%，基金與連動債占約 31%，兩者合計達 78%。

由於受惠美國通膨降溫與經濟衰退的疑慮消除，讓市場對經濟軟著陸的信心增加，從而推升股市行情。基於現階段市場資金仍處在相當寬鬆的環境，代表在沒有黑天鵝事件發生的情況下，股市要出現大幅修正的可能性會比較低，財管商品在未來幾季的銷售熱度也有機會延續。

從資產品質來看，華南銀行逾放比維持在 0.15%、備抵呆帳覆蓋率也達到 837%（詳見表 3），表現不差，顯示銀行並沒有為了提升放款規模而犧

表4 預估2025年華南金每股現金股利1.2元
——華南金（2880）上繳財政部股息之每股金額試算

2025年需上繳總股息（元）	財政部持股（股）	試算每股現金股利（元）＊
281,072,000	234,226,888	**1.20**

註：＊試算每股現金股利採 2025 年需上繳總股息除以 2024 年 10 月財政部持有股數計算
資料來源：財政部、公開資訊觀測站

性放款品質，有讓整體營運與風險都維持在可控的範圍內。

　　整體而言，營運穩定可說是華南金最大的優勢，旗下的華南銀行不僅能在淨利差下滑的環境中持續提升放款規模，從而減少獲利衰退的幅度。近年來華南銀行也積極拓展財管市場，使整體收益維持一定的成長性；再加上銀行實施費用精簡化的政策，使整體獲利性與成本結構逐步轉佳，讓華南金成為一家營運穩定又保有一定成長性的好公司。

　　近幾年華南金除了 2020 年 3 月股災期間，曾發生旗下證券公司因避險不及導致單季虧損，影響金控母公司獲利，也導致隔年股利大幅縮水。風波過後，華南金獲利與股利都已回到正軌。若按財政部預算書當中的數據，華南金預計 2025 年將上繳 2 億 8,107 萬 2,000 元，換算財政部的持股數量，可得到每股約 1.2 元的試算結果（詳見表 4），與上 1 年度持平。假設真的配發這個數字，若以股價 26 元試算，殖利率約在 4.6% 的水準。

───────── 3-4 ─────────

第一金
獲利穩定 成長卻面臨趨緩

這幾年在台股大幅上漲與利率攀升的環境下,官股金控和民營金控之間的差距愈來愈明顯。儘管目前各家官股銀行積極拓展財管商品銷售的業務,並將布局重心逐步拓展至海外市場,但整體競爭力仍比多數民營銀行差;更不用提及官股金控的壽險與證券業務規模普遍較小,和民營金控之間的差距更是落後一大截。

在這種環境下,讓營運維持穩定的獲利能力、並避免日後因黑天鵝事件而受到太大的衝擊就成為官股金控的首要目標,第一金(2892)就是其中一個例子。

第一金在應對各種金融危機上可說是相當有經驗,畢竟其業務主體第一銀行經歷過二次世界大戰、多次經濟大衰退與擠兌潮;為了讓存款戶能放心地將一輩子累積的財富放在銀行,第一銀行特別重視資金控管,盡可能地滿足

表1 **2024年前3季第一金EPS達1.48元**
——第一金（2892）每股盈餘、現金股利、股票股利

年度	每股盈餘（元）	現金股利（元）	股票股利（元）
2020	1.31	0.90	0.10
2021	1.52	1.00	0.20
2022	1.56	0.80	0.30
2023	1.65	0.85	0.30
2024前3季	**1.48**	—	

註：股利於隔年發放　　資料來源：XQ 全球贏家

客戶用錢與存錢的各種需求，讓銀行在這 100 多年來屹立不搖。

截至 2024 年前 3 季，第一金約有 93% 獲利來自銀行、4.5% 來自證券、2% 來自人壽及其他子公司。2024 年受惠財管商品熱銷以及高鐵聯貸案 1 次性收益貢獻，使第一金前 3 季累計稅後盈餘年成長 9.4%，每股盈餘（EPS）達到 1.48 元（詳見表 1）。

降息將降低資金成本，淨利差可望落底回升

根據 2024 年第 3 季的資料，第一銀行放款業務的成長動能來自利差較小的大型企業與房屋貸款，成長率達到 15%，而高利差的中小企業與外幣放款成長性則相對平緩。

表2 **2024年第3季第一銀行淨利差降至0.68%**
——第一銀行存放款利差vs.淨利差

| | 2023 | | 2024 | | |
	Q3	Q4	Q1	Q2	Q3
存放款利差（%）	1.36	1.34	1.21	1.20	1.18
淨利差（%）	0.76	0.76	0.70	0.70	**0.68**

註：存放款利差及淨利差均為累積年度平均數　　資料來源：第一金 2024 年第 3 季法說會簡報

　　存款的部分則因 2024 年 9 月美國步入降息循環，使存款戶為鎖定高利率而將更多活存轉定存，導致第一金的資金成本上揚，2024 年前 2 季的淨利差（NIM）僅 0.7%，到了第 3 季更降至 0.68%（詳見表 2）。公司也規畫將部分外幣資金轉作換匯業務，藉以提升整體投資收益，因此淨利息收益雖有所下滑，透過投資收益會彌補獲利缺口。

　　展望 2025 年，隨著景氣復甦與出口動能好轉，公司認為放款規模的成長性有機會達到 5% 以上，並在降息趨勢下逐步緩解資金成本壓力，整體淨利差有機會落底回升。然而，降息會減少企業用戶的換匯需求，公司預期換匯業務的收益可能會年減 20% ～ 30%，使第一金在短期內必須調整資金運用的模式，以維持一定的獲利性。

　　手續費淨收益的部分，第一銀行 2024 年受惠高鐵聯貸案認列一次性補

表3 **2024年第3季第一銀行逾放比維持0.18%**
——第一銀行逾放比vs.備抵呆帳覆蓋率

	2023		2024		
	Q3	Q4	Q1	Q2	Q3
逾放比（%）	0.17	0.17	0.18	0.18	**0.18**
備抵呆帳覆蓋率（%）	797.04	826.96	742.13	745.24	769.77

資料來源：第一金 2024 年第 3 季法說會簡報

償金約 5 億 6,800 萬元，以及銀行保險與基金等商品的銷售金額均大幅成長，推升 2024 年前 3 季整體手續費淨收益年增 37%。由於目前股市基期已處在相對高的水準，再加上房地產上漲所導致的財富外溢效應逐步減弱，2025 年財管商品銷售金額要再成長動輒 20%～30% 以上的幅度並不容易，再加上放款手續費收益也因 2024 年認列一次性收入的影響而使基期墊高，使第一銀行 2025 年的手續費淨收益面臨較大的衰退風險。

逾期放款金額下降，獲利性有望轉佳

2024 年雖然陸續有海外不動產的不良放款浮出水面，使第一銀行的信用成本增加，不過第 3 季的逾放比仍維持在 0.18%、備抵呆帳覆蓋率也達到769%（詳見表 3），整體資產品質堪稱穩健。隨著新冠肺炎疫情影響逐步趨緩，2025 年只要沒有再爆發其他黑天鵝事件，第一銀行的逾期放款金額

表4 預估2025年第一金每股現金股利1元
——第一金（2892）上繳財政部股息之每股金額試算

2025年需上繳總股息（元）	財政部持股（股）	試算每股現金股利（元）*
1,611,624,000	1,611,624,453	1

註：* 試算每股現金股利採 2025 年需上繳總股息除以 2024 年 10 月財政部持有股數計算
資料來源：財政部、公開資訊觀測站

就有機會逐步下降，使銀行整體獲利性轉佳。

另外，由於第一銀行被政府指定為系統性重要銀行，為了因應其資本適足率的要求，有保留資金的壓力，第一金在 2025 年的股利發放空間恐怕較為受限。根據財政部預算書的第一金預計上繳股息金額，並除以財政部持有股數計算，可得到約 1 元的計算結果（詳見表 4）。另外，公司曾提及 2025 年現金股利可能會發放 0.8 元～ 0.85 元、股票股利則落在 0.3 元上下，與前幾年大致持平，並不算特別突出；若用股價 28 元計算，現金殖利率約 3%。

3-5

合庫金
整併分行並拓展新業務

　　台灣是個金融監管相對嚴格的地方，為了避免投資人或是存款戶面臨失去畢生積蓄的窘境，金管會針對銀行的資本適足率、貸款與各項投資法規訂定重重標準，不少人認為這是導致台灣金融業發展速度太過緩慢的主因。然而，台灣的金融業在最近這 20 年來也有不小的變革，像是各地的漁會與農會陸續被購併，銀行也透過減少分行數的瘦身計畫來降低營運成本。合庫金（5880）可說是近幾年最積極整併分行的一家公司，從先前分行數一度超過 330 家的盛況，到目前只剩下約 260 家上下（截至 2024 年 10 月底）。

　　合庫金早期因購併多家信用合作社、農會與漁會，導致不少地區發生 2 家分行之間的距離不到 1 公里的情況；為了減少過多分行導致成本增加的問題，合庫銀行一方面陸續整併，一方面也持續透過推動在地化的方式以維護客戶關係，使合庫銀行整體放款規模得以在各家銀行中穩定維持第 2 名的水準（第 1 名為臺灣銀行，統計截至 2024 年 11 月底）。

表1 **2024年第3季合庫銀行淨利差為0.66%**
——合庫銀行存放款利差vs.淨利差

	2023		2024		
	Q3	Q4	Q1	Q2	Q3
存放款利差（％）	1.208	1.190	1.033	1.035	1.051
淨利差（％）	0.775	0.758	0.655	0.654	**0.660**

資料來源：合庫金法說會簡報

　　根據2024年前3季的數據，合庫金約有近90%獲利來自銀行、近5%來自壽險、其餘則來自資產管理、證券與其他子公司。

　　其中，合庫銀行在利差較高的中小企業與OBU（國際金融業務分行）放款規模的成長性雖不強，且淨利差（NIM）下滑導致整體淨利息收益有所衰退；不過公司靠著手續費淨收益與投資收益成功彌補獲利缺口，累積前3季稅後淨利達約158億元，較前一年同期成長約9%；前3季累積每股盈餘（EPS）則為1.04元。

放款規模與淨利息收益表現有轉佳空間

　　往年利息淨收益占合庫銀行的獲利比重可達到70%以上，但在2024年前3季卻下滑至約50%，背後的主因在於合庫銀行淨利差的表現實在太差，

表2 2024年第3季合庫銀行逾放比為0.17%
——合庫銀行逾放比vs.備抵呆帳覆蓋率

| | 2023 | | 2024 | | |
	Q3	Q4	Q1	Q2	Q3
逾放比（%）	0.22	0.18	0.19	0.18	**0.17**
備抵呆帳覆蓋率（%）	511.60	638.54	613.99	594.90	678.06

資料來源：合庫金法說會簡報

僅約 0.66%（詳見表1），相較部分民營銀行尚有約 1.2% ～ 1.3% 的表現而言，合庫銀行的淨利差幾乎只剩下一半。

以 2025 年展望來看，基於台灣企業陸續到海外建廠，且人工智慧（AI）供應鏈需投入大量資金升級設備並擴充產能，再加上利率由高點逐步回落，使大企業與中小企業對資金的需求有機會逐步回溫；而台灣政府也因綠能與相關基礎建設需投入更多資金，使專門承作政府貸款的合庫銀行成為主要受惠者。至於淨利差的部分則有機會隨著台美之間的利差拉近與存放比上揚而逐步回升，使合庫銀行整體淨利息收益的表現轉佳。

手續費淨收益的部分，2024 年前 3 季除了受惠財管商品熱銷與放款手續費收益增加，合庫銀行也積極推動私人銀行與信用卡業務，使整體手續費淨收益的成長性高達 48%，優於多數同業。

表3 **2024年前3季合庫金EPS為1.04元**
——合庫金（5880）每股盈餘、現金股利、股票股利

年度	每股盈餘（元）	現金股利（元）	股票股利（元）
2020	1.24	0.85	0.20
2021	1.51	1.00	0.30
2022	1.45	0.50	0.50
2023	1.17	0.65	0.35
2024前3季	**1.04**	—	

註：股利於隔年發放　　資料來源：XQ 全球贏家

基於合庫銀行目前仍是分行數最多的銀行，提供一般用戶在理財與存匯款等業務上更高的便利性，有助於合庫銀行未來在這個領域的發展優於其他官股銀行的表現。

合庫人壽新型保單產品具競爭力

合庫人壽相對其他同業的規模雖不大，近幾年保費收入大多落在 100 億元以下的水準，但受惠公司早期銷售高利率保單的金額不多，使合庫人壽目前在制定新型健康險保單的利率與價格上較有彈性，能提供用戶更有競爭力的理賠方案與服務品質，有助於公司逐步提升保單銷售規模與市占率。

資產品質的部分，基於近期沒有大型逾期放款案件發生，使合庫銀行逾放

表4 **預估2025年合庫金每股現金股利1元**
——合庫金（5880）預計上繳財政部股息之每股金額試算

2025年需上繳總股息（元）	財政部持股（股）	試算每股現金股利（元）*
3,968,076,000	3,968,075,591	1

註：* 試算每股現金股利採 2025 年需上繳總股息除以 2024.10 財政部持有股數計算
資料來源：財政部、公開資訊觀測站

比維持在 0.17%、備抵呆帳覆蓋率也達到 678% 的水準（詳見表 2），資本適足率和第一類資本比率也分別達到 15.0% 和 12.9%，皆符合主管機關規範。

　　整體而言，2024 年合庫金營運還算平穩，雖然利息淨收益的表現不盡理想，但 2025 年無論是在放款規模或是淨利差都有看到轉佳的空間；再加上合庫銀行目前在財管商品的銷售上提供用戶更高的便利性，以及合庫人壽銷售新型保單具有定價優勢，這些都會成為合庫金未來營運持續向上的潛在動能。合庫金自 2014 年起年度稅後淨利達到 100 億元後就穩步上升，每年採取以現金股利搭配股票股利的發放模式，使得 EPS 也能大致維持在 1.1 元～ 1.5 元之間（詳見表 3）。

　　2021 年、2022 年稅後淨利都突破 200 億元，2023 年則下滑至 173 億元左右；不過 2024 年累積前 11 個月獲利已達 188 億元，市場評估

2024 年全年度獲利很有機會回到 200 億元俱樂部。

　而根據財政部的預算書，將合庫金預計於 2025 年上繳的股息除以財政部持股，計算結果約 1 元（詳見表 4），看起來也與前幾年持平。

3-6

中信金
獲利推升股價大幅上漲

2024 年在人工智慧（AI）行情的帶動下，科技股表現普遍優於傳產與金融股，不過金融股當中其實也有表現不差的公司，民營金控中信金（2891）就是其中一家。

2024 年中信金從上一年底收盤價 28.35 元，最高在除權息前漲到 41.7 元，漲幅高達 47%，許多搭上 AI 列車的科技股都未必能有這麼驚人的漲幅。而中信金之所以能有這麼好的表現，除了在於旗下壽險持有的美債評價利益大幅翻倍成長，推升整體獲利跟著向上攀升，穩定的殖利率政策也成為助攻股價的一大關鍵。

2024年前3季賺贏2023年全年

中信金也是以銀行為獲利主體，根據 2024 年前 3 季的資料，中信金獲

利約有 6 成來自銀行、35% 來自人壽、5% 來自其他子公司。雖然 2024 年的債券行情並不算好，不過中信金旗下的台灣人壽在新台幣貶值下有認列匯兌利益，再加上股票上漲也讓前 3 季投資報酬率達到 4.4%，勝過上一年同期的 3.85%。

中信金在 2024 年前 3 季的獲利十分亮眼，累計達 586 億 5,000 萬元，已賺贏 2023 年全年獲利約 560 億元，較上一年同期成長將近 21%，成長率在金控當中算是前段班，前 3 季每股盈餘（EPS）則為 2.95 元。

受到聯準會（Fed）延續高利率政策的影響，外幣存放款業務規模較大的銀行普遍面臨資金成本居高不下的壓力，導致整體淨利差逐季下滑；而中信銀行在這之中的表現算是相對穩健，2024 前 3 季加計換匯業務收益的調整後淨利差仍達到 1.61%，比大多數同業的獲利性更好。

儘管中信銀行約有 24% 放款部位來自旗下的日本東京之星，而日本的存放款利率並不高，理論上會拖累中信銀行的淨利差；不過中信銀行對於管控放款利率與資金成本很有一套，整體存放款業務的效率比多數銀行更高，使中信銀行得以創造出更高的獲利性。

從放款結構來看，中信銀行在外幣放款、房貸與信用貸款的成長性都相對均衡，以 2023 年前 3 季來看，外幣放款占比仍維持 35% 的高水準。未來

表1 2024年第3季中信銀行備抵呆帳覆蓋率為349.8%
——中信銀行逾放比vs.備抵呆帳覆蓋率

	2023		2024		
	Q3	Q4	Q1	Q2	Q3
逾放比（％）	0.48	0.52	0.54	0.53	0.47
備抵呆帳覆蓋率（％）	336.80	309.60	298.00	306.30	**349.80**

資料來源：中信金 2024 年第 3 季法說會簡報

1 年內隨著供應鏈轉移帶動資金需求升溫，公司認為東南亞與日本都會產生更多資金需求，整體放款規模在 2024 年、2025 年要維持年增 10% 的目標並不困難。

銀行手續費淨收益、台灣人壽獲利均呈現成長

手續費相關業務的部分，理財商品熱銷、信用卡簽帳金額增加與授信業務規模提升，是帶動中信金 2024 年前 3 季整體手續費淨收益成長達 26% 的主要動能。

雖然當前投資市場已處在相對高的位階，未來理財商品的銷售熱度要再向上成長的空間會比較有限；但受惠海外旅遊活動持續復甦，且中信銀行規畫將調整信用卡回饋制度，有助於降低信用卡業務的成本，並使整體手續費淨

表2 2024年前3季中信金EPS為2.95元
——中信金（2891）每股盈餘、現金股利、股票股利

年度	每股盈餘（元）	現金股利（元）	股票股利（元）
2020	2.15	1.05	0
2021	2.73	1.25	0
2022	1.55	1.00	0
2023	2.82	1.80	0
2024前3季	**2.95**	—	

註：股利於隔年發放　　資料來源：XQ全球贏家

收益能保有一定的成長性。

　　而中信金第二大獲利來源——台灣人壽，2024年前3季稅後淨利成長達45%，除了在股票與債券的投資上都維持一定的獲利能力，初年度等價保費收入也持續回升。未來只要在降息趨勢沒有改變的情況下，台灣人壽在債券評價利益上就還會有更多獲利的空間。

　　中信銀行在各項業務的表現雖然都不錯，但資產品質卻不甚理想，不僅逾放比處在約0.5%上下的水準，備抵呆帳覆蓋率也只有約349.8%（詳見表1），背後的原因除了來自疫情紓困貸款優惠在2023年底截止，2024年出現較多壞帳；東南亞也因經濟波動較大的影響，導致呆帳比率一向相對較高，使中信銀行必須承擔相對高昂的信用成本。

　　過去有段期間，中信金多維持在每股配 1 元的現金股利水準，但是 2023 年因為獲利明顯成長到 2.82 元，也跟著調高所配發的股利達 1.8 元。

　　而中信金 2024 年前 3 季 EPS 為 2.95 元（詳見表 2），第 4 季可能還會有投資與匯兌利益，令投資人對 2025 年發放的股利相當期待。根據研究機構 FactSet 預估，中信金 2024 全年 EPS 約 3.53 元，再以過往股利發放率約 60% 試算，假設發放現金股利 2.1 元，且用 39 元以下股價買進，現金殖利率就有 5.3% 水準。

3-7

玉山金
財富管理收入強勁成長

　　台灣的電子支付產業在剛發展初期並不被大家看好，主因在於台灣地狹人稠，在分行與 ATM 普及的環境下較沒有電子支付發揮的空間；然而隨著業者持續祭出高回饋優惠行銷活動，加上新冠肺炎疫情期間的零接觸付款需求，加速了電子支付產業的發展。根據 2024 年 10 月金管會發布的統計數據，目前台灣每人平均已擁 1.26 個電子支付帳戶，顯示電子支付普及率已趨於成熟，各家金融業者更紛紛搶食這塊大餅。

　　目前在電子支付的布局上，玉山金（2884）旗下的玉山銀行是進展最快、功能相對完善的一家，多年前就建立金融科技團隊，在軟體設計與實際運作效率上都擁有更好的表現，這也成為玉山金 2024 年手續費收益能擁有更高成長性的一大主因。

　　根據 2024 第 3 季法說會資訊，玉山金獲利約有 91.5% 來自銀行、8%

來自證券、0.5% 來自創投。以 2024 年以來各家銀行受到淨利差下跌而使存放款獲利衰退的趨勢來看，理論上玉山金的獲利表現也不會太好；然而，玉山金不僅在存放款與手續費兩大業務的收入都維持正成長，且 2024 年前 3 季累積獲利達 208 億元，創歷年同期新高，年成長幅度高達 31.5%，超越所有銀行股的表現，而前 3 季累積每股盈餘（EPS）則達 1.31 元。

　　玉山金的獲利成長性之所以能超越同業，主要有 3 大重點：1. 放款成長性較高，淨利差維持得宜；2. 財管商品熱銷帶動手續費收入上揚；3. 費用管控能力佳。

放款成長性較高，淨利差維持得宜

　　從放款的部分來看，2024 年前 3 季玉山銀行在中小企業貸款、房貸與信貸的成長率都超過 10%，基於這些客戶的信用風險比大企業更高，因此銀行能以較高的利率將資金貸出，使玉山銀行不僅整體放款規模較前一年同期成長 13.6%，淨利差也維持在 1.28% 的水準，較 2023 年第 4 季的1.31% 僅下滑 0.03 個百分點（詳見表 1），相對其他銀行普遍因資金成本上揚而使淨利差較 2023 年下滑超過 0.1 個百分點而言，玉山銀行獲利狀況穩定許多。

　　受到外幣定存期間拉長的影響，玉山銀行認為未來幾季淨利差還不容易看

表1 2024年第3季玉山銀行淨利差維持在1.28%
——玉山銀行存放款利差vs.淨利差

	2023		2024		
	Q3	Q4	Q1	Q2	Q3
存放款利差（%）	1.29	1.26	1.24	1.22	1.27
淨利差（%）	1.30	1.31	1.30	1.28	**1.28**

資料來源：玉山金 2024 年第 3 季法說會簡報

到回升的趨勢；公司目前將放款重心放在海外子行身上，位於日本的熊本分行在 2024 年第 4 季開始營運，滿足企業進駐當地所需的資金需求與金融服務。接下來，希望透過增加高利率的外幣放款比重，並吸收低利率的活期存款以優化整體存放款結構，使獲利維持在優於其他銀行的水準。整體的淨利息收入相較 2023 年同期成長 16.2%。

財管商品熱銷帶動手續費收入上揚

在財富管理業務方面的手續費收入年成長率達 42.9%，信用卡業務也受惠海外旅遊增加以及行動支付便利性提升而使手續費收入維持成長；未來隨著玉山銀行陸續將版圖拓展至日本、加拿大與馬來西亞等地，電子支付所扮演的角色將變得更加重要，並成為公司拉開與同業差距的關鍵。整體的淨手續費收入呈現年成長 30% 的優秀表現，是連續第 9 個季度成長。

表2 2024年第3季玉山銀行逾放比維持在0.16%

——玉山銀行逾放比vs.備抵呆帳覆蓋率

	2023		2024		
	Q3	Q4	Q1	Q2	Q3
逾放比（%）	0.17	0.16	0.16	0.16	**0.16**
備抵呆帳覆蓋率（%）	711.30	753.36	770.96	775.71	766.62

資料來源：玉山金法說會簡報

費用管控能力佳，不至於負擔過高成本

從費用管控的角度來看，玉山銀行近幾年營業費用占銀行整體淨收益的比率逐步下降，從 2022 年為 59.8%，2024 年前 3 季已降至 51.2%。這一部分的原因固然來自獲利成長，另一部分原因也得益於玉山金近幾年來推動薪資結構扁平化，讓基層員工的薪資成長率大於中高階主管。這麼做既能強化基層戰鬥力，也降低公司出現經營斷層的風險，不至於為了挖角優秀人才而負擔太過昂貴的成本。

2024 年以來，雖然受到房市波動及多個行業景氣轉差的影響，導致各家銀行的逾期放款金額普遍出現增加的情況，不過玉山銀行資產品質仍然維持穩定的水準，逾放比持續控制在 0.16%（詳見表 2），以玉山銀行的客戶大多以中小企業與個人戶為主來看，表現並不差。未來隨著資金成本在降息

表3 2024年前3季玉山金EPS為1.31元
——玉山金（2884）每股盈餘、現金股利、股票股利

年度	每股盈餘（元）	現金股利（元）	股票股利（元）
2020	1.43	0.610	0.611
2021	1.54	0.670	0.674
2022	1.10	0.189	0.379
2023	1.41	1.200	0.200
2024前3季	**1.31**	—	

註：1. 股利於隔年發放；2. 股利四捨五入至小數點後 3 位　　資料來源：XQ 全球贏家

環境下逐步回落，玉山金拓展海外市場以及人事成本結構優化的帶動下，玉山金在各家銀行股當中仍然會是競爭力最強的一家公司。

　　最後來看股利分配紀錄，過去玉山金的股票股利發放比率較高，或採現金與股票各半的模式，使得玉山金在近 10 年來的股本也膨脹了超過 1 倍，截至 2024 年第 3 季，玉山金股本已達到 1,500 億元以上。而 2024 年要發放 2023 年盈餘時，就改採現金股利為主，首度發放了高於 1 元的現金股利，來到 1.2 元，股票股利則縮減至 0.2 元（詳見表 3）。2024 年 8 月玉山金董事長黃男州受訪時也指出，未來 1、2 年也將會採取以現金股利為主的發放模式。

3-8

台新金
「新新併」成最大挑戰

隨著 2024 年 10 月台新金（2887）與新光金（2888）的合併案順利通過股東會同意，這起台灣金融業近年來規模最大的合併案終於正式告一段落。在順利合併後，台新金將成為台灣資產規模排名第 4 大的金控，僅次於國泰金（2882）、富邦金（2881）與中信金（2891）。

根據 2024 年第 3 季法說會資料，台新金的獲利結構當中，銀行貢獻占比 88%、證券約占 8%、人壽約占 10%、其餘子公司則因營運虧損，占比 -6%。相較新光金的獲利主要來自壽險而言，台新金與新光金合併後，可望在壽險與銀行的業務上達到互補的成效，推估銀行放款規模可躍升至第 5 大、壽險規模維持第 4 大、證券經紀則提升至第 4 大的地位。

從另一個角度來看，2 家金控合併並不一定會有好處，背後還是有一定的風險；台新金和新光金合併的最大挑戰不是排名大跳躍的銀行與證券，而是

旗下的壽險。

　　台新人壽跟新光人壽的體質差異較大，由於新光人壽早期銷售太多高利率保單，導致營運長期處於虧損狀態；而台新人壽近幾年則在保單銷售擁有不小的斬獲，過去 4 年保費收入的規模成長超過 6 倍。台新金希望能讓新光人壽擁有像台新人壽一樣的活力，活化整體龐大的金融資產並提升資金使用效率，但 2 家文化風格完全不同的公司勢必會在後續的整併面臨不小的挑戰。

　　若未能順利產生合併綜效並讓旗下人壽擁有穩定的獲利能力，面對保險業將於 2026 年接軌 TW-ICS（新一代清償能力制度），以及 IFRS 17（國際財務報導準則第 17 號），新光人壽還將面對 1,000 億元以上的資金缺口，將會成為一大考驗。在正式完成合併之前，台新金的主要獲利仍來自旗下銀行。台新金自 2015 年以來，年度稅後淨利都維持在 110 億元以上，2021 年達到 200 億元創下高峰，2022 年與 2023 年則有 140 多億元；而 2024 年前 3 季稅後淨利已累積達 166 億元，逆勢年成長約 37.7%，每股盈餘（EPS）達 1.17 元。主要受惠台新銀行的淨利息收入與淨手續費收入皆較同期向上成長。

　　淨利息收入主要來自存放款利差，前 3 季的淨利息收入年成長 13%，但其實放款規模的成長率沒有比大多數銀行更高，關鍵在於管控資金成本能力

表1 **2024年第3季台新銀行淨利差為1.27%**
——台新銀行存放款利差vs.淨利差

	2023		2024		
	Q3	Q4	Q1	Q2	Q3
存放款利差（％）	1.29	1.24	1.25	1.22	1.32
淨利差（％）	1.24	1.20	1.24	1.25	**1.27**

資料來源：台新金 2024 年第 3 季法說會簡報

較佳，第 3 季淨利差（NIM）上升至 1.27%，較上一季成長 0.02 個百分點（即 2 個基點），且較 2023 年同期成長 0.03 個百分點（詳見表 1）。公司目前維持放款規模年增 10%、淨利差增加 2 個～ 3 個基點的目標。

淨手續費收入成長，財管與信用卡業務表現佳

淨手續費收入在 2024 年前 3 季年成長達 2 成以上，成長動能主要來自財富管理業務、信用卡業務。銷售狀況和其他銀行差異不大，主要也是受惠基金與保單熱銷所帶動。公司看好下半年海外旅遊消費升溫，將帶動信用卡業務成長，並透過導入人工智慧（AI）功能的方式以強化客服即時性，也加強整合行動收付款的功能，為整體手續費收入維持成長性。

而在資產品質方面，台新銀行一向擁有相對穩健的表現，截至 2024 年

表2 **2024年第3季台新銀行備抵呆帳覆蓋率達1039%**
——台新銀行逾放比vs.備抵呆帳覆蓋率

	2023		2024		
	Q3	Q4	Q1	Q2	Q3
逾放比（%）	0.13	0.12	0.10	0.11	0.12
備抵呆帳覆蓋率（%）	1,083.10	1,159.80	1,247.80	1,137.90	**1,039.00**

資料來源：台新金 2024 年第 3 季法說會簡報

第 3 季，雖然有較多中小企業與房貸逾期放款個案，但台新銀行逾放比僅 0.12%，備抵呆帳覆蓋率也達到約 1,039%（詳見表 2），整體資產品質可算是相當健康。

保單銷售結構相對靈活，保費收入成長達59%

在台新人壽的部分，基於公司早期銷售投資型保單的數量遠低於其他人壽，使整體保單銷售結構相對健康、應變的靈活性也較高，能以較有競爭力的價格訂定行銷策略，讓台新人壽近幾年保費收入成長性優於同業表現，2024 年前 3 季的初年度等價保費收入高達 59% 的成長。

整體而言，台新金和新光金的合併案雖然還有諸多挑戰尚待克服，要想產生購併綜效並不是件容易的事；不過就目前的營運狀況來看，台新金旗下銀

表3 2024年前3季台新金EPS達1.17元
──台新金（2887）每股盈餘、現金股利、股票股利

年度	每股盈餘（元）	現金股利（元）	股票股利（元）
2020	1.17	0.555	0.454
2021	1.63	0.605	0.495
2022	1.09	0.510	0.420
2023	1.01	0.600	0.400
2024前3季	1.17	—	

註：1. 股利於隔年發放；2. 股利四捨五入至小數點後 3 位　　資料來源：XQ 全球贏家

行與壽險的獲利性確實都擁有優於同業表現的水準，使台新金成為一家短期營運有成長性、中長期也有潛力的好公司。

　　至於投資人關心的股利發放狀況，台新金在正常營運的狀況下，盈餘發放率（合計每股股利占每股盈餘比率）約有 8 成左右，少數年度不到 7 成。自 2016 年到 2023 年，現金與股票股利的比例多為 55：45。而 2024 年分配 2023 年度盈餘時是配出現金股利約 0.6 元、股票股利 0.4 元，現金股利比重有略微提升（詳見表 3）。面對新新併之後股本的大幅增加，台新金在 2024 年第 3 季法說會時也表示，未來將以提高現金股利比重的方向來進行。

3-9

永豐金
放款嚴謹 獲利處在成長軌道

2024 年 11 月美國總統大選結束，川普（Donald Trump）確定在 2025 年重返白宮，加上美國共和黨正式在參議院與眾議院都拿下過半席次、取得完全執政的權力。市場一方面期待川普的關稅政策將帶動不少台灣產業迎來轉單效益，一方面也開始擔憂提高關稅會讓物價上漲，導致未來面臨更嚴重的通膨並迫使聯準會放慢升息腳步，這對金融業而言並不是樂見的情況。畢竟過去這 2 年在高利率環境的影響下，不少銀行的存放款利差不斷下滑，多變的政經局勢也讓資產配置的難度大幅提升。在這種情境下，永豐金（2890）卻始終保持一副氣定神閒的姿態，不僅整體獲利維持在成長軌道，2024 年第 3 季獲利還創下歷史新高。

擅長提供客製化的籌資、融資與投資方案

永豐金在法人服務的業務上一向很有一套，公司擅長提供高度客製化的籌

資、融資與投資方案，使永豐金無論是在銀行法人金融業務，或是證券經紀業務的市占率，都穩定維持前 10 名的地位。

截至 2024 年前 3 季，永豐金約有 74% 獲利來自銀行、23% 來自證券、3% 來自其餘子公司。在銀行與證券業務的帶動下，累計獲利達到 185 億元，年成長 17%，並推升每股盈餘（EPS）達到 1.45 元。其中利息淨收益累積 2024 年前 3 季年成長約 1.2%，手續費淨收益的年成長更高達 37%。

利息淨收益的成長主要來自永豐銀行。截至 2024 年第 3 季，永豐銀行放款規模達到 1 兆 6,000 億元，相較前一年底成長近 12%，動能主要是來自企業放款與個人無擔保消費性貸款。而房屋貸款的成長率並不高，顯示永豐銀行在房市一片熱絡的環境下並沒有隨波逐流，反而採取相對嚴謹的放款政策，避免日後因利率政策變化反覆無常而使整體放款業務的獲利性下滑。

利差方面，受惠利差較高的外幣放款占比提升，以及美國接連降息使外幣資金成本降低，讓永豐銀行第 3 季淨利差（NIM）大幅季增 7.6 個基點（Basis Point，BP，1 個基點為 0.01 個百分點）至 1.01%（詳見表1）。另外，永豐銀行在 2023 年底有鎖定較長天期的換匯業務合約，隨著 2024 年美元匯率升值，讓整體換匯業務的獲利性進一步提升。公司預期 2024 全年度在換匯業務的獲利可望達到約 72 億元的水準，較 2023 年的 57 億元高出約 26%。

表1 2024年第3季永豐銀行淨利差提升至1.01%
——永豐銀行存放款利差vs.淨利差

	2023		2024		
	Q3	Q4	Q1	Q2	Q3
存放款利差（%）	1.26	1.18	1.18	1.24	1.32
淨利差（%）	0.98	0.92	0.90	0.94	**1.01**

資料來源：永豐金 2024 年第 3 季法說會簡報

手續費相關業務的成長性恐開始出現瓶頸

手續費淨收益主要由證券、財富管理等手續費的成長所帶動。由於 2024 年投資市場的位階已處在相對高檔，因此永豐金雖然看好未來財富管理商品銷售動能將延續，但在高基期的影響下，未來 1 年內的成長動能可能會相對有限，永豐銀行主要的獲利成長性仍須仰賴放款規模與淨利差回升所帶動。

永豐銀行 2024 年前 3 季的新增壞帳（呆帳）金額達到 22 億 5,000 萬元，成長 1.6 倍。主因在於先前有一起海外商用不動產新增壞帳，因永豐銀行的曝險金額達到 2,500 萬美元，導致逾放比上升至 0.13%、備抵呆帳覆蓋率則下滑至 1,042%（詳見表 2）。

由於 2024 年 10 月又新增一起港商新朗興業台中 7 期成屋聯貸案的壞

表2 2024年第3季永豐銀行逾放比上升至0.13%
——永豐銀行逾放比vs.備抵呆帳覆蓋率

	2023		2024		
	Q3	Q4	Q1	Q2	Q3
逾放比（％）	0.10	0.10	0.15	0.12	**0.13**
備抵呆帳覆蓋率（％）	1,359.61	1,350.49	871.76	1,097.62	1,042.17

資料來源：永豐金 2024 年第 3 季法說會簡報

帳，永豐銀行已轉列為逾期放款，金額達 9 億 1,000 萬元，因此第 4 季資產品質有再進一步惡化的可能；且未來中國經濟若沒有明顯復甦，海外放款業務可能還會新增更多壞帳，需要特別留意。

整體而言，永豐金 2024 年前 3 季獲利雖然看似四平八穩，放款業務的獲利性也已經重新回到成長軌道；不過在手續費相關業務的成長性恐開始出現瓶頸，以及愈來愈多壞帳發生的影響下，未來永豐金整體獲利要再維持像目前這麼高的成長性並不容易。

另外，永豐金近 5 年來的盈餘分配率多在 60% 出頭，並且以現金股利為主，股票股利為輔。2024 年配發 2023 年盈餘時，是配發現金股利 0.75 元＋股票股利 0.25 元（詳見表 3）。而 2024 年第 3 季法說會時，永豐金表示因為獲利成長，隔年分配股利時將會配出更好的水準，並且也以現金

表3 **2024年前3季永豐金EPS達1.45元**
——永豐金（2890）每股盈餘、現金股利、股票股利

年度	每股盈餘（元）	現金股利（元）	股票股利（元）
2020	1.09	0.70	0.00
2021	1.44	0.80	0.10
2022	1.40	0.60	0.20
2023	1.62	0.75	0.25
2024前3季	**1.45**	—	

註：股利於隔年發放　　資料來源：XQ 全球贏家

股利為主。而法人則估計有可能合計發放1元～1.1元的股利，假設用現金股利0.95元、股價24元計算現金殖利率則不到4%水準。

3-10

國泰金
壽險與銀行業務雙成長

2024 年 10 月，摩根士丹利（Morgan Stanley）發布最新的「台灣金融產業」報告，提到在聯準會（Fed）步入降息循環的影響下，將帶動台灣壽險業的淨資產價值與資本利得提升，使整體營運成長性具有優於銀行表現的動能。

而在台灣的金控當中，國泰金（2882）的資產規模達到超過 13 兆元（2024 年第 3 季）的水準、高居各家金控之冠，且獲利來源以壽險（國泰人壽）為主，可說是降息趨勢下的主要受惠公司。

壽險》投資規模擴大、保單收入持續上揚

截至 2024 年前 3 季，國泰金獲利約有 65% 來自壽險、約 30% 來自銀行、其餘來自證券、產險與投信等其他子公司。2024 年以來旗下國泰人壽投資

表1 **2024年前3季國泰金EPS達6.78元**
——國泰金（2882）每股盈餘、現金股利、股票股利

年度	每股盈餘（元）	現金股利（元）	股票股利（元）
2020	5.41	2.50	0.00
2021	10.34	3.50	0.00
2022	2.58	0.90	0.00
2023	3.24	2.00	0.00
2024前3季	6.78	—	

註：股利於隔年發放　　資料來源：XQ全球贏家

的股票與債券價格上漲，帶動國泰人壽獲利較前1年同期大幅翻倍、整體投資部位的規模也提升至將近8兆元水準；再加上其他子公司國泰世華銀行、國泰證券的獲利成長，共同推升國泰金前3季稅後淨利達1,028億元，年成長73.5%，累計每股盈餘（EPS）則達6.78元（詳見表1）。而國泰金12月時公布自結獲利，前11個月的EPS也已高達7.44元。

2024年以來受惠財富外溢效應，再加上先前因新冠肺炎疫情影響的保單銷售活動轉趨正常，大多數壽險上半年保單銷售的收入都有所成長。國泰人壽的初年度保費收入雖然嚴重下滑，較前1年同期減少17%，但背後的主因在於投資型商品法規轉趨嚴格，導致部分保單無法再繼續銷售；不過從初年度等價保費收入來看，國泰人壽的收入其實比前1年同期成長14%（詳見圖1）。以未來展望來看，國泰人壽著重銷售傳統型保障型保單、意外及

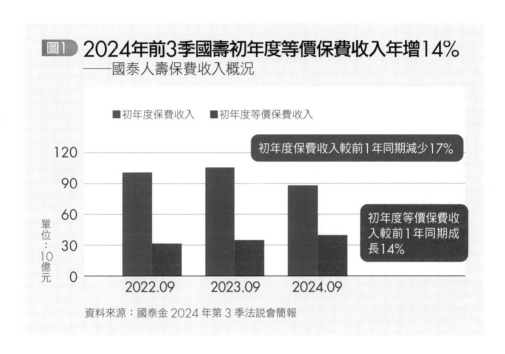

圖1 **2024年前3季國壽初年度等價保費收入年增14%**
——國泰人壽保費收入概況

初年度保費收入較前1年同期減少17%

初年度等價保費收入較前1年同期成長14%

資料來源：國泰金 2024 年第 3 季法說會簡報

健康險商品，有助初年度等價保費收入維持成長軌道。

「初年度保費收入」的意思是「壽險賣出 1 張保單後，能在當年度收到的錢」，早期被各家壽險拿來作為績效指標；但其實初年度保費收入的計算方式有一個盲點，就是無法完全反映分期繳保單的價值。以 1 張價格相同的保單而言，一次繳清保費或是分期繳的保單價值不一定會有太大的差異，因此在目前愈來愈多保單銷售改採分期繳以及躉繳（一次繳清）投資型保單銷售下滑的影響下，用初年度等價保費收入來衡量一間壽險在保單銷售的狀

況會比較合理，這也是為何國泰人壽的初年度保費收入大幅下滑、初年度等價保費收入卻能維持成長性的原因。

銀行》2024年前3季信用卡手續費收入年增34%

國泰金不僅旗下國泰人壽的投資收益與保費收入表現優異，另一個獲利引擎國泰世華銀行在存放款業務的表現也相當亮眼。除了個人放款與房屋放款規模都維持一定的成長性，帶動 2024 年前 3 季放款規模年增 16%，國泰世華銀行也適時加碼投資收益較高的外幣有價證券，推升淨利差（NIM）提升至 1.55%（詳見表 2），讓銀行在利差下滑的環境下，還能逆勢提升存放款業務的獲利。

手續費淨收益的部分，國泰世華銀行除了受惠股債上漲行情帶動財富商品熱銷，也因為海外旅遊活動回溫，2024 年前 3 季信用卡累計簽帳金額達5,592 億元，帶動手續費收入年成長達 34%。當前國泰世華銀行簽帳金額最高的信用卡仍以 CUBE 卡為主，在紅利回饋幅度優於其他信用卡的帶動下，使發卡量與簽帳金額同步向上，有助手續費淨收益逐季成長。

至於資產品質的表現，國泰世華銀行的放款規模雖然很龐大，但放款風險一向都比同業更低，截至 2024 年前 3 季，除了逾放比維持在 0.12%，備抵呆帳覆蓋率也達到 1,294% 的水準，財務品質算是相當健全。

表2 2024年第3季國泰世華銀行淨利差提升至1.55%
——國泰世華銀行存放款利差vs.淨利差

	2023		2024		
	Q3	Q4	Q1	Q2	Q3
存放款利差（%）	1.83	1.79	1.75	1.80	1.82
淨利差（%）	1.37	1.38	1.46	1.50	**1.55**

資料來源：國泰金 2024 年第 3 季法說會簡報

　　若將眼光拉長至未來 2 年，在聯準會步入降息、預計降息 10 碼的趨勢下，長天期美債仍然有一定的潛力，目前持有大量美債的國泰人壽很有機會在未來 2 年再認列一筆金額非常可觀的投資收益。另外，國泰金也加速拓展東南亞的事業版圖，公司在越南、柬埔寨與新加坡等地陸續增設據點並增加業務種類，在東南亞擁有人口紅利的優勢下，有機會成為國泰金未來營運成長的新動能。

　　國泰金主要獲利來自壽險，在股利發放狀況方面，資產規模已經相當龐大的國泰金，近 10 年來都只發放現金股利，且盈餘分配率一向不高，近 10 年來最高約 61%，最低約 34%。由於國泰金總經理李長庚在 2024 年 11 月 28 日的法說會上表示，2025 年配發的股利，會盡量爭取殖利率達到 4%；若以法說會當天收盤價 66.3 元計算，要有 4% 殖利率，現金股利得要有 2.5 元左右的程度，似乎還滿符合國泰金近年來的盈餘分配水準。

3-11

富邦金
穩居金控獲利王寶座

對金融業而言，維持穩健的營運體質比追求獲利成長更重要，畢竟金融業是一個高槓桿的行業，對利率與股市變化的敏感度很高，因此在做資產配置與產品銷售時，都必須採取相對保守的態度，才能在各種黑天鵝事件發生時都有餘裕應對。既要採取穩健的經營策略、獲利又擁有大幅成長性看似不容易，但還是有少數金控成功達成這個目標，富邦金（2881）就是最具有代表性的一個例子。

富邦人壽》初年度保費收入高居各家壽險之冠

富邦金長期以來都是台灣最賺錢的一家金控，根據第 3 季財報，2024年累計前 3 季稅後淨利已達到約 1,213 億元，較 2023 年同期大幅成長達78%，前 3 季每股盈餘（EPS）達到 8.61 元（詳見表 1）。再根據富邦金於 12 月公布的自結獲利，累計 2024 年前 11 月稅後淨利達 1,406 億元，

表1 2024年前3季富邦金EPS達8.61元
——富邦金（2881）每股盈餘、現金股利、股票股利

年度	每股盈餘（元）	現金股利（元）	股票股利（元）
2020	8.54	3.0	1.0
2021	12.49	3.5	0.5
2022	3.54	1.5	0.5
2023	4.80	2.5	0.5
2024前3季	**8.61**	—	

註：股利於隔年發放　　資料來源：XQ 全球贏家

持續穩居所有金控之冠，前 11 月 EPS 更已高達 10.03 元。

富邦金的獲利之所以能如此突出的原因，在於旗下壽險事業富邦人壽先前把握高利率環境加碼投資債券，而股市布局也著重權值股，因此能在 2024 年時順利把握股市與債市上漲的行情，前 3 季總投資收入較前 1 年同期增加 459 億元，帶動獲利成長性超越其他金控的表現。

從各家子公司的獲利狀況來看，截至 2024 年第 3 季，富邦金約 64% 獲利來自壽險、20% 來自銀行，其餘來自證券、產險及其他子公司。

除了富邦人壽投資收益有成長，富邦人壽在保單銷售的部分也有不小的斬獲，2024 年前 3 季整體保費收入達到 2,611 億元，較前 1 年同期成長

9.7%，優於產業平均的 7.6%。其中初年度保費收入達到 842 億元，較前
1 年同期成長 15.6%（詳見圖 1），同樣優於產業平均的 13.1%，且金額
亦高居各家壽險之冠。

富邦人壽近幾年來特別注重績效與獎金制度，並積極延攬與挖角優秀業務
員，一方面讓保單銷售狀況逐步超車國泰人壽，悄然取代國泰人壽的霸主地
位，另一方面也逐步減少透過銀行與保經代理人銷售保單的比例，從而提升
整體保單的利潤率。

富邦銀行》信用卡手續費近乎翻倍成長

富邦銀行的部分，2024 年前 3 季的整體淨收益年成長約 17%，其中利
息淨收益年增 9.6%，是來自資產規模成長及淨利差提升，手續費淨收益成
長 39.7%，來自財富管理及信用卡收益的上升。

截至 2024 年前 3 季，企業和個人放款規模較 2023 年同期成長約
11%，和同業相比差異不大；淨利差則微幅上升至 1.15%，較前 1 年同期
成長 1 個基點（0.01 個百分點），相較於多家銀行的淨利差呈現衰退的情
況來看，富邦銀行在淨利差（NIM）管控的能力還算不錯。

富邦銀行 2023 年前 3 季到 2024 年前 3 季，平均存款利率從 1.62%

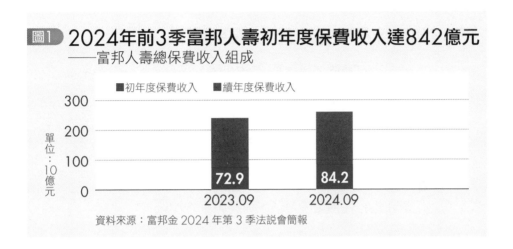

圖1 **2024年前3季富邦人壽初年度保費收入達842億元**
——富邦人壽總保費收入組成

資料來源：富邦金 2024 年第 3 季法說會簡報

升至 1.92%，平均放款利率從 2.9% 升至 3.05%，使得存放款利差縮小，從 1.28% 降至 1.13%。

在這樣的狀況下，富邦銀行還能讓整體的淨利差不減反增，主因是富邦銀行加碼配置收益率較高的美債部位，藉此抵消存款成本增加的壓力。富邦金看好企業拓展海外版圖與信貸需求不減的趨勢，全年放款規模可望成長約 1 成，接下來隨著聯準會（Fed）開始降息，淨利差也可能有提升空間。

在手續費淨收益方面，2024 年前 3 季年成長 39.7%，主要受惠股市多頭行情帶動財管商品銷售金額維持高速成長，以及信用卡手續費近乎翻倍的成長。

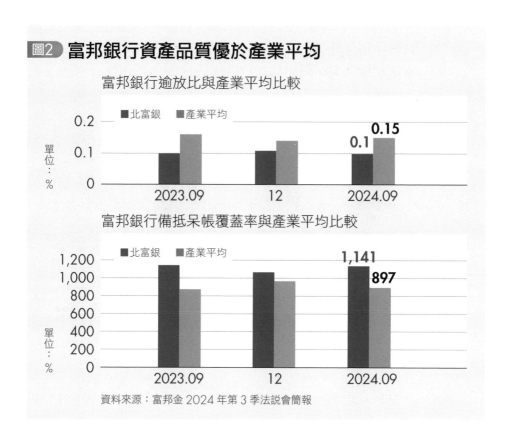

圖2 **富邦銀行資產品質優於產業平均**

富邦銀行逾放比與產業平均比較

資料來源：富邦金 2024 年第 3 季法説會簡報

在富邦銀行資產品質的部分，雖然海外分行的房貸案發生逾期放款，但因有擔保品，使整體虧損不致進一步擴大，讓富邦銀行逾放比維持在 0.11%、備抵呆帳覆蓋率約 1,141%，均優於產業平均（詳見圖 2）。

在股利發放的部分，富邦金近年的盈餘分配率也多在 32% ～ 50% 之間，

2021 年時富邦金每股盈餘（EPS）曾高達 12.49 元，當時是分配每股 3.5 元現金股利及 0.5 元股票股利。富邦金在 2024 年 11 月 26 日的法說會上，總經理韓蔚廷僅透露股利金額會反映經營成長，並按照富邦金往年的股利政策執行。

　從各個角度來看，富邦金在整個金融圈當中都是一家相當具有競爭力的公司。不僅壽險、銀行與證券規模都占據領先地位，整體獲利的成長性還能達到優於同業的水準，股價更在 2024 年大幅上漲超過 40%，可說是兼具上漲動能又具備配息潛力。

3-12

凱基金
發展均衡　獲利成長性佳

　　在最近這幾年，金融業之間的購併案變得愈來愈頻繁，為了提升規模經濟效益並拓展更多銷售通路的管道，有愈來愈多銀行、壽險與證券公司都紛紛趁著近幾年金融環境轉佳的好機會求售，使金融業寡占的情形愈來愈嚴重。在大者恒大的趨勢下，各項業務都擁有均衡發展的金控勢必會在未來擁有更好的競爭力，這當中自然少不了凱基金（2883）。開發金在 2024 年 10 月正式更名為凱基金，更名的用意除了在於凝聚整個集團的向心力，也能達到強化品牌形象、讓銀行擁有更高知名度的效果。凱基金的獲利約 56% 來自人壽、28% 來自證券、14% 來自銀行，其餘來自中華開發資本與其他子公司。

凱基人壽》避險成本下降、投資收益上揚

　　有別於大多數金控採取集權的管理方式，凱基金讓旗下各家子公司擁有更

大的發揮空間，藉此塑造出更有創意與靈活性的行銷策略，從而提升集團整體的競爭力。

2024 年以來，凱基金的獲利成長動能來自旗下壽險的避險成本降低與投資收益上揚，推升前 3 季稅後淨利達到 291 億元，較前 1 年同期成長66%，前 3 季累計每股盈餘（EPS）達 1.71 元，同期獲利成長性在 14 家金控當中排名第 3。另外還有一點值得注意的是，中華開發資本在 2024年上半年募集 4 檔新基金，讓資產管理規模提升至 624 億元，較 2023 年底成長 16%，使未來每年能收取的管理費增加約 1 億元，有助整體獲利能力逐步提升。

2024 年以來在台股由權值股領漲的趨勢下，台灣各家壽險獲利普遍都擁有不小的成長幅度，而截至第 3 季為止，凱基人壽的投資資產規模將近 2兆 3,000 億元，投資報酬率為 4.17%。先前公司原本認為在台灣與美國之間利差擴大的環境下，避險成本不容易下降；不過受惠台灣央行延續打房政策，在未來幾季台灣仍有升息空間，而美國已步入降息循環，2024 年前 3季的避險成本已降至 1.14%（2023 年同期為 1.27%），如有機會續降，整體獲利可望有再向上成長的動能。在保費收入的部分，凱基人壽雖逐步降低投資型商品的銷售比重，但健康險與意外險新保單的銷量卻未能彌補缺口，導致整體保單銷售狀況遜於同業。凱基人壽目前處於轉型階段，由於公司規模相對較大，短期內商品設計與行銷模式還不容易有太大的改變，導致

未來幾季初年度等價保費收入還有再下滑的風險。

凱基證券》受惠台股交投熱絡，獲利年成長40%

　　受惠台股在 2024 年前 3 季每日成交金額維持在 3,000 億元以上的水準，也帶動同期凱基證券的經紀業務獲利，較同期大幅成長 40%；且在新冠肺炎疫情趨緩與股市維持高檔的環境下，不少公司把握機會登錄興櫃或是轉上市櫃，讓目前在股票與債券承銷市占率維持霸主地位的凱基證券成為主要受惠者。未來除了台股成交金額維持高檔會有助於經紀業務延續獲利性，在電子產業陸續拓展海外版圖的趨勢下，勢必還會有更多籌資需求，有助凱基證券獲利維持一定的成長性。

凱基銀行》各項業務具一定成長性

　　凱基銀行的營運規模雖然比同業更小，但截至 2024 年前 3 季的表現，其營運趨勢並沒有較差，放款規模有 14% 的年成長、淨利差（NIM）有 1.31%，來自財管商品銷售及信用卡等整體手續費淨收益也有高達 44% 的年成長，可見凱基銀行各項業務都擁有一定的成長性。唯一需要留意的是凱基銀行的資產品質，逾放比達到約 0.29%，備抵呆帳覆蓋率僅 462%，顯示凱基銀行的資產品質較同業更弱，若未來發生黑天鵝事件導致整體經濟環境轉差，凱基銀行的營運風險會比同業更大。

表1 **2024年前3季凱基金EPS達1.71元**
──凱基金（2883）每股盈餘、現金股利、股票股利

年度	每股盈餘（元）	現金股利（元）	股票股利（元）
2020	0.87	0.55	0.00
2021	2.34	1.00	0.00
2022	0.98	0.00	0.00
2023	1.13	0.50	0.00
2024前3季	**1.71**	－	

註：股利於隔年發放　　資料來源：XQ 全球贏家

　　整體而言，凱基金算是一家發展相對均衡的金控，旗下的子公司雖然有各自的優勢與劣勢，但整體表現仍是瑕不掩瑜。日前凱基金管理層亦表示未來每年的股利發放金額都會控制在相對穩定的水準。凱基金近 10 年來都是以配發現金股利為主，不過曾有一次配息掛零紀錄；當時是凱基金購併擁有大量股債資產的中國人壽，因 2022 年股債雙跌，使得凱基金帳上出現大幅未實現損失，因此無法達到可分配盈餘的門檻。

　　不過 2023 年的盈餘分配就恢復正常了，當年 EPS 為 1.13 元（詳見表1），於 2024 年配息 0.5 元，盈餘分配率約為 44%。而隨著 2024 年獲利成長，凱基金控總經理楊文鈞也在 12 月初出席活動時表示，2025 年分配盈餘時會配得更好，與獲利成長幅度不會有太大的落差。

3-13

新光金
完成合併前仍有利可圖

　　我們在前文提到了台新金（2887）購併新光金（2888）的機會與挑戰（詳見 3-8），這篇文章則將主角換成新光金，和大家聊一聊它在這起合併案中的機會。從過去的歷史經驗來看，無論是合意購併或是非合意購併，最後成功的機率平均只有約 1/3，而不成功的機率也是約 1/3，剩餘 1/3 則不算成功也不算失敗，也就是 2 家公司在合併後並沒有創造出額外的綜效，整體獲利表現仍跟原來差異不大。因此在一件購併案中，其實購併方並不一定會真正受惠；反倒是收購價格若高於被購併方當時的合理價格，則對被購併方而言就算是談了 1 筆好買賣。

合併案有助新光金股價

　　台新金的購併條件是以 0.672 股台新金普通股加上 0.175 股辛種特別股換取新光金 1 股的方式進行購併，其中特別股的年利率是 1.665%，必須

在持有 3 年後才會由台新金全數收回。

　　雖然台新金的收購價低於新光金的每股淨值（編按：以 2024 年 12 月 3 日收盤價換算，台新金收購價相當於每股 13.51 元，新光金於同年第 3 季底之每股淨值約 16.1 元，但由於新光人壽為了接軌 IFRS 17 及 TW-ICS（詳見名詞解釋），未來幾年很可能必須再增資超過 1,000 億元；若將這筆成本考量進來，以新光金目前市值約 2,100 多億元、股東權益約 2,800 多億元評估，這筆買賣對新光金而言並不虧。

　　以 2024 年 12 月 3 日的收盤價來看，0.672 股台新金（17.5 元×0.672 = 11.6 元）和 1 股新光金（11.75 元）的價格差異不大來看，

💰 名詞解釋

IFRS 17（國際財務報導準則第17號）「保險合約」
IFRS 17「保險合約」是規範保險合約衡量及表達的會計處理準則。過去在國際上並無一致標準，較難比較不同國家之保險業者財務狀況與績效，經多年研議，於2023年生效，台灣預計於2026年適用。

TW-ICS（新一代清償能力制度）
國際保險監理官協會（IAIS）於2019年11月通過保險資本標準2.0版（ICS 2.0）由，主軸在於以公允價值衡量資產與負債，各國可在地化調整。台灣為接軌IFRS 17並反映保險業經營風險，則制定「TW-ICS」，又稱為台版ICS。

上述新制將改變保險公司自有資本、風險資本及負債等計算方式，可能導致部分保險公司的帳上負債大增以及影響清償能力的衡量，部分公司將須大幅增加自有資本以符合新制的清償能力標準。

顯示大多數投資人對 0.175 股辛種特別股並沒有很買單。

不過換一個角度來想，台新金提供的條件等於每持有 1 張新光金就能換到幾乎是同等價值的台新金，並附贈面額約 1,750 元的特別股，其實可以把這個特別股當成一個在 3 年後能拿到的股東會「贈品」。

雖然這個「贈品」的年利率不高、且要在 3 年後才能賣回給台新金並拿回本錢，但畢竟以目前雙方的股價來看，並不需要額外付出太多成本就能取得這個贈品，且面額也不算太少，這就讓新光金還是有一定的投資價值。當然，由於這個贈品需要持有較長的期間，因此新光金的股價不太可能會漲到完全等於 0.672 股台新金普通股加上 0.175 股辛種特別股的價格；且這段期間因新光金股價會跟台新金連動，有一定的持有風險，在投資前需要思考這些取捨。

新光金的營運結構是以新光人壽（以下簡稱新壽）為主，根據 2024 年前 3 季數據，新壽獲利貢獻約占 58%，其次為新光銀行占約 28%，其後為元富證券，以及投信、創投等事業。

新光金在 2023 年度是 14 家金控裡唯一虧損的金控，進入 2024 年後，則分別於 1 月、8 月出現單月虧損，不過累計 1 月～9 月仍擁有累積稅後淨利約 196 億元，每股盈餘（EPS）為 1.24 元（詳見表 1）。

表1 2024年前3季新光金EPS達1.24元
——新光金（2888）每股盈餘、現金股利、股票股利

年度	每股盈餘（元）	現金股利（元）	股票股利（元）
2020	1.12	0.40	0.0
2021	1.67	0.40	0.0
2022	0.10	0.0	0.0
2023	-0.48	0.0	0.0
2024前3季	**1.24**	—	

註：股利於隔年發放 資料來源：XQ全球贏家

　　新壽近幾年來為了接軌 IFRS 17 並提升保單銷售的實質獲利，持續降低利潤較差的投資型保單銷售，導致過去幾年保單銷售金額與市占率有所下滑；不過 2024 年前 3 季在美元維持相對強勢的帶動下，使外幣保單銷售動能回溫，並帶動初年度等價保費收入較同期成長，新契約的合約服務邊際（CSM）也出現成長，整體保單銷售與利潤正式回到成長軌道。在資產配置上，新壽偏重海外固定收益資產，其中又以高評級公司債為主。在債券利息上升與避險策略優化的帶動下，讓新光人壽避險後的投資報酬率於 2024 年前 3 季回升至 3.92% 的水準，較往年表現明顯改善（2023 年同期為 3.04%）。

　　不過也因為新壽持有超過新台幣 2 兆元的海外資產，且大部分是美元資產，因此匯率的變動經常影響其帳上獲利，例如美元兌新台幣貶值時就會對

新壽造成衝擊，美元兌新台幣升值時則會出現匯兌利益。

　銀行的部分，2024 年前 3 季放款規模年成長約 10%，較 2023 年底成長約 5%。而受惠於存放比提升與資金運用效益提高，淨利差自 2023 年前 3 季的 1.19%，逆勢提升至 1.22%，也帶動整體利息淨收益年成長 8%。

　手續費淨收益方面，則得益於財管商品熱銷，推升整體手續費收入較同期成長達 32%，使銀行整體獲利在前 1 年的高基期下還能持續向上攀升。

　資產品質的部分則是相當優秀，截至 2024 年第 3 季，逾放比維持在 0.12%，備抵呆帳覆蓋率則為 1,086%。

　整體而言，新光金未來併入台新金後雖然還有很大的變數，但這對目前身為新光金的股東影響並不會太大；真正需要關注的是新光金在正式被合併前的營運表現。

3-14

~~元大金~~
證券成長性不如預期強勁

自從 2024 年第 3 季以來，台股的波動便開始加劇，受到政治動盪與經濟環境充滿不確定性的影響，導致資金傾向短進短出，也使類股輪動變得更加頻繁；台股日均成交金額更是從先前 4 到 7 月動輒超過 5,000 億元，下滑至不到 4,000 億元的水準，也導致 2024 年以來元大金（2885）這檔以證券公司為主體的金控股，獲利成長表現顯得相對平淡。

證券市占率第一，交投熱絡程度牽動業績表現

元大金獲利約有 47% 來自證券、32% 來自銀行、15% 來自壽險，其餘來自投信、期貨等其他子公司。

此期間受惠股市延續多頭行情，帶動新戶數增加，使原本就居於龍頭的元大證券經紀業務市占率，進一步提升到 13.3%（詳見表 1），拉開與第 2

表1 2024年前3季元大證券經紀業務市占率達13.3%
——經紀業務市占率前5名證券公司

證券公司	2023年	2024年前3季
元大證券	12.8%	**13.3%**
凱基證券	11.1%	10.5%
富邦證券	7.6%	7.2%
永豐金證券	4.8%	4.7%
國泰證券	4.0%	4.1%

資料來源：元大金 2024 年第 3 季法說會簡報

名凱基證券之間的差距。

不過也因為第 3 季開始受到台股成交金額萎縮、自營部獲利下滑以及旗下壽險因債券價格下跌等影響，元大金 2024 年前 3 季的累計稅後淨利 270 億元，僅較前 1 年同期成長 15.1%，每股盈餘（EPS）則為 2.09 元（詳見表 2）。儘管獲利成長幅度仍比許多銀行股更高，但在 2024 年股市行情大好的環境下，這樣的成長性其實並不能算是特別突出。

從元大金旗下子公司的各項業務來看，無論是在經紀、債券、融資、期貨交易或是 ETF 發行等領域，都穩定維持市占率第 1 名的地位。背後的關鍵除了在於元大金在證券市場具有先行者優勢，公司也早在 20 年前便積極提升財務工程的能力；這不僅讓元大證券的投資效率更高、自營部單季獲利達

表2 **2024年前3季元大金EPS達2.09元**
——元大金（2885）每股盈餘、現金股利、股票股利

年度	每股盈餘（元）	現金股利（元）	股票股利（元）
2020	1.99	1.2	0.00
2021	2.87	1.5	0.30
2022	1.72	0.8	0.15
2023	2.09	1.1	0.20
2024前3季	**2.09**	—	

註：股利於隔年發放　　資料來源：XQ 全球贏家

到 10 億元以上的水準成為家常便飯，也讓元大證券能提供更即時的資訊給客戶，從而提升經紀與期貨業務的服務品質。

從經濟合作暨發展組織（OECD）發布的「OECD 領先指標」來看，目前曲線仍處於上行趨勢，顯示經濟成長率在未來 6 個月內（編按：自 2024 年 11 月起算）就步入衰退的可能性不高。從過去股市的表現來看，美國總統大選前後 1 個月的平均報酬率雖然都為負值，但是通常在選後的 2 ～ 6 個月就會轉正；從降息指標來看，過去聯準會（Fed）採取預防性降息的政策時，股市在 3 個月後的平均報酬率為 5%，並且於 6 個月後更會進一步提升至 18%。上述這 3 個指標都顯示股市在未來幾個月是有機會延續動能的，一旦市場情緒能恢復信心，台股日均成交金額就有機會回升，自然也就能帶動元大證券經紀與自營業務的獲利回溫。

銀行資產品質穩健，股利成長機會高

銀行的部分，截至 2024 年第 3 季雖然受到資金成本上揚的影響，導致淨利差（NIM）縮水至 0.89%；不過在利率較高的外幣放款規模提升下，使元大銀行的利息淨收益維持正成長，表現比大多數同業更穩定。不過有一點需要留意的是，元大銀行約有 41% 放款部位來自房貸，在台灣央行陸續祭出打炒房政策的影響下，未來元大銀行的放款成長性有可能會受到壓抑，整體利息淨收益不容易出現太大的成長性。

手續費收益相關業務的部分，元大銀行 2024 年前 3 季成長性和同業差異不大，主要也是受惠基金跟保單等財富管理商品銷售量增加，帶動手續費淨收益年增 39%。元大銀行優勢在於證券與投信推出的商品擁有較高的市占率，使元大銀行銷售財管商品的成本較低，成為獲利性優於同業的關鍵。

資產品質的部分，元大銀行的規模雖然不大，但逾放比卻能維持在 0.04%，備抵呆帳覆蓋率更是高達 3,545% 的水準（詳見表 3），比大多數同業都更穩健，也是所有金控旗下銀行當中表現最佳者。

2024 年 8 月下旬之後台股成交金額雖有所下滑，讓證券經紀業務的成長性面臨停滯，而自營操作的難度也因盤勢波動而提升；但相較數年前台股日均成交金額一度下滑至不到 1,000 億元以及大盤一年漲幅不到 10% 而

表3 2024年前3季元大銀行逾放比僅0.04%
——元大銀行逾放比vs.備抵呆帳覆蓋率

	2023		2024		
	Q3	Q4	Q1	Q2	Q3
逾放比（%）	0.15	0.03	0.04	0.04	**0.04**
備抵呆帳覆蓋率（%）	897.70	4,229.40	3,320.30	3,341.70	3,545.20

資料來源：元大金 2024 年第 3 季法説會簡報

言，目前金融市場的環境仍算是相對健康。只要能順利度過短期的震盪期，元大金未來還是會有一定的表現機會。

　　最後再來看元大金的股利發放紀錄，近年來基本上是以現金股利為主，有時會輔以低比率的股票股利，近幾年盈餘分配率約在 60% 上下。根據元大金於 2024 年 12 月公布的前 11 月自結獲利達 340 億 6,600 萬元創下歷年新高，累積 EPS 達 2.63 元，法人也預期 2025 年股利有很高的機會成長。

3-15

國票金
降息環境下獲利有望成長

2023 年～ 2024 年上半年以來在股市大幅上漲、理財商品熱銷的環境下，不少金控的營運也跟著迎來難得一見的好光景，並帶動股價跟著水漲船高；然而，這個狀況並沒有發生在國票金（2889）身上。

國票金是 14 家金控當中唯一以票券業務為主的金控公司，在行動支付逐步取代傳統票券的影響下，讓票券市場這幾年的表現並不理想，也使國票金在 2024 年營運相當平淡。

根據國票金於 2024 年 9 月的法說會資料，自 1 月～ 8 月國票金獲利約有 65% 來自票券、約 41% 獲利來自證券、約 5% 來自創投、樂天商銀虧損金額則侵蝕整體獲利近 11%。

國票金的票券業務獲利模式，是透過發行短期票券並投資長期債券的方式

表1 **2024年前3季國票金EPS僅0.48元**
——國票金（2889）每股盈餘、現金股利、股票股利

年度	每股盈餘（元）	現金股利（元）	股票股利（元）
2020	1.12	0.65	0.350
2021	1.30	0.65	0.500
2022	0.41	0.00	0.000
2023	0.58	0.73	0.246
2024前3季	**0.48**	—	

註：股利於隔年發放　　資料來源：XQ 全球贏家

以從中賺取利差（即「養券」）；而 2024 年上半年受到聯準會（Fed）延續高利率政策的影響，使短天期票券利率仍維持在與長天期相當的水準，因此在長短天期利率相當的情況下，使票券業務的獲利性沒有太大的成長空間。在這樣的環境下，國票金 2024 年前 3 季累計稅後淨利 16 億 9,300 萬元，年成長僅 6.2%，獲利成長性在 14 家金控當中排名倒數第 2；前 3 季累計每股盈餘（EPS）為 0.48 元（詳見表 1），也敬陪末座。

加碼布局高利率債券，提升利差與資本利得

為了因應票券業務的成長性面臨停滯，國票金旗下的國際票券近 2 年持續加碼布局高利率的投資級債券，目標是要在未來幾年聯準會降息的環境下，維持穩定的利息收入並創造資本利得。

截至 2024 年 8 月底，國際票券持有外幣債券的部位已達到超過 320 億元的水準，並將存續期間拉長至 6 年以上，預期在美國聯準會（Fed）步入降息循環的趨勢下，布局外幣債券的效益將逐步顯現。

另外，國際票券目前也持續優化新台幣債券的結構，信用評等達中華信評 twAA- 以上的債券占比達到 89%（詳見圖 1），且養券利差也已經回到年初時的水準。公司認為新台幣債券目前已走出空頭氛圍，未來央行若因打房政策而持續升息，將會適時加碼部位，以提升養券利差與未來可認列的資本利得。除了提升利息收入並降低投資風險，國際票券也持續降低國外銀行資金占比以減少資金成本；透過積極吸引國內銀行、投信基金、民間法人與自然人資金的方式，使國外銀行占國際票券的資金比重下滑至 33%。公司也預期，在聯準會於 2024 年、2025 年這 2 年，降息幅度達到 1 至 1.5 個百分點的環境下，整體利差將能有大幅改善，可望帶動 2025 年獲利回到顯著成長的軌道。

證券業務的部分，2024 年以來公司雖然在經紀、自營與承銷等業務的營運表現都有所成長，但若和同業相比，自營與承銷的獲利成長性其實不能算高。2024 年受到股市波動較劇烈的影響，導致國票證券旗下自營業務的獲利成長性並未跟上大盤腳步，公司目前將重心放在期貨、選擇權與量化交易，希望透過建立更有效的套利模型以創造穩定獲利，並降低主動式交易所面臨的風險。

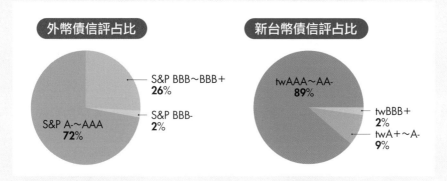

圖1 twAA-以上之高評級新台幣債券占比達89%
──國際票券外幣債信評占比vs.新台幣債信評占比

外幣債信評占比

- S&P BBB～BBB+ **26%**
- S&P BBB- **2%**
- S&P A-～AAA **72%**

新台幣債信評占比

- twAAA～AA- **89%**
- twBBB+ **2%**
- twA+～A- **9%**

註：1. 外幣債券部分，S&P（標準普爾）信用評級以AAA為最高等級，其後依序為AA、A、BBB，皆為投資等級；2. 新台幣債券部分，中華信評的等級中以twAAA為最高級別，其次為twAA，而twA至twBBB亦皆為投資等級
資料來源：國票金2024年9月19日法說會簡報

創投的部分，公司目前的產業配置仍以半導體、餐飲與金融科技等產業為主，並將投資期間設定為2年～3年，以賺取投資標的未來發行IPO（註1）轉上市櫃的行情。

行動支付市場競爭激烈，樂天商銀短期難轉盈

台灣首家純網銀樂天商銀，近幾年來對國票金而言一直是整體獲利的拖油瓶，公司預估2024年累計虧損金額恐達6億元水準，和前1年表現差異

不大。雖然國票金目前將樂天商銀定位在初期累積客戶數與資金規模的階段，而整體開戶數與存放款餘額也確實有不小的成長，但因目前市場競爭也轉趨激烈，使樂天商銀在未來 3 年內還看不到轉盈的可能性。

整體來說，2024 年以來國票金獲利成長性不算理想，而近年的股利配發紀錄中，2022 年雖有獲利，但因為當年美國升息，使得公司帳上的債券價格大幅下跌，為維持穩健原則，隔年時並未分配盈餘給股東（詳見表 1）。到了 2023 年回升後，才又在 2024 年時恢復配發股利。

未來 2 年，在聯準會步入降息循環的帶動下，票券與債券業務的獲利性都有看到轉佳的空間；只要旗下樂天商銀的虧損金額沒有再進一步擴大，國票金在 2024 年獲利基期低的優勢下，2025 年營運確實是有機會達到一定的成長性，有興趣的投資者可再持續追蹤。

註 1：IPO（Initial Public Offering）：首次公開發行，企業透過證券交易市場首次公開發行股票，以供投資者認購，以期募集用於企業發展資金的過程。

Chapter 4

投資報告2

市值型、槓桿型 ETF

————— **4-1** —————

元大台灣50
國內最經典的老牌ETF

近年在高息型 ETF 林立的環境下，許多老牌 ETF 的討論熱度不如以往，其中也包含台灣第 1 檔成立的 ETF——元大台灣 50（0050）。元大台灣 50 早在 2003 年 6 月就發行，在過去這 21 年多以來，元大台灣 50 的規模長期大於其他 ETF，資產規模已達到約 4,100 億元的水準（截至 2024 年 11 月 29 日，詳見表 1）。

具汰弱留強機制，各產業領頭羊盡收囊中

元大台灣 50 的篩選條件很簡單，就是挑出台灣市值最大的 50 家公司；雖然它還有公眾流通量（Free Float）與流動性檢驗等篩選條件，但基本上市值前 50 名的公司都會符合要求。元大台灣 50 會在每年 3 月、6 月、9 月、12 月定期審核成分股，前 10 大成分股包含大家熟知的台積電（2330）、鴻海（2317）與聯發科（2454）等大型權值股（詳見表 2）。儘管持股

表1　0050規模逾4100億元，稱霸台灣ETF市場
──元大台灣50（0050）基本資料

成立日期	2003.06.25	上市日期	2003.06.30
資產規模	4,102億元	追蹤指數	臺灣50指數
除息月份	1月、7月	領息月份	2月、8月
配息頻率	半年配	成立以來年化報酬率	11.44%
累積報酬率	近1年	近3年	成立以來
	46.85%	50.14%	915.26%

註：1. 報酬率皆以市價計算，資產規模四捨五入至億元；2. 資料時間為 2024.11.29
資料來源：元大投信、MoneyDJ

集中度相當高，但這些大公司都在各自領域掌握領先地位，且元大台灣 50 定期依照市值調整成分股的策略也能達到汰弱留強的效果，讓台灣最具有競爭力的公司都納入投資組合中。

經濟前景佳，與大盤連動性高的0050表現可期

元大台灣 50 與加權指數的連動性相當高，因此我們從總經與產業面來分析元大台灣 50 未來的展望。以現在這個時間點來看，相信不少人對於未來整體股市究竟能否延續多頭行情有所存疑，在總經與產業面都有雜音的情況下，要分辨目前究竟是處在大盤回檔後的反彈逃命波，抑或是即將開啟一波新的多頭循環並不是件易事。

從總體經濟的角度來看，隨著通膨逐步降溫，美國聯準會（Fed）終於在 2024 年 9 月開始步入降息循環；只要接下來美國經濟能如預期軟著陸，2024 年、2025 年合計降息幅度將有機會達到降息 6 碼的水準；若真的實現，將大幅降低企業融資成本，無疑會為股市帶來不小的貢獻。

雖然市場擔憂美國經濟有出現衰退的疑慮，不過各項經濟數據都表明美國經濟成長率距離真正的衰退還有一大段距離，就業數據也都維持在相對健康的水準，且信貸指數也仍處在長期平均的水準，顯示違約風險並沒有大幅增加，美國經濟在短期內還看不到真正步入衰退的訊號。

根據國際貨幣基金組織（IMF）在 2024 年 10 月的預估，美國 2024 年的經濟成長率為 2.8%，2025 年預估為 2.2%。而根據主計總處的預測，2024 年及 2025 年台灣的經濟成長率分別為 4.27% 及 3.29%。在地緣政治衝突的影響下，美中兩國對台灣供應鏈的需求都同步向上，有助貨物出口量維持成長性，帶動台灣經濟成長率明顯高於美國水準，並有助於國際資金往台灣流動。

從產業面的角度來看，只要科技持續進步，供應鏈就會迎來新商機，營收與獲利自然也會跟著成長。當前因處在美國 AI 晶片巨頭輝達（NVIDIA）推出下一代晶片前的空窗期，導致出貨成長性開始放緩；再加上投入 AI 伺服器的資本支出難以在短期內回收成本，使市場擔憂行情被過度放大、未來甚

表2 台積電為0050第一大持股
——元大台灣50（0050）前10大成分股

代號	成分股	持股比重（％）	代號	成分股	持股比重（％）
2330	台積電	56.52	2881	富邦金	1.68
2317	鴻海	5.42	2891	中信金	1.44
2454	聯發科	4.38	2882	國泰金	1.42
2308	台達電	1.93	3711	日月光投控	1.21
2382	廣達	1.86	2303	聯電	1.20

註：資料時間為 2024.11.29　　資料來源：元大投信

至有泡沫化的可能性。

其實從愈來愈多應用都開始導入 AI 來看，就會發現這個產業的投資絕對不可能在短期內就畫上休止符。包含微軟（Microsoft）、亞馬遜（Amazon）與 Google 等主要雲端服務供應商（CSP）都將 AI 視為提升競爭力的關鍵，市場預測這些公司在 2025 年、2026 年的資本支出都會持續成長（詳見圖 1）。

為了在未來的 AI 市場掌握主導權，他們並不急於在短期內就開始收割投資成果，因為這些公司看準的是未來 AI 將為多個產業創造千億美元以上的商機。在產業繼續成長的帶動下，半導體、零組件與組裝等領域都掌握優勢的台廠，自然會因此受惠，有助台股整體表現比其他國家更強勢。

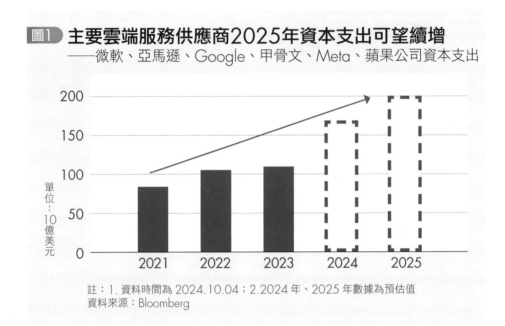

圖1 **主要雲端服務供應商2025年資本支出可望續增**
——微軟、亞馬遜、Google、甲骨文、Meta、蘋果公司資本支出

註：1. 資料時間為 2024.10.04；2.2024 年、2025 年數據為預估值
資料來源：Bloomberg

成立以來累積報酬率達915%，表現優異

　　大多數 ETF 因發行期間不夠久，只能透過回測的方式以作為績效的表彰，元大台灣 50 是極少數能拿出長期實績、且報酬率相當亮眼的 ETF。元大台灣 50 成立 21 年多以來，截至 2024 年 11 月底累積報酬率已達到 915% 水準，換算年化報酬率約為 11.44%，這個表現比許多個股及其他金融資產更優異。儘管過去 10 多年來歷經金融海嘯、中美貿易戰與俄烏戰爭等因素的干擾，但只要願意保持耐心地長期投資，投資組合囊括各產業績優股的元

表3 **0050殖利率多在3%左右**
——元大台灣50（0050）配息紀錄

股利發放年度		當期股利（元）	年度合計（元）	年均殖利率（％）
2020	H1	2.90	3.60	3.71
	H2	0.70		
2021	H1	3.05	3.40	2.48
	H2	0.35		
2022	H1	3.20	5.00	4.09
	H2	1.80		
2023	H1	2.60	4.50	3.61
	H2	1.90		
2024	H1	3.00	4.00	2.35
	H2	1.00		

註：1. 年均殖利率採當年合計股利與年均股價計算；2. 資料時間為 2024.11.29
資料來源：Goodinfo! 台灣股市資訊網

大台灣 50，絕對能繳出理想的成績單。

　　現階段元大台灣 50 採取半年配息 1 次的頻率，2024 年 2 次股利發放的金額合計達到 4 元，以年均股價計算，殖利率約 2.35%。元大台灣 50 的成分股比較不是以高殖利率為導向，有些是還在成長階段的公司，會傾向保留較多資金以因應未來投資所需，盈餘分配率相對較低；有些權值股則因為本身就享有較高的市場評價，因此殖利率也偏低，也使得元大台灣 50 整體的殖利率，長期處在平均約 3% 上下的水準（詳見表 3）。

雖然元大台灣 50 的殖利率不高，但其成分股會擁有更大的股價上漲空間，這些公司的長期競爭力會逐步與高殖利率股之間拉開差距，使元大台灣 50 擁有更出色的長期績效。

整體而言，元大台灣 50 的選股條件雖然很單純，殖利率不高，甚至投資部位還高度集中在單一個股；不過元大台灣 50 用實際績效證明它的價值，長期年化報酬率高達 11.4% 的表現，已遠遠超越台灣的長期通膨率與經濟成長率，這讓元大台灣 50 成為流動性高且進入門檻低的投資利器。

對大多數人而言，若要靠自己的力量在股票市場長期獲利，除非能對某個產業或公司的動態瞭如指掌，並比大多數人更早發現投資標的潛力所在，否則別說是要讓績效超越大盤表現，甚至還可能因消息落後法人圈，而常常落入小賺大賠的窘境。在沒有足夠時間研究投資或無法取得第一手消息的情況下，長期績效穩定、又具有好口碑的元大台灣 50，絕對會是一個值得考慮的好選擇。

4-2

富邦台50
高度相似0050 費用更低廉

　　近 2 年來在 AI 浪潮的帶動下，使台股大盤一路漲破 2 萬點大關，並頻頻刷新歷史高點的紀錄；不少投信把握難得一見的行情，積極推出各種主題與風格的 ETF，滿足不同投資人的各種需求並有效提升知名度與市占率。

　　以短期趨勢來看，儘管許多新成立的半導體與高息型 ETF 確實都有其特別之處，在目前競爭轉趨激烈的 ETF 市場成功打造出獨特性；但以長期投資的角度而言，每年主流產業往往會有所輪動，若將資金重壓在單一產業，其實風險並不小，自己還可能得花費更多心力追蹤產業動態，耗神又不見得能賺取高報酬。

　　在這種情況下，挑選與大盤連動度高的市值型 ETF 比較能讓人安心長抱、績效通常也都有一定的水準，除了最老牌的元大台灣 50（0050），成立較晚的富邦台 50（006208）也是投資大盤的好選擇。

表1 006208同樣追蹤臺灣50指數
—— 富邦台50（006208）基本資料

成立日期	2012.06.22	上市日期	2012.07.17
資產規模	1,724億元	追蹤指數	臺灣50指數
除息月份	7月、11月	領息月份	8月、12月
配息頻率	半年配	成立以來年化報酬率	14.98%
累積報酬率	近1年	近3年	成立以來
	46.89%	50.55%	464.60%

註：1. 報酬率皆以市價計算，資產規模四捨五入至億元；2. 資料時間為 2024.11.29
資料來源：富邦投信、MoneyDJ

績效表現與0050相當，但經理費率僅0.15%

　　富邦台 50 在 2012 年 6 月成立、7 月上市，與元大台灣 50 同樣是追蹤臺灣 50 指數（詳見表 1），會在每年的 3 月、6 月、9 月、12 月定期調整成分股。富邦台 50 的篩選原則和元大台灣 50 差異並不大，都要求成分股的公眾流通量至少要達 5%，且在過去 12 個月中必須至少有 10 個月的股票周轉率是高於 1%，接著再挑選出市值排名前 50 大公司作為成分股。

　　所謂的公眾流通量是指股票實際可供交易的數量，由於公司的股份可能會長期由部分大股東所持有、平常不會在市場上交易，因此富邦台 50 才會設定 5% 的門檻，避免面臨流動性不足的問題。

表2 **006208前3大成分股為台積電、鴻海、聯發科**
——富邦台50（006208）前10大成分股

代號	成分股	持股比重（％）	代號	成分股	持股比重（％）
2330	台 積 電	56.52	2881	富 邦 金	1.68
2317	鴻 海	5.49	2891	中 信 金	1.44
2454	聯 發 科	4.37	2882	國 泰 金	1.42
2308	台 達 電	1.94	2303	聯 電	1.20
2382	廣 達	1.82	3711	日月光投控	1.20

註：資料時間為 2024.11.29　資料來源：富邦投信

　　富邦台 50 常被拿來和元大台灣 50 比較，畢竟這 2 檔 ETF 追蹤的指數都一樣，成分股結構也差異不大，前 3 大成分股都是台積電（2330）、鴻海（2317）與聯發科（2454），使得這 2 檔 ETF 每年的績效表現相當接近（詳見表 2）。

　　而觀察它成立以來 12 年多的表現，累積報酬率為 464%，換算年化報酬率則為 14.98%。

　　相較於元大台灣 50，雖然富邦台 50 因較晚上市，導致知名度較低，使規模與成交量都低於元大台灣 50 的水準；但富邦台 50 收取的經理費率僅達 0.15%，比元大台灣 50 的 0.32% 更便宜，也就是在同樣都投資 100 萬元的情況下，富邦台 50 每年收取的經理費用會少 1,700 元，長期累積

下來也是一筆不小的金額。

降息環境下的資金流對股市有正面影響

富邦台 50 雖然是個適合長期投資的標的，但以 2024 年台股在 2 萬點以上的高水位來說，相信還是會有不少人無法放心進行長期投資，而更傾向把握短線獲利並落袋為安。我們在 4-1 已經和大家分析過總經與產業面各自需要留意的短期因素，其實無論是從哪個角度來看，先前導致股市下跌的因素都不具延續性，這些利空也已經逐步被消化。市場上普遍看好 2025 年經濟仍會維持正成長，大多數產業則在 AI 帶動下迎來更強勁的動能，市場情緒已有所回溫。

除了總經與產業面，資金流也是一個可以關注的重點。美國在 2020 年時為了因應疫情衝擊並刺激經濟，貨幣市場基金規模從 2020 年 1 月的 3 兆 6,000 億美元迅速提升至 2020 年 5 月的 4 兆 5,000 億美元，當時市場曾認為這是短期現象，未來隨著超額儲蓄回落至正常水準，貨幣市場基金規模也會跟著萎縮。

然而，到了超額儲蓄用盡的時候，貨幣市場基金規模其實只有小幅回落，隨後又在高通膨與聯準會（Fed）快速升息的影響下，導致市場資金轉進國庫券，使貨幣市場基金規模跟著攀升達到約 6 兆 6,700 億美元的水準（資

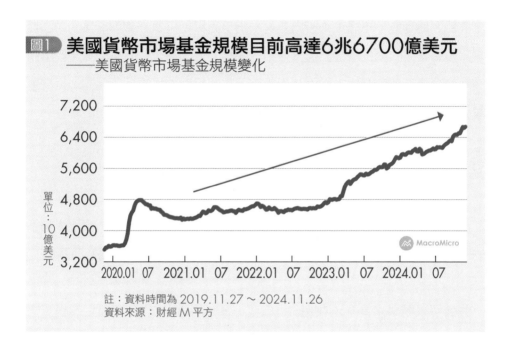

圖1 **美國貨幣市場基金規模目前高達6兆6700億美元**
──美國貨幣市場基金規模變化

註：資料時間為 2019.11.27 ～ 2024.11.26
資料來源：財經 M 平方

料日期為 2024 年 11 月 26 日），創下歷史新高（詳見圖 1）。

隨著美國即將步入降息循環，再加上 2025 年上任美國總統的川普
（Donald Trump），傾向推動弱勢美元以提升美國貨物的出口表現，而使
美國國庫券的吸引力降低，這些資金很有可能會轉向其他金融商品，其中自
然也包含股票。

雖然會投資國庫券的資金以保守的投資人居多，不大容易成為股市接下來

創高的主要動能；不過未來股市若再次出現回檔，只要經濟與產業的中長期展望沒有太大的變化，在評價變得相對便宜的情況下，就有可能會開始吸引這些資金成為低接買盤，從而減少股市下跌的幅度並縮短下跌期間，近期台股大盤之所以能在急跌後的短期內就回彈，也和資金流有一定的關聯性。

定期定額投資006208，報酬可觀

在總經、產業與資金面都對股市有利的情況下，後續股市要再出現大幅下跌的可能性其實不高，現在開始定期定額投資富邦台 50 仍算是為時不晚。

我們可以簡單試算，若在過去 10 年，每月用 5,000 元定期定額投資富邦台 50 並將領到的配息再投入，總共會支付 60 萬元本金，而累積到的資產市值將近 149 萬元，總報酬率達 148%，成長幅度非常可觀。

富邦台 50 每年會配息 2 次，除息時間點落在每年 7 月與 11 月，領息月份約在 8 月和 12 月；而元大台灣 50 則是 1 月與 7 月除息，領息月份 2 月與 8 月。近幾年富邦台 50 的年均殖利率大多落在 3% 上下（詳見表 3），和元大台灣 50 的水準差異不大。

整體而言，富邦台 50 的成分股結構、績效表現與殖利率水準都和元大台灣 50 極為貼近，雖然富邦台 50 的規模較小且知名度較低，但規模也已

表3 006208殖利率約在3%上下
——富邦台50（006208）配息紀錄

股利發放年度		當期股利（元）	年度合計（元）	年均殖利率（％）
2020	H1	0.481	1.620	2.94
	H2	1.139		
2021	H1	0.314	1.955	2.49
	H2	1.641		
2022	H1	1.248	2.278	3.25
	H2	1.030		
2023	H1	1.352	2.213	3.08
	H2	0.861		
2024	H1	0.783	1.683	1.69
	H2	0.900		

註：1. 年均殖利率採當年合計股利與年均股價計算；2. 資料時間為 2024.11.29
資料來源：Goodinfo! 台灣股市資訊網、富邦投信

經達到約 1,700 億元的水準，不太需要擔心流動性不足的問題；且富邦台 50 的費用相對低廉，收取的經理費比元大台灣 50 少了約一半的水準，在總經、產業與資金面對股市都有正面影響的環境下，富邦台 50 是長期投資者想參與大盤成長的好選擇。

$$4\text{-}3$$

元大台灣50正2
報酬率高　波動也極大

　　從過去約 20 年的台股表現來看，台灣加權股價指數年化報酬率約 7.5%（2003 年初至 2024 年 11 月底）；若是採取股利再投入，同期的年化報酬率則有將近 11.5%。雖然這個數字，在近幾年台股大幅翻倍的環境下看來似乎有些微不足道，但若是真的從 2003 年投入一筆資金至今，就算不將股利再投入，以年化報酬率 7% ～ 7.5% 計算，投資大約 10 年就能讓本金變成 2 倍，投資 20 年則能變成 4 倍，這樣的資產成長性已經算是相當可觀。

　　在這段期間，台股只有在其中 5 年是空頭年（年底收盤指數低於年初），分別是 2008 年（金融海嘯）、2011 年（歐債危機）、2015 年（中國股災及希臘債務危機）、2018 年（中美貿易戰）以及 2022 年（俄烏戰爭、美國暴力升息）。雖然黑天鵝事件看似不少，但以長期角度來看，台股大盤在過去這 20 年的上漲機率達到 75%，穩定度算是相當高。

表1 00631L追蹤台灣50單日正向2倍報酬指數
——元大台灣50正2（00631L）基本資料

成立日期	2014.10.23	上市日期	2014.10.31
資產規模	344億元	追蹤指數	台灣50單日正向2倍報酬指數
配息頻率	不配息	成立以來年化報酬率	27.08%
累積報酬率	近1年	近3年	成立以來
	59.31%	73.34%	1,025.00%

註：1. 報酬率皆以市價計算，資產規模四捨五入至億元；2. 資料時間為 2024.11.29
資料來源：元大投信、MoneyDJ

　　既然台股長期而言呈現上漲趨勢，有沒有更積極的投資工具？對於考慮進行長期投資、且能承擔高度波動風險的投資人而言，元大台灣 50 正 2（00631L）提供一個利用槓桿、報酬率空間與波動風險也更大的投資選擇。

00631L主要投資標的為台股期貨

　　元大台灣 50 正 2 是透過投資台股期貨與台灣 50 ETF 股票期貨的方式（詳見表 1），讓整體投資組合的曝險接近元大台灣 50（0050）的 200%，根據 2024 年 11 月底的資料，其中元大台灣 50 正 2 配置在台股期貨的權重就達到 194%，台灣 50 ETF 股票期貨則約 6%（詳見圖 1），因此其走勢會與加權指數較為貼近。其實元大台灣 50 和加權指數本身的走勢也有

圖1 00631L配置於台股期貨權重高達194%
——元大台灣50正2（00631L）投資組合

基金權重-期貨				
商品代碼	商品名稱	商品數量	商品權重	商品年月
TX	臺股期貨	15045	194.33	202412
NYF	台灣50ETF股票期貨	1200	6.48	202412

註：資料時間為 2024.11.29　　資料來源：元大投信

高度相關，但因台灣 50 期貨的成交量太小，為了避免流動性不足的問題，元大台灣 50 正 2 才會以台股期貨作為主要的投資標的。元大台灣 50 正 2 投資的標的雖然是期貨，不過基於這些期貨追蹤的是台灣加權股價指數，也就是台股大盤，而大盤指數就是反映其成分股的市值變動，因此只要認同台灣的股市會長期上漲，即便用槓桿進行投資，也較不容易落入成本歸零的窘境。不過也因為使用槓桿，元大台灣 50 正 2 的波動性會更加劇烈，投資者必須確保自己有辦法承受，否則在瘋狂震盪的行情中，也可能因為喪失信心而認賠出場。

追求績效為0050單日報酬率的2倍

元大台灣 50 正 2 的曝險雖然接近元大台灣 50 的 200%，但這不代表波

表2 「正2」ETF績效未必是原型指數的2倍

—— 「正2」型ETF報酬率推估

原型指數報酬率（%）	原型指數的2倍報酬率（%）	年波動率				
		10%	20%	25%	30%	35%
-60	-120	-84.2	-84.6	-85.0	-85.4	-85.8
-50	-100	-75.2	-76.0	-76.5	-77.2	-77.9
-40	-80	-64.4	-65.4	-66.2	-67.1	-68.2
-30	-60	-51.5	-52.9	-54.0	-55.2	-56.6
-20	-40	-36.6	-38.5	-39.9	-41.5	-43.4
-10	-20	-19.8	-22.2	-23.9	-26.0	-28.3
0	0	-1.0	-3.9	-6.1	-8.6	-11.5
10	20	19.8	16.3	13.7	10.6	7.0
20	40	42.6	38.4	35.3	31.6	27.4
30	60	67.3	62.4	58.8	54.5	49.5
40	80	94.0	88.3	84.1	79.1	73.4
50	100	122.8	116.2	111.4	105.6	99.1
60	120	153.5	146.0	140.5	134.0	126.5

註：1. 原表取自 ProShares 二倍做多標普 500 指數 ETF（SSO）之公開說明書及附加資訊，此表根據原型指數報酬率及波動率，推算「正2」ETF 在不同狀況下的對應報酬率，計算不包含基金的相關支出及交易成本；2. 黃底部分為預估報酬率低於原型指數的 2 倍報酬率

資料來源：www.proshares.com

動會完全等於元大台灣 50 的 2 倍，因為元大台灣 50 正 2 追求的是元大台灣 50「單日報酬率的 2 倍」，而複利會讓元大台灣 50 正 2 的價格變化呈指數型、而非線型（詳見表 2）。舉例而言，若以 100 萬元投資元大台灣 50，在連續 2 天上漲 5% 的情況下，100 萬元在第 1 天會變成 105 萬元，

在第 2 天則上漲至 110 萬 2,500 元，漲幅為 10.25%。換成元大台灣 50 正 2，基於它的曝險是元大台灣 50 的 2 倍，因此在元大台灣 50 上漲 5% 的情況下，理論上它的漲幅會接近 10%；若同樣以 100 萬元進行投資，第 1 天會變成 110 萬元，第 2 天則會增加為 121 萬元，漲幅達到 21%，比起投資元大台灣 50 報酬率達到 10.25% 的 2 倍（20.5%）還要更高。

那麼如果元大台灣 50 下跌，元大台灣 50 正 2 會怎麼表現呢？若同樣用 100 萬元投資元大台灣 50，但將情境換成連續 2 天下跌 5%，則資產會在第 1 天減少至 95 萬元、第 2 天剩下 90 萬 2,500 元，報酬率是 -9.75%；若投資元大台灣 50 正 2，資產在第 1 天會剩下 90 萬元，第 2 天則會變成 81 萬元，報酬率是 -19%，跌幅比元大台灣 50 報酬率 -9.75% 的 2 倍（-19.5%）更小。從這邊也可以看到，基於元大台灣 50 正 2 的報酬率並不完全等於元大台灣 50 的 2 倍，因此即便元大台灣 50 的價格腰斬，元大台灣 50 正 2 也不會下跌至 0。根據推算，元大台灣 50 在 2008 年金融海嘯最深的跌幅達到約 56%，換算元大台灣 50 正 2 的跌幅約落在 81% ～ 83%，雖然這個跌幅非常龐大，但並沒有讓元大台灣 50 正 2 歸零。

儘管在連續上漲與連續下跌的情況中，元大台灣 50 正 2 的漲跌幅都看似比元大台灣 50 報酬率的 2 倍更好，但在漲跌交錯的環境下，元大台灣 50 正 2 會因為承擔較大的波動而使報酬率表現較差。舉例而言，在第 1 天上漲 5%、第 2 天下跌 5% 的情況下，元大台灣 50 的報酬率是 -0.25%，但

元大台灣 50 正 2 則是 -1%，跌幅比元大台灣 50 報酬率的 2 倍更大。也就是説，在台股整年度的價格波動不大的情況下，投資元大台灣 50 正 2 的報酬率很可能會比元大台灣 50 的 2 倍更差；但在明顯上漲或明顯下跌的環境下，元大台灣 50 正 2 可能擁有優於元大台灣 50 的 2 倍的更好表現。

投資00631L須留意2重點

元大台灣 50 正 2 自 2014 年 10 月上市以來已有將近 10 年歷史，基於這段期間台股處在漲多跌少的環境，且在疫情後的漲幅更進一步擴大，使元大台灣 50 正 2 截至 2024 年 11 月底的累計報酬率達到 1,025%，明顯優於元大台灣 50 同期累積報酬率 295% 的 2 倍。其實即便是計算至新冠肺炎疫情發生前的 2019 年底，元大台灣 50 正 2 的累計報酬率也達到 165%，同樣優於元大台灣 50 報酬率 72% 的 2 倍，顯示元大台灣 50 正 2 確實有它獨特的優勢。

整體而言，在台股長期處於上漲的環境下，元大台灣 50 正 2 能創造的報酬確實會優於元大台灣 50，但仍有幾點需要留意：

重點1》沒有股利
元大台灣 50 正 2 的投資標的是期貨，自然不會發放股利，雖然這對部分進行長期投資的人而言或許是一項缺點，但以元大台灣 50 正 2 的績效表現

來看，穩定持有所能累積的獲利遠遠大於每年領息 5% 上下的報酬，若為了領息而放棄資本利得反而會因小失大。

重點2》波動劇烈

元大台灣 50 正 2 本身的波動度相當大，雖然它不會跌到歸零，但一旦大盤的累積跌幅達到 30%，元大台灣 50 正 2 的跌幅就很有可能會達到 50% 的水準，需要留意自己是否能承擔這種風險。以 2024 年的台股來說，評價確實不算便宜，但無論是從經濟、產業或是資金面的角度來看，股市確實沒有看到太大的下行風險；且從過往台股大跌的實例中也可看到大多數都屬於黑天鵝事件，一般投資人難以提前預判。在這個環境下，只要妥善做好資產配置的規畫，就不至於在股市面臨大幅修正時受到太大的傷害。

元大台灣 50 正 2 算是一個適合用來和其他投資型 ETF 相互搭配的標的，它能讓我們用更少的資金，持有更多元的投資組合。舉例而言，若規畫用 100 萬元投資元大台灣 50 或其他追蹤大盤的 ETF，用 50 萬元資金配置元大台灣 50 正 2 就可以讓短期報酬達到相似的表現，且還能有多餘資金用於配置其他 ETF，這麼做既能讓風險達到可控的水準，也能有效提升整體資產組合的報酬率，從而加速實現財富自由的目標。

Chapter 5

投資報告3

高息型ETF

5-1

元大台灣高息低波
績效勝大盤、波動相對低

一提到投資，大多數人都會想獲得更好的「報酬」，特別是近幾年台股大盤漲幅動輒 30% 以上的樂觀環境下，讓不少投資人的風險偏好都跟著提升。然而，從最基本的角度來看，股票反映的是企業未來獲利的潛力，若公司成長的速度沒有明顯提升，股市也不會無止境地飛漲。

不少想要長期投資的人，可能會因為資產的大漲大跌而抱不住股票，此時，若能夠將股票的波動幅度也納入選股考量，將有助於投資人更堅定持股信心。

低波動不僅是讓投資人更有信心、能安心進行更長期的投資，這對投資報酬率也會產生相當重要的影響。舉例而言，持有的股票若下跌 50%，則必須再上漲 100% 才會回到損益兩平的水準（詳見圖 1）；若波動度能控制在較小的範圍內，報酬率也能更加穩健。

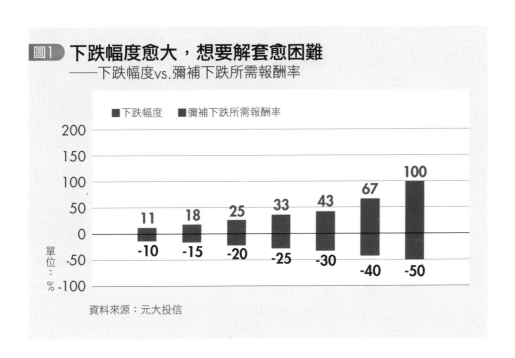

圖1 **下跌幅度愈大，想要解套愈困難**
——下跌幅度vs.彌補下跌所需報酬率

■ 下跌幅度　■ 彌補下跌所需報酬率

單位：%

資料來源：元大投信

00713同時考量企業獲利穩定度與股價波動度

元大台灣高息低波（00713）成立於 2017 年 9 月（詳見表 1），最大的特色就是會將企業獲利的穩定度及股價波動度納入選股邏輯，因此得以創造出波動相對低的表現。

元大台灣高息低波會在每年的 6 月與 12 月定期調整成分股，篩選規則主要包含以下幾點：

253

1. 挑選台灣上市櫃公司中，市值前 250 大且過去 20 日的日均成交金額大於 800 萬元的公司，以確保具有足夠的流動性。

2. 挑出殖利率排名前 60% 且殖利率低於 30% 的公司，之所以要設定殖利率上限是為了避免挑到情況過於極端的個股。像是 2022 年～ 2023 年航運產業的獲利急轉直下，導致殖利率出現高於 30% 的特殊情況，產生這種情況的公司通常是因本業營運出現重大波動，若能避開這種情況，則能有效降低 ETF 的波動度。

3. 近 1 季 EPS 排名前 80% 之個股。

4. 近 8 季稅後淨利波動度除以股東權益，選出波動最小的 80% 個股。

5. 近 1 年股價波動最小的 90% 個股。

6. 排除近 3 年都沒有發放現金股利的公司。

7. 上述條件都符合後，再依照近 1 季 EPS 除以股價的比值、近 1 季營運現金流除以股價的比值及波動度綜合排名，找出獲利性與現金流表現較佳且波動度最低的個股，選出其中 50 檔作為成分股。

投資單一產業比重皆＜15%，配置相對分散

基於元大台灣高息低波的投資核心在於降低波動度，為了避免因單一產業的循環與波動對整體資產組合造成太大的影響，產業配置相對分散，目前投資在單一產業的比重均小於 15%，且穩定度一向較佳的電信、食品、貿易百貨與鋼鐵等產業都是元大台灣高息低波的投資重心之一。

表1 00713成立以來年化報酬率15.54%
——元大台灣高息低波（00713）基本資料

成立日期	2017.09.19	上市日期	2017.09.27
資產規模	1,132億元	追蹤指數	臺灣指數公司特選高股息低波動指數
除息月份	3月、6月、9月、12月	領息月份	1月、4月、7月、10月
配息頻率	季配	成立以來年化報酬率	15.54%
累積報酬率	近1年	近3年	成立以來
	21.05%	62.76%	182.85%

註：1. 報酬率皆以市價計算，資產規模四捨五入至億元；2. 資料時間為 2024.11.29
資料來源：元大投信、MoneyDJ

　　觀察元大台灣高息低波的前 10 大成分股（詳見表 2），有不少標的的營運穩定度都相當高、且股價波動度長期維持在相對低的水準，像是統一（1216）、台灣大（3045）、遠傳（4904）、華南金（2880）、統一超（2912）等，都是大家熟知的大公司，且單一成分股的投資比重均低於 10%，使元大台灣高息低波不容易因單一個股的突發事件而劇烈波動。

　　元大台灣高息低波的投資屬性雖然相對保守，但成分股也不全然都是一攤死水，基於這些大公司都在各個產業掌握技術與規模上的優勢，因此不怕沒有表現的機會。像是 2023 年在 AI 浪潮的帶動下，當時的成分股仁寶（2324）與鴻海（2317）都迎來一波相當可觀的漲幅。成分股之一的瑞

儀（6176）也受惠蘋果（Apple）升級顯示面板規格，2024 年初的漲幅
一度達到超過 50% 水準，顯示元大台灣高息低波的成分股其實都擁有不小
的潛力。

配息穩定，殖利率約在5%～7%

根據元大投信提供的數據，過去 5 年（2019 年～ 2023 年）受惠遠
距辦公商機與 AI 產業崛起，使台灣加權股價指數的含息年化報酬率達到
17.2%。

按常理來說，元大台灣高息低波因配置較多資金在穩定度更高的產業，使
半導體與 AI 產業的投資比重較低，報酬率的表現也應當較為平淡；但元大
台灣高息低波的同期年化報酬率卻達到 20.8%，主因除了元大台灣高息低
波確實有投資不少報酬率驚人的標的，更因有妥善做好風險控管，進而能創
造出更優異的績效表現。

波動度的效果會隨著投資時間拉長而逐漸顯現，在複利的影響下，能長期
維持小賺的投資策略會逐步贏過大起大落的標的。將年化報酬率除以年化波
動度評估，加權股價指數的數值約為 1.02（年化報酬率 17.2% 除以年化
波動度 16.8%），而元大台灣高息低波則為 1.61（年化報酬率 20.8% 除
以年化波動度 12.9%），也就是說，在承擔同樣風險的情況下，元大台灣

表2 **00713持有統一比重最高**
──元大台灣高息低波（00713）前10大成分股

代號	成分股	持股比重（％）	代號	成分股	持股比重（％）
1216	統　一	9.73	2912	統一超	3.98
3045	台灣大	7.05	1102	亞　泥	3.73
4904	遠　傳	6.29	2618	長榮航	2.62
2880	華南金	4.79	5434	崇　越	2.33
2474	可　成	4.13	2891	中信金	2.31

註：資料時間為 2024.11.29　　資料來源：元大投信、MoneyDJ

高息低波的報酬率會比加權指數高出 50% 以上。

　　元大台灣高息低波不只在績效與波動度的表現勝出，過往 5 年殖利率也都維持在 5.8% ～ 7.1%，大幅優於加權指數平均約 3% ～ 4% 的水準。觀察 2024 年元大台灣高息低波共發出股利為 5.28 元，以年均價計算的殖利率約 9.5%（詳見表 3），但如果是在 2024 年第 1 季除息前以 50 元左右買進，2024 年享有的殖利率可達 10.5%。由於元大投信一向採取相對穩健的配發模式，只要 ETF 繼續維持穩定運營，應可期待能繼續享有至少 5% ～ 7% 的殖利率，光是這點就勝過不少主流高息型 ETF。

　　投資就像一場馬拉松，比拼的不是一時的爆發力，而是誰能順利且更快地到達終點。既然一時之間無法衝刺到終點，那麼就尋求穩健的步伐、一步步

表3 2024年00713共發出5.28元股利
──元大台灣高息低波（00713）配息紀錄

股利發放年度		當期股利（元）	年度合計（元）	年均殖利率（%）
2020		1.70		5.31
2021		3.15		7.58
2022	Q3	1.45	2.90	7.11
	Q4	1.45		
2023	Q1	0.68	3.04	6.83
	Q2	0.68		
	Q3	0.84		
	Q4	0.84		
2024	Q1	0.88	5.28	9.50
	Q2	1.50		
	Q3	1.50		
	Q4	1.40		

註：1. 年均殖利率採當年合計股利與年均股價計算；2.00713 原為年配息，2022 年下半年起改為季配息；3. 資料時間為 2024.11.29
資料來源：元大投信、Goodinfo! 台灣股市資訊網

叩石橋而渡，才會更順利地避開過程中遇到的陷阱與障礙，並搶得彎道超車的好機會。

元大台灣高息低波的投資哲學驗證了「慢慢來比較快」的道理，靠著相對穩定的報酬率與更低的波動度，過去 5 年的報酬率成功擊敗大盤，且殖利率表現也毫不遜色，是一檔非常出色的 ETF。

5-2

國泰永續高股息
重視ESG的高息型ETF楷模

台灣高息型 ETF 在台灣如雨後春筍般出現，新發行的高息型 ETF 大多結合價值投資、動能投資抑或是鎖定特定產業，雖然成功地打造其獨特之處，但老牌高息型 ETF 其實也並未失色；特別是短、中、長期報酬率皆為正的國泰永續高股息（00878）在報酬率與殖利率都有穩定的表現，絕對可以說是高息型 ETF 當中最具代表性的一檔標的。

國泰永續高股息是台灣第一檔採用季配息機制的 ETF（詳見表 1），追蹤的是 MSCI 臺灣 ESG 永續高股息精選 30 指數。

每年的 5 月與 11 月會進行定期審核成分股，主要的條件包含 ESG 評級達到 BB 以上的公司、市值大於 7 億美元，且近 4 季的每股盈餘（EPS）大於 0，最後，再根據過往股利發放的狀況，從中挑選出表現最佳的前 30 家公司。

表1 00878成立以來年化報酬率5.73%
——國泰永續高股息（00878）基本資料

成立日期	2020.07.10	上市日期	2020.07.20
資產規模	3,625億元	追蹤指數	MSCI臺灣ESG永續高股息精選30指數
除息月份	2月、5月、8月、11月	領息月份	3月、6月、9月、12月
配息頻率	季配	成立以來年化報酬率	15.73%
累積報酬率	近1年	近3年	成立以來
	15.74%	47.28%	87.45%

註：1. 報酬率皆以市價計算，資產規模四捨五入至億元；2. 資料時間為 2024.11.29
資料來源：國泰投信、MoneyDJ

採取兼顧永續與高殖利率的投資邏輯

目前國泰永續高股息投資比重前 3 大產業分別是電腦及周邊設備、金融保險與半導體，這些產業大多較重視 ESG，反映了國泰永續高股息兼顧 ESG 與高殖利率的投資邏輯。過去 1 年多來，受惠 AI 需求大幅升溫，使半導體與電腦周邊產業跟著水漲船高，使國泰永續高股息前 10 大成分股幾乎都屬於這 2 個產業。不過國泰永續高股息並沒有將雞蛋放在同一個籃子，成分股的資金配置都相對平均，單一個股占比大多低於 5%，使風險得以分散（詳見表 2）。相較其他高息型 ETF 而言，國泰永續高股息對 ESG 的重視度更高，這不僅有順應目前台灣的政策發展方向，也讓國泰永續高股息得

表2 **00878單一持股占比多在5%以下**
—— 國泰永續高股息（00878）前10大成分股

代號	成分股	持股比重（%）	代號	成分股	持股比重（%）
3034	聯　　詠	5.69	2324	仁　　寶	3.51
2454	聯　發　科	4.64	2379	瑞　　昱	3.50
2357	華　　碩	4.59	2301	光　寶　科	3.43
2303	聯　　電	3.85	3231	緯　　創	3.25
3711	日月光投控	3.52	2891	中　信　金	3.16

註：資料時間為 2024.11.29　　資料來源：國泰投信、MoneyDJ

以避開更多黑天鵝事件所產生的風險。ESG 雖然對企業獲利並沒有實質貢獻，但過往其實有不少因公司 ESG 表現不佳而使股價大幅衰退的案例。

　　像是 2010 年英國石油（British Petroleum）在關閉墨西哥灣油井時因意外而導致漏油，公司為了彌補對環境造成的汙染而支付超過 690 億美元，造成當時股價大幅下跌 55%；而 2015 年福斯汽車（Volkswagen Group）排放廢氣超標、2018 年全球大型社群平台臉書（Facebook，後公司更名為 Meta）不當洩漏個資等問題也都造成公司股價重挫超過 30%（詳見圖 1），顯示環境保護、社會責任與公司治理的重要性是不容小覷的。

　　先前為了配合政府 2050 年前的淨零碳排計畫，金管會特別針對 ESG 申報項目進行規範，使 ESG 受到的關注度大幅拉升。截至 2024 年 10 月，

圖1　2015年福斯汽車排放廢氣超標導致股價大跌
——ESG對個股股價的影響

項目	事件	股價影響
E（Environment）環境保護	2010年英國石油於墨西哥灣漏油事件	英國石油股價重挫55%
S（Social）社會責任	2018年臉書不當洩漏個資	臉書股價大跌33%
G（Governance）公司治理	2015年福斯汽車排放廢氣超標	福斯汽車股價大跌39%

資料來源：國泰投信

台灣境內 ESG 基金規模已攀升至 7,936 億元（詳見圖 2），相較 2022 年底時僅約 2,559 億元的規模，僅 2 年就大幅成長了 2 倍。ESG 基金規模之所以大幅提升的關鍵，不只在於政府逐步訂定更嚴格的法規與標準，更因一般的投資人若要針對每個投資標的了解其 ESG 成效及達標與否，肯定需要花上不少時間；國泰永續高股息透過系統性的審核標準，不僅幫大家減輕不少負擔、有效避開 ESG 有問題的地雷股，還進一步在符合 ESG 規範的公司中挑出殖利率較佳的標的，為大家提供便利且有效的投資選擇。

　　ESG 新規範不只對產業界造成影響，金融業也為了爭取在 ESG 項目評比

圖2 **台灣境內ESG基金規模快速成長**
——台灣境內ESG基金規模變化

2024年10月為7,936億元

2022年底約2,559億元

單位：億元

8,000
6,000
4,000
2,000
0
2022.10 '23.01 04 07 10 '24.01 04 07 10

註：資料時間為 2022.10 ～ 2024.10　　資料來源：投信投顧公會

上獲得更好的分數而陸續推出 ESG 概念的 ETF，目前台灣共 9 檔 ESG 概念 ETF 當中，就有 4 檔是在 2023 年發行。在可預見的未來中，ESG 勢必會成為另一個 ETF 的新戰場，屆時國泰永續高股息將同時受惠來自 ESG 與高息型 ETF 的買盤。

市場步入空頭時表現相對抗跌

從國泰永續高股息過往的績效表現來看，和同類型指數並沒有太大的差

異，掛牌至今的累積報酬率已達到約 87% 水準，顯示國泰永續高股息並沒有因投資 ESG 概念、降低風險而犧牲報酬率。

國泰永續高股息的漲跌方向雖和大盤並沒有太大的差異，但值得留意的一點是，國泰永續高股息在 2022 年市場步入空頭修正時相當抗跌，當年度累積跌幅僅約 14%，遠優於大盤回檔約 34% 的表現。國泰永續高股息擁有績效不輸大盤且波動相對較低的優勢，更適合打算進行長期持有的投資人。

國泰永續高股息在 2021 年的年均殖利率約 5.4%，2022 年～ 2024 年則有超過 6% 的表現（詳見表 3），表現同樣不輸其他高息型 ETF。對大多數企業而言，做好 ESG 所需花費的成本並不少，因此在公司有實質獲利的情況下才會投入較多心力在 ESG 項目上；這就隱含 ESG 項目評比較佳的企業大多具備一定的獲利能力，且營運穩定度不會太差，使這些公司具有穩定發放股息的能力。相較多數 ETF 僅單單追求高股息而言，國泰永續高股息是透過挑選 ESG 表現佳的公司以進一步提升挑到高殖利率標的的可能性，著眼比大多數 ETF 更長遠。

整體而言，國泰永續高股息雖然是最老牌的 ESG 概念 ETF 之一，但仍寶刀未老。不僅過往幾年累積報酬率不輸大盤，且在大盤步入空頭市場時還能展現較強的韌性，並繳出年均超過 6% 殖利率的成績單，各個面向都不落人後，顯示國泰永續高股息結合 ESG 與高股息概念的投資策略相當出色。

表3 2022~2024年00878殖利率皆超過6%
——國泰永續高股息（00878）配息紀錄

股利發放年度		當期股利（元）	年度合計（元）	年均殖利率（％）
2022	Q1	0.30	1.18	6.75
	Q2	0.32		
	Q3	0.28		
	Q4	0.28		
2023	Q1	0.27	1.24	6.44
	Q2	0.27		
	Q3	0.35		
	Q4	0.35		
2024	Q1	0.40	2.01	8.87
	Q2	0.51		
	Q3	0.55		
	Q4	0.55		

註：1. 年均殖利率採當年合計股利與年均股價計算；2. 資料時間為 2024.11.29
資料來源：Goodinfo! 台灣股市資訊網

　　目前大多數 ETF 雖打著高息型 ETF 的名義以迎合市場需求，但在投資時仍須留意 ETF 是否僅僅為了追求高殖利率而換股，畢竟投資注重的是未來成長性，若為了短線題材而頻繁調整個股，反倒有可能落入賠了夫人又折兵的窘境。國泰永續高股息透過挑選 ESG 表現佳的公司以提前部署高殖利率個股，可說是真正追求高殖利率與長期投資的楷模。

5-3

凱基優選高股息30
兼具獲利性＋低波動

在高利率與高通膨的環境下，金融市場的震盪轉趨激烈，要想找到前景大好且價值被低估的公司已沒有過去那麼容易，報酬相對穩定的高息型 ETF 逐漸成為市場上的顯學。

雖然各家投信紛紛搶搭台股創新高的行情而推出高息型 ETF，但在這之中，其實有些高息型 ETF 的選股邏輯存在互相矛盾的情況，甚至失去高息型 ETF 原有的價值。而在眾多新兵當中，凱基優選高股息 30（00915）除了追求配息穩定，選股時也兼具了獲利性及低波動等考量。

凱基優選高股息 30 在 2022 年 8 月掛牌上市（詳見表 1），成分股從台灣上市櫃公司的市值前 300 名當中挑出，定期在每年 6 月與 12 月審核成分股，挑出 30 檔兼具獲利性與低波動的高息股（詳見表 2）。凱基優選高股息 30 篩選成分股的條件主要包含以下 4 原則：

表1 00915成立2年累積報酬率達100%
—— 凱基優選高股息30（00915）基本資料

成立日期	2022.08.01	上市日期	2022.08.09
資產規模	355億元	追蹤指數	臺灣指數公司特選臺灣上市上櫃多因子優選高股息30指數
除息月份	3月、6月、9月、12月	領息月份	1月、4月、7月、10月
配息頻率	季配	成立以來年化報酬率	35.38%
累積報酬率	近1年	近3年	成立以來
	30.53%	N/A	100.70%

註：1. 報酬率皆以市價計算，資產規模四捨五入至億元；2. 資料時間為 2024.11.29
資料來源：凱基投信、MoneyDJ

1. 近 4 季營業利益總和大於零。

2. 非金融業公司的股東權益報酬率（ROE）須排名前 75%；金融業公司則資產報酬率（ROA）須排名前 75%。

3. 排除近半年股價波動最大的前 10% 公司，使資產組合下行風險得以有效降低。

4. 近 12 個月成交金額排名前 20%，或是其中 8 個月自由流通周轉率達 3% 的公司。

上述條件符合後，凱基優選高股息 30 會再計算出 3 個指標，並將各個項目的分數加總後進行排序，挑出 30 家公司作為成分股：

1. **波動指標：** 近 1 年股價波動愈小者，分數愈高。

2. **股息指標：** 計算各公司近 3 年平均現金股利、近 1 年現金股利及近 4 季每股盈餘（EPS）乘以近 3 年現金股利平均發放率，由高至低排序。

3. **市值指標：** 優先選取自由流通市值達 200 億元以上的公司。

每半年定期換股時，如果有股票不符合選股機制則會汰除。例如 2024 年上半年凱基優選高股息 30 的資產配置中，有高達 7 成都配置在電子產業，金融產業則不到 10%；下半年時因為大幅換股，電子產業降至約 4 成，金融產業提高至約 3 成，仔細觀察其成分股，都屬於獲利穩定且殖利率具有一定水準的好公司。

雖然凱基優選高股息 30 對波動度的重視程度比其他高息型 ETF 更高，但仍不能小看其成分股的績效。

像是 2024 年上半年最大持股鴻海（2317），因為搭上 AI 題材而大漲，持續推出新產品的瑞儀（6176），以及半導體封測龍頭日月光投控（3711），這些公司的股價都在 1 年內達到 30% ～ 50% 以上的漲幅，顯示凱基優選高股息 30 的上漲潛力其實並不小。

而 2024 年 6 月，因為定期審核而換出的鴻海，因為正好是在股價的高點，而帶來不少資本利得，也使得凱基優選高股息 30 繳出亮眼的績效表現。

表2 **00915第一大持股為國泰金**
——凱基優選高股息30（00915）前10大成分股

代號	成分股	持股比重（%）	代號	成分股	持股比重（%）
2882	國泰金	9.68	2303	聯 電	6.50
1216	統 一	8.82	5871	中租-KY	6.43
2886	兆豐金	8.65	3045	台灣大	6.36
2891	中信金	8.50	2915	潤泰全	4.59
6176	瑞 儀	7.38	2504	國 產	4.58

註：資料時間為 2024.11.29　　資料來源：凱基投信、MoneyDJ

選股邏輯主要包含3項特點

凱基優選高股息 30 的選股邏輯雖然看似與多數高息型 ETF 雷同，同樣都將流動性、獲利性與股利納入考量，但其實仔細觀察就會發現凱基優選高股息 30 有它特別的地方：

特點1》ROE

首先是在獲利的部分，00915 採用了 ROE 作為衡量標準，這個比率很適合用來評比所屬產業不同的公司。

對投資人而言，公司能在有限的資金下創造出愈大的利潤就代表這家公司的成長性愈大，通過這項條件的篩選，可確保能避開 ROE 表現不佳的公司。

特點2》過往3年股利發放狀況及近4季EPS

　　凱基優選高股息 30 另一個特點在於，將過往 3 年股利發放狀況及近 4 季 EPS 作為股息指標，相對部分高息型 ETF 僅參考公司過往殖利率的高低而言，凱基優選高股息 30 能有效避開極端情況。舉例而言，2023 年航運產業因基本面下修、股價下跌而導致殖利率特別高，這種狀況並不屬於常態，意味著公司的營運存在相當大的變數，後續有可能因基本面下修而導致投資人落入賺了股息卻賠了價差的陷阱。凱基優選高股息 30 巧妙地解決這個難題，在挑選成分股時不僅會挑選能夠發放高額股利的公司，同時也對其獲利性訂定標準，確保投資不踩雷。

特點3》波動度

　　最後，將波動度作為選股標準也是凱基優選高股息 30 的一大特色。1 檔股票若下跌 20%，則須再上漲 25% 才會回到原始價格，跌幅愈大，要回到原始價格所需的漲幅也會愈高。從長期投資的角度來看，資產組合的波動度愈小，就愈能降低投資人面對盤勢修正時的恐慌，並提升複利所帶來的加乘效果，從而創造出更出色且穩定的績效表現。

報酬遠優於大盤與同類型ETF

　　從實際績效來看，截至 2024 年 5 月 23 日的 1 年累計報酬率高達 67.6%，遠優於同期大盤與同類型 ETF 如元大高股息（0056）、國泰永續

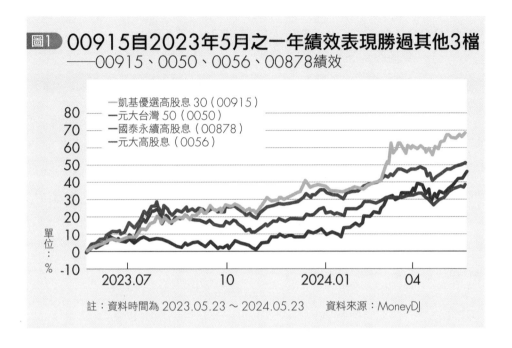

圖1 00915自2023年5月之一年績效表現勝過其他3檔
──00915、0050、0056、00878績效

—凱基優選高股息30（00915）
—元大台灣50（0050）
—國泰永續高股息（00878）
—元大高股息（0056）

單位：%

註：資料時間為2023.05.23～2024.05.23　　資料來源：MoneyDJ

高股息（00878）的表現（詳見圖1），這驗證了凱基優選高股息30結合獲利與波動度的選股策略相當奏效。雖然大多數人刻板印象是波動低的標的不易有高報酬，但凱基優選高股息30仍成功在多頭時繳出亮眼成績單。

在配息的部分，以年均價計算，凱基優選高股息30在2023年共配息1.69元，殖利率達8.94%；2024年共配息3.01元，殖利率更高達11.71%（詳見表3）。雖然凱基優選高股息30目前採取季配息模式，現金流的間隔相對月配ETF更長，不過，透過在每年6月調整成分股的方式

表3　**2024年00915殖利率高達11.71%**
——凱基優選高股息30（00915）配息紀錄

股利發放年度		當期股利（元）	年度合計（元）	年均殖利率（％）
2023	Q1	0.22	1.69	8.94
	Q2	0.32		
	Q3	0.70		
	Q4	0.45		
2024	Q1	0.72	3.01	11.71
	Q2	0.72		
	Q3	0.82		
	Q4	0.75		

註：1. 年均殖利率採當年合計股利與年均股價計算；2. 資料時間為 2024.11.29
資料來源：Goodinfo! 台灣股市資訊網

成功挑出高息股，殖利率毫不遜色。

　　整體而言，凱基優選高股息 30 憑著較低的波動度，且擁有勝過多數高息型 ETF 的殖利率，報酬率也不俗。雖然選股指標看似與其他高息型 ETF 差異不大，但凱基優選高股息 30 從小處著手，針對獲利性、股利發放與波動度等條件都透過不同標準進行篩選，成功打造出獨特性，在高息型 ETF 林立的環境中殺出血路，是一檔既適合賺取資本利得又適合穩定領息的好標的。

大華優利高填息30
聚焦股利率與填息能力

2024 年以來受惠 AI 崛起，帶動不少台廠的供應鏈表現強勢，股市的漲幅也優於多數人原先的預期。然而，許多產業的景氣其實並沒有明顯回溫，且以 2025 年的總體經濟趨勢而言，市場普遍預期經濟可能放緩。在台股當前評價已回升至相對高的水準下，不少人將資產配置的重心轉往防禦型標的，能夠定期提供現金流的高息型 ETF 也成了選項之一。

高息型 ETF 之所以誘人的原因在於 2024 年有不少公司的獲利皆較 2023 年成長，2025 年若景氣真的放緩，雖會導致企業投資縮手並以相對保守的方式營運，卻能提升公司配發股利的空間，殖利率值得期待。

然而，選擇高殖利率個股的同時，也需要留意填權息的狀況，避免落入賺了股利卻賠了價差的窘境；而大華優利高填息 30（00918）的推出，就是看中投資人既想賺取高股息又希望能達成高填息的需求。

推出大華優利高填息 30 的大華銀投信，對多數台灣人而言或許相對陌生，但這家投信其實是外資，隸屬於新加坡規模最大的大華銀行集團。大華銀投信不僅擁有相當豐富的投資與研究資源，近幾年來也積極推出創新的產品並優化投資策略，這檔大華優利高填息 30 便是最好的例子之一。

成分股剔除近1年營運虧損公司

大華優利高填息 30 是台灣第 1 檔同時將股利率和填息率納入投資策略的 ETF（詳見表 1），選股流程是依照台灣市值排名前 150 名的公司中，挑選出 30 檔作為投資標的，以確保這些公司營運體質相對穩健並且具備足夠流動性。

另外，大華優利高填息 30 也會排除過去 1 年營運虧損的公司，並依照股利率與成功填息的比率進行排序。其中，股利率計算方式為「（近 4 季每股盈餘總和 × 過去 3 年現金股利平均發放率）／股價」；填息比率則是根據過去 15 次的除息紀錄，按完成填息的次數計算比率。選股時的優先排序，是先從股利率前 33% 的標的中，挑出填息比率最高的 30 家公司投資。

股利率和成功填息率高的公司會擁有較高的配置比重，以有效提升 ETF 的殖利率與填息能力。但為了達到分散投資風險的效果，大華優利高填息 30 投資的單一個股權重不會超過 8%（詳見表 2），避免因個股波動過大而影

表1 00918成立以來累積報酬率為86.68%
——大華優利高填息30（00918）基本資料

成立日期	2022.11.15	上市日期	2022.11.24
資產規模	448億元	追蹤指數	臺灣指數公司特選臺灣上市上櫃優選股利高填息30指數
除息月份	3月、6月、9月、12月	領息月份	1月、4月、7月、10月
配息頻率	季配	成立以來年化報酬率	36.63%
累積報酬率	近1年	近3年	成立以來
	27.08%	N/A	86.68%

註：1. 報酬率皆以市價計算，資產規模四捨五入至億元；2. 資料時間為 2024.11.29
資料來源：大華銀投信、MoneyDJ

響整體 ETF 的報酬率。

　　大華優利高填息 30 的成分股審核時間為每年 6 月和 12 月，根據 2024 年下半年的投資組合，產業涵蓋了電子、金融及傳產，而其中電子產業（包含半導體、電腦周邊）占比就占了整體約一半。雖然並沒有特意挑選科技產業，但台灣市值較高的公司本來就以電子股為主，因此大華優利高填息 30 的選股也會偏重科技產業。

　　偏重科技產業其實並不是壞處，主因在於台灣成長性較好的公司大多屬於科技業，像 2023 年～ 2024 年在 AI 潮流的帶動下，大華優利高填息 30

表2 **00918單一持股權重不超過8%**
——大華優利高填息30（00918）前10大成分股

代號	成分股	持股比重（％）	代號	成分股	持股比重（％）
2603	長榮	7.92	2303	聯電	4.76
2357	華碩	6.49	2618	長榮航	4.62
2886	兆豐金	6.48	3034	聯詠	4.47
2891	中信金	6.24	2883	凱基金	4.39
2382	廣達	5.25	2474	可成	4.28

註：資料時間為 2024.11.29　　資料來源：大華銀投信、MoneyDJ

的投資組合中有多檔 AI 概念股也跟上漲勢，帶動大華優利高填息 30 的亮眼績效。

截至 2024 年 11 月底，大華優利高填息 30 的 2 年績效高達 87%（詳見圖 1），優於元大台灣 50（0050）的 73% 及國泰永續高股息（00878）的 54.05%。其報酬率之所以能這麼亮眼的關鍵，除了有選到大幅上漲的 AI 類股之外，其成分股也具有填息率高的特色，當多數成分股都順利填息，也使得這檔 ETF 能有穩健上漲的表現。

許多高息型 ETF 的選股邏輯都只有考慮殖利率的部分，像是國泰永續高股息便是從 ESG、市值與獲利表現較佳的類股中，直接挑出殖利率最高的 30 檔進行投資；但殖利率高的個股未必績效就會好，主要原因在於有不少公司

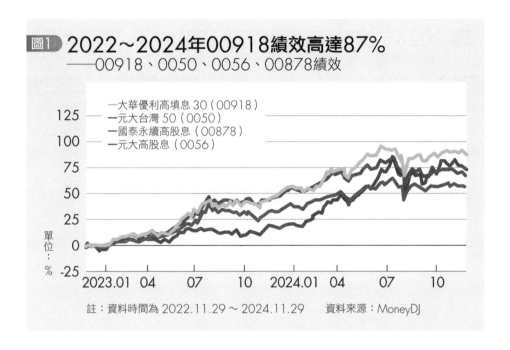

圖1 2022～2024年00918績效高達87%
──00918、0050、0056、00878績效

一大華優利高填息30（00918）
一元大台灣50（0050）
一國泰永續高股息（00878）
一元大高股息（0056）

註：資料時間為2022.11.29～2024.11.29　　資料來源：MoneyDJ

的獲利延續性不足，在獲利創下新高後便後繼無力，使後續營運與配息展望往往不如市場預期，導致無法順利填息。在沒有填息的情況下，發放股利只是讓 ETF 從自己投資的資金中拿出一部分還給自己，並沒有真正賺到錢。而大華優利高填息 30 針對這個問題，特別將填息能力納入選股考量，成為這檔 ETF 的最大特色。

大華優利高填息 30 採取季配息，由於 2022 年底才剛上市，因此 2023 年第 1 季沒有配息，在第 2 季後才開始逐季配息。2023 年合計配息 1.62

表3 **2024年00918殖利率高達13%**
——大華優利高填息30（00918）配息紀錄

股利發放年度		當期股利（元）	年度合計（元）	年均殖利率（%）
2023	Q2	0.20	1.62	8.49
	Q3	0.75		
	Q4	0.67		
2024	Q1	0.70	3.12	13.10
	Q2	0.80		
	Q3	0.78		
	Q4	0.84		

註：1. 年均殖利率採當年合計股利與年均股價計算；2. 資料時間為 2024.11.29
資料來源：Goodinfo! 台灣股市資訊網

元，以年均價計算殖利率達 8.49%；2024 年合計配息 3.12 元，殖利率更高達 13.1%，殖利率相當可觀（詳見表 3）。

由於大華優利高填息 30 選進的成分股多有良好的獲利表現，在股價上漲的狀況下，讓這檔 ETF 獲取不錯的資本利得，其股利的組成結構當中也以資本利得占多數，若能持續如此優秀的表現，配息將值得期待。

整體而言，大華優利高填息 30 是 1 檔兼具成長性、高殖利率與高填息能力的 ETF，這檔 ETF 用亮眼的績效證明，高填息並不只是一個創新的投資策略，更能實際反映在投資績效上，值得投資人留意。

群益台灣精選高息
動態調整機制創造高殖利率

對大多數人而言，高殖利率是存股與投資 ETF 所追求的主要目標之一，要領到 1、2 次高股息並不困難，但要年年都將殖利率維持在 5% 以上、並創造出優於大盤的報酬率表現就不是件簡單的事。而群益台灣精選高息（00919）就具備了高殖利率、又具有可觀獲利性的特色。

兩次訂審分別著重在殖利率與EPS

群益台灣精選高息在 2022 年 10 月下旬開始募集（詳見表 1），從台灣上市上櫃股票中挑出市值最大的 300 家公司作為樣本。

樣本較多的好處在於有更多機會找到殖利率更突出的個股，畢竟台灣有不少大型股的殖利率因股價處於相對高的水準而變低，若將搜尋範圍擴大，則有助 ETF 創造出殖利率更好的投資組合。

表1 00919成立以來累積報酬率80.06%
——群益台灣精選高息（00919）基本資料

成立日期	2022.10.13	上市日期	2022.10.20
資產規模	2,876億元	追蹤指數	臺灣指數公司特選臺灣上市上櫃精選高息指數
除息月份	3月、6月、9月、12月	領息月份	1月、4月、7月、10月
配息頻率	季配	成立以來年化報酬率	32.32%
累積報酬率	近1年	近3年	成立以來
	18.46%	N/A	80.06%

註：1. 報酬率皆以市價計算，資產規模四捨五入至億元；2. 資料時間為 2024.11.29
資料來源：群益投信、MoneyDJ

　　群益台灣精選高息篩選成分股的標準則相對簡單，除了個股的日均成交金額需大於 8,000 萬元，另外也要求公司過去 1 年的股東權益報酬率（ROE）必須大於零，以確保投資標的具有一定的流動性與獲利能力。定期審核成分股的時間為每年的 5 月與 12 月，其中，5 月時會根據各公司所公告的現金股利金額計算當下的殖利率，並挑選出最高的 30 檔投資；而 12 月則以當年前 3 季每股盈餘（EPS）成長性做排序，並挑出最高的 30 檔納入成分股。

　　可以發現群益台灣精選高息採取的是動態調整選股策略，好處是能在 6 月～ 9 月步入股利發放傳統旺季前搶先布局，並確定所投資的成分股真的能配發高額股利；到了 12 月則提前布局當年獲利較佳、未來 1 年有機會發

表2 00919前3大成分股為長榮、中信金、聯發科
──群益台灣精選高息（00919）前10大成分股

代號	成分股	持股比重（%）	代號	成分股	持股比重（%）
2603	長 榮	11.31	2618	長榮航	7.77
2891	中信金	10.76	5347	世 界	5.18
2454	聯發科	10.37	6239	力 成	3.03
2303	聯 電	9.32	5483	中美晶	2.98
3034	聯 詠	9.21	6176	瑞 儀	2.89

註：資料時間為 2024.11.29　　資料來源：群益投信、MoneyDJ

放高股息的個股，這些公司大多會在隔年第 1 季陸續迎來殖利率行情，使群益台灣精選高息得以順勢受惠並創造更好的績效表現。

根據 2024 年 11 月底的資料，群益台灣精選高息前 5 大成分股占整體投資組合的比重約一半（詳見表 2），包含長榮（2603）、中信金（2891）、聯發科（2454）、聯電（2303）及聯詠（3034），這些公司的近期獲利都有出現大幅回升的趨勢。

以第 1 大成分股長榮而言，雖然 2023 年獲利僅約 350 億元，遠不如新冠肺炎疫情後的大爆發，2021 年所賺約 2,390 億元和 2022 年約 3,300 億元；但是進入 2024 年，長榮獲利出現了顯著的回升，累計前 3 季稅後淨利已達 1,000 億元，使得市場對於長榮在 2025 年的配息有不小的期待。

從群益台灣精選高息先前篩選成分股的狀況來看，顯示其動態調整選股的策略具有相當高的準確度。

　　根據 2024 年 10 月底的資料，群益台灣精選高息的產業比重以半導體居多，占比將近 45%。對不少投資人而言，會擔憂半導體廠因中美貿易戰、在海外建廠擴產而提升資本支出，使發放股利的能力受限；不過從另一個角度來看，基於群益台灣精選高息到了隔年 5 月還會再調整成分股，屆時的布局才是領息的重頭戲。

　　在配息的表現上，以年均價計算，2023 年群益台灣精選高息共配息 1.63元，殖利率 8.24%，2024 年共配息 2.8 元，殖利率更高達 11.52%（詳見表 3），贏過了元大高股息（0056）這檔老牌的高息型 ETF，元大高股息這 2 年的殖利率分別是 6.87%、9.41%。

相較傳統高股息指數的選股模式更加優化

　　群益台灣精選高息股利率表現之所以能這麼突出的關鍵就在於，它優化了傳統高股息指數的選股模式。我們可以回想一下，第 1 代的高股息指數，會預估個股未來的營運表現，依此推算其發放股利的水準，但這些指數對個股的營運預估與實際獲利往往存在落差，使實際的股利發放金額也和原先預期不同，難以掌握真正具有高股利率的個股。

表3 ## 2024年00919殖利率高達11.52%
——群益台灣精選高息（00919）配息紀錄

股利發放年度		當期股利（元）	年度合計（元）	年均殖利率（％）
2023	Q2	0.54	1.63	8.24
	Q3	0.54		
	Q4	0.55		
2024	Q1	0.66	2.80	11.52
	Q2	0.70		
	Q3	0.72		
	Q4	0.72		

註：1. 年均殖利率採當年合計股利與年均股價計算；2. 資料時間為 2024.11.29
資料來源：Goodinfo! 台灣股市資訊網

第 2 代高股息指數雖然改善了上述問題，會依據各公司當年度宣告的股利金額篩選成分股，但由於調整成分股的時機點不佳，使樣本數較少、失去掌握更多高殖利率個股的機會。

而群益台灣精選高息所追蹤的臺灣指數公司特選臺灣上市上櫃精選高息指數，則克服了前 2 代的問題，將調整成分股的時間點設定在 5 月，因此創造優異的殖利率表現。

另一方面，若觀察群益台灣精選高息自上市以來的含息總報酬，表現則是幾乎與同期的元大高股息十分相近，但明顯優於國泰永續高股息（00878）

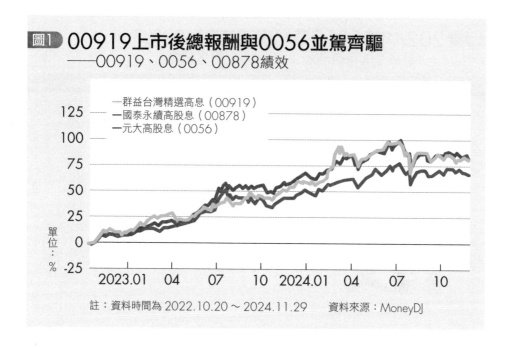

圖1 00919上市後總報酬與0056並駕齊驅
——00919、0056、00878績效

—群益台灣精選高息（00919）
—國泰永續高股息（00878）
—元大高股息（0056）

單位：%

註：資料時間為 2022.10.20 ～ 2024.11.29　　資料來源：MoneyDJ

（詳見圖1）。不過，若把觀察時間縮短到 2024 年截至 11 月底的表現，群益台灣精選高息的績效為 12.5%，優於元大高股息的 7.43% 與國泰永續高股息的 9.05%。

　　雖然群益台灣精選高息的上市時間不是太長，但是其特殊的動態選股策略，比傳統高股息指數多考量了成分股的 EPS 成長性，在每年的 12 月搶先布局有機會在來年發放高額股利的潛力股，是相當具有競爭力的設計。未來能否持續創造好的表現，值得投資人持續留意。

Chapter 6

投資報告4

科技、半導體 ETF

6-1

富邦科技
台灣老牌科技股ETF

　　台灣的科技業擁有大多數國家都無法匹敵的 2 個優勢：1. 台灣擁有大量願意接受高工時的工程師、2. 過去數十年來所累積的專利技術。雖然大家的既定印象或許會認為大多數專利都掌握在歐美大廠手上，即便小公司研發出新的技術並成功商用化，也往往很快就會被 Google、微軟（Microsoft）與亞馬遜（Amazon）等大公司併購，使專利被這些大廠壟斷。

　　不過受惠歐美早期放棄成本較高的代工業務，使台灣能在電子代工的領域逐步提升微縮技術，並透過申請專利以建立護城河，讓目前歐美大廠即便想在本土進行代工業務，良率也還是落差台灣一大截。

　　對大多數產業而言，新科技被研發出來，並不等於企業獲利就能立刻邁入成長期，而是必須等到這些新科技從實驗室走向工廠、商用化並被量產後才會真正反映在獲利上；這個階段需要透過專業的製造、代工與組裝廠協助，

表1 **0052成立以來年化報酬率13.17%**
——富邦科技（0052）基本資料

成立日期	2006.08.28	上市日期	2006.09.12
資產規模	142億元	追蹤指數	臺灣資訊科技指數
除息月份	4～5月	領息月份	5～6月
配息頻率	年配	成立以來年化報酬率	13.17%
累積報酬率	近1年	近3年	成立以來
	56.25%	70.56%	862.53%

註：1. 報酬率皆以市價計算，資產規模四捨五入至億元；2. 資料時間為 2024.11.29
資料來源：富邦投信、MoneyDJ

才能讓產品以大量、品質穩定且價格低廉的方式被銷售給終端客戶，這也是
台灣大多數科技業的價值所在。未來在 AI 的潮流下，無論是電腦、手機或
是其他電子產品的精密度都會變得愈來愈高，這不僅會成為台灣科技業在下
一個世代的主要成長動能，也讓富邦科技（0052）跟著擁有比其他 ETF 更
大的成長潛力。

持有台積電權重達6成以上

富邦科技在 2006 年 9 月上市，追蹤的是由台灣證交所和英國富時指數
共同編製的臺灣資訊科技指數（詳見表 1）。目前富邦科技會在每年 3 月、
6 月、9 月、12 月定期調整成分股，篩選原則相當單純，只要是臺灣 50

表2 **0052前3大成分股為台積電、鴻海、聯發科**
──富邦科技（0052）前10大成分股

代號	成分股	持股比重（%）	代號	成分股	持股比重（%）
2330	台 積 電	65.62	3711	日月光投控	1.40
2317	鴻 海	6.39	2357	華 碩	1.14
2454	聯 發 科	5.09	3231	緯 創	0.85
2382	廣 達	2.12	3034	聯 詠	0.76
2303	聯 電	1.40	3008	大 立 光	0.69

註：資料時間為 2024.11.29　　資料來源：富邦投信、MoneyDJ

指數或臺灣中型 100 指數成分股、且所屬產業是科技業的公司，就會被納入富邦科技的選股池，並針對市值愈大的公司配置愈高的投資權重。

富邦科技前 10 大成分股的結構與元大台灣 50（0050）非常相似，都包含台積電（2330）、鴻海（2317）與聯發科（2454）等權值股（詳見表 2），但不同之處在於富邦科技將金融與傳產股排除，且配置在前 3 大成分股的權重更高。

根據 2024 年 11 月數據，其中光是台積電占富邦科技的投資權重就達到 65%；與元大台灣 50 相比，富邦科技受到台積電的影響明顯更大。另一方面，因為排除了成長性較差的傳產與金融產業，從長期角度來看，科技股的績效往往會較其他產業勝出一截，成為富邦科技績效能擊敗大盤的關鍵。

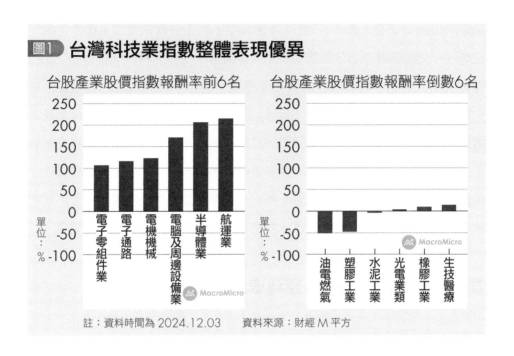

圖1 台灣科技業指數整體表現優異

台股產業股價指數報酬率前6名　　台股產業股價指數報酬率倒數6名

註：資料時間為 2024.12.03　　資料來源：財經 M 平方

科技業可望加速成長，拉開與傳產業間的差距

　　在過去 20 年當中，傳產與金融雖然不乏表現的機會，但股市與產業的大趨勢仍然以科技業為主，像是 2000 年網際網路的崛起、2010 年通訊技術由 3G 升級至 4G 並帶動智慧型手機普及率迅速攀升，以及近幾年電動車與 AI 等產業都開始帶動相關供應鏈的商機，這些都在科技業的範疇內，並且也都需要仰賴台灣電子代工的精密技術，這就是為何近幾年報酬率居末的產業都是傳產，而科技股表現明顯較佳的主因（詳見圖 1）。

　　以未來展望來看，除了 AI 對半導體與電子代工的需求增加，摺疊手機、光通訊、交換器與 5.5G 等應用也都逐步發酵，使台灣科技業普遍對 2025 年抱持樂觀展望，認為營收成長率能達到 10% ～ 20% 以上的公司並不在少數。另外，隨著美國聯準會（Fed）開始步入降息循環，企業在資金成本降低的情況下，會提升投資與融資的意願。近幾年，又在美中貿易戰的影響下，導致各國政府陸續推動半導體自主供應鏈，一旦半導體廠完成建置後，中游的零組件廠與下游的組裝廠，勢必也會需要配合客戶在當地生產，屆時將有助於各個產業營運加速升溫，為相關供應鏈開啟一波新的多頭循環。

長期報酬率優於大盤，殖利率約3%上下

　　截至 2024 年 11 月底，富邦科技的規模約在 140 億元上下，相較同一時期成立的元大台灣 50（規模約 4,100 億元）與元大高股息（0056，規模約 3,500 億元）而言，規模不算大，受到市場上的關注度雖然明顯偏低，但這並不影響其績效表現。自從成立以來，累積報酬率已達到 862%（詳見圖 2），年化報酬率約 13%，優於同期台股大盤的表現，顯示富邦科技反映的科技業投資價值並不亞於元大台灣 50。

　　因為將投資重心放在市值較大的科技股，它既能抓住科技股成長的主升段，整體投資組合的波動度又不會像直接投資單一個股這麼大；雖然富邦科技的投資部位集中在前 3 大成分股，但基於這些公司具有高市值與經營穩

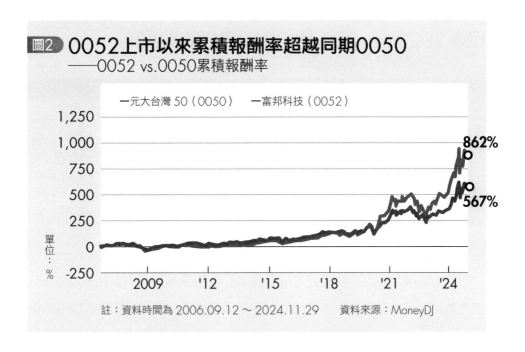

圖2 **0052上市以來累積報酬率超越同期0050**
——0052 vs. 0050累積報酬率

註：資料時間為 2006.09.12 ～ 2024.11.29　　資料來源：MoneyDJ

健成長的特性，因此多年來的表現一直都能維持在相對穩定的水準。

　　富邦科技採取年配息制度，不過自 2009 年有配息紀錄到 2024 年為止，曾有 2011 年、2013 年、2015 年沒有配息。長期殖利率水準大多落在 3% 上下（詳見表 3），和元大台灣 50 的水準差異不大。儘管殖利率不算高，但長期報酬率相當理想，成分股也都是大家耳熟能詳的大公司，平常不需要花太多心力追蹤。對於規畫進行長期投資且不需要穩定現金流的投資人而言，富邦科技會比存股更合適。

表3 **2023年、2024年0052殖利率皆逾3%**
——富邦科技（0052）配息紀錄

年度	股利（元）	年均殖利率（％）
2020	1.927	2.40
2021	1.032	0.82
2022	10.190	9.63
2023	4.000	3.54
2024	6.430	3.84

註：1. 年均殖利率採當年合計股利與年均股價計算；2. 資料時間為 2024.11.29
資料來源：Goodinfo! 台灣股市資訊網

　　近幾年愈來愈多具有特色的 ETF 陸續上市，編製原則相對單純的老牌 ETF 雖然討論度不算特別高，但它成立以來已經超過 18 年，經歷過金融海嘯與多次空頭時期，是極少數經得起考驗的 ETF。富邦科技不僅擁有優於大盤表現的報酬率、波動度相對多數科技股而言也不算大，因此算是一檔長抱也能安心的好標的。

元大全球AI
布局美國大型科技股

　　微軟（Microsoft）創辦人比爾·蓋茲（Bill Gates）曾說：「ChatGPT 的重大歷史意義，不亞於網際網路誕生。」過往大多數 App 與網站的成熟期幾乎都需要一段不短的時間醞釀，像是搜尋引擎 Google、叫車平台優步（Uber）、社群平台 Instagram、Telegram 等應用，都歷經動輒 2 年～ 5 年以上時間才累積到破億用戶數。但 2023 年推出的人工智慧（AI）聊天機器人服務 ChatGPT，僅在短短 2 個月內就累積 1 億名用戶，成長速度相當驚人，顯示 AI 產業後續的爆發力將會非常可觀。對 AI 產業有興趣的投資人，應該早已注意到台股當中有一檔名為元大全球 AI（00762）的 ETF。

只挑選AI營收占比大於50%的公司

　　元大全球 AI 是台灣第 1 檔主攻 AI 概念的 ETF，於 2019 年 1 月成立並掛牌上市，追蹤的是由歐洲規模最大的指數公司 STOXX 所編制的全球人工

表1 **00762成立以來年化報酬率24.84%**
──元大全球AI（00762）基本資料

成立日期	2019.01.16	上市日期	2019.01.23
資產規模	29億元	追蹤指數	STOXX全球人工智慧指數
配息頻率	不配息	成立以來年化報酬率	24.84%
累積報酬率	近1年	近3年	成立以來
	47.53%	54.34%	262.18%

註：1. 報酬率皆以市價計算，資產規模四捨五入至億元；2. 資料時間為 2024.11.29
資料來源：元大投信、MoneyDJ

智慧指數（詳見表1）。這個指數會在每年的 6 月定期調整成分股，並在 3 月、6 月、9 月、12 月調整權重。

　　成分股的篩選條件，必須是企業過去 1 年營收至少須 50% 以上來自 AI 業務，且為了確保具有足夠的流動性，只有近 3 個月每日成交金額中位數大於 200 萬歐元的股票才能被納入篩選；最後依照市值排序選出前 75% 的股票，並按照成分股市值及 AI 業務營收總額計算個別成分股的權重。

　　在審核權重時，個股初始權重高於 4.5% 者，合計不得超過 35%，且單一個股也有權重 8% 的上限。

　　可以看出，按上述流程選出的成分股，基本上可以說是全球 AI 產業的大

表2 00762前3大成分股為微策略、輝達、字母
——元大全球AI（00762）前10大成分股

代號	成分股	持股比重（％）
MSTR.US	微策略（MicroStrategy）	8.63
NVDA.US	輝　達（NVIDIA）	7.44
GOOGL.US	字　母（Alphabet）A股	7.16
META.US	臉　書（Meta）	7.09
MSFT.US	微　軟（Microsoft）	6.49
SNOW.US	雪　花（Snowflake）	5.66
DLR.US	數位不動產信託（Digital Realty Trust）	4.48
MRVL.US	邁威爾（Marvell）	4.47
ORCL.US	甲骨文（Oracle）	4.17
INTC.US	英特爾（Intel）	4.16

註：資料時間為 2024.11.27　　資料來源：元大投信

型龍頭股，根據2024年11月底的資料，大家耳熟能詳的輝達（NVIDIA）、Google 母公司字母（Alphabet）、臉書（Meta）、微軟、甲骨文（Oracle）都在元大全球 AI 的前 10 大成分股名單中，且合計權重將近 60%（詳見表2）。而 AI 領域中具有潛力且符合前述選股條件的公司，都有機會被納入，像是台灣的世芯-KY（3661）、創意（3443）與智原（3035）等，也都是成分股之一。

雖然這檔 ETF 沒有局限於投資特定國家，不過由於美國 AI 產業的發展位

居世界第 1，使得元大全球 AI 有高達約 9 成部位都在美國，其中約 65% 屬於資訊科技產業，20% 屬於通訊服務業。

自從 2012 年以來，隨著 AI 語言模型的參數量由原先的數百萬提升至數千億的水準，廣達（2382）董事長林百里曾於 2023 表示，AI 的算力需求每 3 個月就會翻 1 倍。而大家熟知的摩爾定律，也就是晶片效能每 18 個月翻倍的速度，似乎已趕不上市場對 AI 算力的需求提升速度。輝達執行長也在 2024 年受訪時指出，未來 10 年，AI 的運算效能將會每年翻倍甚至更高。

這意味著廠商必須透過採購更多 AI 伺服器並投入相關資源，才能因應 AI 技術持續優化的需求，從而帶動雲端、軟體與各種應用的性能達到優於同業的水準，並進一步提升公司的競爭力。

目前 AI 產業的觀察重點在於有效的獲利模式及資金延續性，美國各大廠雖然相繼投入高額資本支出在 AI 伺服器與相關技術的研發，但短期還看不到會讓多數使用者買單的產品，更不用提到轉盈。雖然新應用在推出初期無法立刻獲利是正常的現象，但金流能否繼續支應 AI 所需的投資就顯得相當重要；市場預期美國各大雲端供應商業者的資本支出將持續增加，但為了擴大 AI 領域的投資，普遍縮減非 AI 伺服器的採購預算，導致整體的伺服器市況仍不明朗，顯示這些大廠其實有一定的資金壓力。

以短期趨勢來看，AI 產業必然會有所波動，無論是發展方向有所偏誤，或是市場上抱持過度樂觀的期待，都有可能導致後續出現修正；但以長期趨勢來看，未來各種終端應用勢必無法與 AI 技術脫鉤，目前仍處於 AI 產業發展的初期階段，是進行長期布局的最佳時機。

隨著各產業對於 AI 的需求提升，全球 AI 市場規模將持續擴大；根據研究機構 Precedence Research 於 2024 年發布的數據，2023 年的 AI 市場規模達 5,380 億美元，預估 2034 年將成長至 3 兆 6,000 億美元，年複合成長率（CAGR）將高達 19%（詳見圖 1），AI 將持續成為未來市場上的重頭戲。

沒有配息，適合想賺取長期趨勢紅利的投資人

元大全球 AI 自 2019 年 1 月成立以來，截至 2024 年 11 月底的累計報酬率已達到 262%，換算成年化報酬率高達 24%，遠優於美股與台股大盤的表現，證實 AI 產業確實擁有相對較強的潛力，且相較同類型 ETF 的表現也排在前段班。此外，元大全球 AI 早在 2023 年前的績效就已經維持領先，這代表 AI 產業即便沒有在 2023 年爆紅，其長期績效也很有可能維持在領先的地位，穩定度與爆發力都有相當不錯的表現。

另外有一點要留意的是，元大全球 AI 是採取「不配息」的政策，主因在

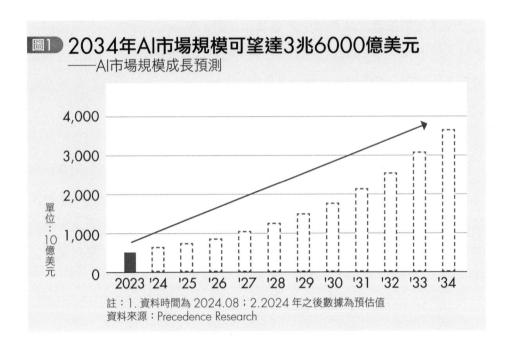

圖1 2034年AI市場規模可望達3兆6000億美元
——AI市場規模成長預測

註：1. 資料時間為 2024.08；2.2024 年之後數據為預估值
資料來源：Precedence Research

於這些業務以 AI 為主的公司大多需要投入相當龐大的資源，才能盡可能地在和同業的競爭中捷足先登，因此成分股普遍沒有發放股利的習慣。雖然投資人無法領取股利收入，但同時也免去了繳稅的困擾；且以元大全球 AI 過去幾年的績效而言，資產的成長已遠遠超過每年領股利所能賺取的報酬，適合短期對資金沒有迫切需求、想賺取長期趨勢紅利的投資人。

整體而言，元大全球 AI 是目前少數專攻 AI 概念股的 ETF，且從美股、港股到台股與其他全球股市的標的都有涉獵，投資廣度較全面且更能抓到重

點。即便未來 AI 趨勢出現轉折，也不怕因重壓單一個股而面臨滿盤皆輸的
局面；只要 AI 持續扮演科技進步的關鍵要角，就不怕元大全球 AI 的成分股
沒有成長空間。這檔 ETF 過去幾年已繳出穩定且優於大盤的成績單，相信未
來幾年隨著 AI 產業逐步轉趨成熟，元大全球 AI 還會有一段相當長的爬坡期。

國泰北美科技
軟硬體產業配置兼備

從數千年前人類文明的起源到現在，目前的科技水準不僅可說是處在巔峰時期，甚至還持續以飛快的速度繼續向前邁進；上一個世代討論熱度最高的科技產品到了下一代可能已經變得乏人問津。科技產業固然成為近幾十年來的市場主流，不過在許多新產業乘勢而起之際，其實也有不少產業遇到瓶頸或被取而代之。

追蹤標普北美科技行業指數

大家若仔細觀察最近這幾年新興的產業與技術，可發現幾乎都和軟體脫離不了關係，像是 5G、高速運算、人工智慧（AI）……等；大多數產品為了提升功效，或是達到更快速度的傳輸、運算速度，都對軟硬體整合的要求大幅提升。要想在未來的競爭格局中勝出，只具備傳統生產硬體設備的能力已不夠用，同時掌握硬體與軟體優勢才能高人一等，這就是美國科技大廠像是

表1	00770成立以來年化報酬率23.6%		

——國泰北美科技（00770）基本資料

成立日期	2019.01.22	上市日期	2019.01.29
資產規模	26億元	追蹤指數	標普北美科技行業指數
除息月份	1月	領息月份	2月
配息頻率	年配	成立以來年化報酬率	23.6%
累積報酬率	近1年	近3年	成立以來
	47.94%	61.27%	241.69%

註：1. 報酬率皆以市價計算，資產規模四捨五入至億元；2. 資料時間為 2024.11.29
資料來源：國泰投信、MoneyDJ

蘋果（Apple）、微軟（Microsoft）與 Google 等公司，之所以能在過去這數十年來維持領先地位的主因。而國泰北美科技（00770）就是 1 檔將投資範圍鎖定在美國科技大廠，且兼顧軟硬體公司的 ETF。

國泰北美科技追蹤的是標普北美科技行業指數（詳見表1），篩選成分股時只有 4 條件：

1. 公司市值須達 14 億美元。

2. 股票須在紐約證券交易所、那斯達克股票交易所、芝加哥選擇權交易所上市。產業分類屬於資訊科技行業，或是互動式家庭娛樂、互動式媒體與服務等子行業。

3. 流動比率達 30% 以上。

4. 公眾流通量不低於 20%。

　　由於主要目標是挑選出科技業具有指標性的大公司，因此編製原則相對單純，才不會偏離其投資精神。從指數編製原則來看，其實大多數美國大型科技股都會符合國泰北美科技的要求，因此可以將它視為 1 檔專門投資美國大型科技股的 ETF。

　　另外，為了在市況劇烈變化時也不致使 ETF 的表現失真，國泰北美科技每 1 季都會調整成分股，確保持有的標的都是科技產業中的大公司。

　　國泰北美科技的產業配置集中在資訊及通訊領域，根據 2024 年 11 月底的資料，前 10 大成分股大多是大家耳熟能詳的公司（詳見表 2），包含輝達（NVIDIA）、蘋果、微軟、臉書（Meta）與字母（Alphabet，Google 母公司）等；此外，知名的軟體大廠，如 Adobe、賽富時（Salesforce）、思科（Cisco）、Shopify 等都是成分股之一，是少數在軟硬體產業配置都相當健全的 ETF。國泰北美科技還有一個特色，就是會針對市值較大的公司配置較高的資金比重，這也讓它的淨值變化趨勢與市值型 ETF 較為相似。

　　從各個產業的市況來看，科技業仍具有明顯優於傳產與金融的動能。傳產主要受到原物料報價波動較大，以及終端消費尚未看到復甦跡象的影響，使

表2 **00770前3大成分股為輝達、臉書、蘋果**
──國泰北美科技（00770）前10大成分股

代號	成分股	持股比重（％）
NVDA.US	輝　達（NVIDIA）	8.89
META.US	臉　書（Meta）	8.48
AAPL.US	蘋　果（Apple）	8.25
MSFT.US	微　軟（Microsoft）	7.75
GOOGL.US	字　母（Alphabet）A股	4.69
AVGO.US	博　通（Broadcom）	4.02
GOOG.US	字　母（Alphabet）C股	3.97
CRM.US	賽富時（Salesforce）	2.66
ORCL.US	甲骨文（Oracle）	2.43
CSCO.US	思　科（Cisco）	1.99

註：資料時間為 2024.11.27　　資料來源：國泰投信、MoneyDJ

相關供應鏈獲利受到壓抑。而金融產業則因美國聯準會（Fed）降息態勢不明確，使銀行在設定利率及進行資產配置的難度提升。科技業雖然也會受到整體市場消費力道的影響，不過當前除了 AI 與高速運算的需求崛起，網通、電動車與半導體等產業也都有受惠政策利多，讓多數供應鏈的營運具有一定的成長性。

　　相對一般的硬體產業而言，軟體產業受到的關注程度雖然相對較低，但其實軟體的重要性完全不在硬體之下，甚至可以說大多數科技的進步都是來自

軟體功能的優化。無論是想讓感測的精準度提升、傳輸效率更快亦或是產品服務的項目變得更多元，幾乎都離不開軟體；在目前愈來愈多硬體發展出現瓶頸的影響下，企業必須透過升級軟體功能並加強整合能力，才能順利找到突破口。

　　根據研究機構統計，軟體占企業投資的金額在過去這 10 年～ 20 年來不僅有相當顯著的成長，且軟體的投資比重也有逐年攀升的趨勢，顯示企業對軟體的重視度日益提升。從研究機構 Precedence Research 的報告來看，2023 年全球軟體產業規模將近 6,600 億美元，在 AI、邊緣預算與資安等需求崛起的帶動下，預期 2030 年全球軟體產業規模將翻倍成長至 1 兆 4,000 億美元（詳見圖 1），為國泰北美科技的成長動能增添柴火。

近1年累積報酬率近48%

　　受惠科技類股大幅上漲，使國泰北美科技近 1 年累積報酬率將近 48%（截至 2024 年 11 月 29 日）；它的指數編製原則雖然相對單純，卻能讓投資人成功投資到輝達、微軟與超微（AMD）等具有高成長性的公司；就連具有技術優勢、潛力高且基期相對低的軟體股也不放過，使國泰北美科技創造出如此優異的績效表現。

　　不只報酬率亮眼，近 2 年以年均價計算的殖利率還高達 8% 以上（詳見

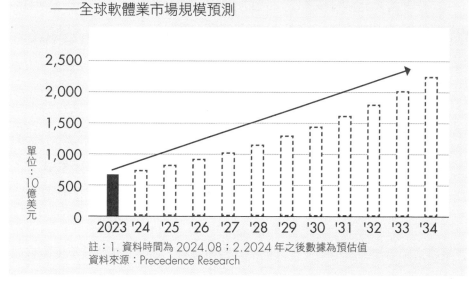

圖1 **2030年全球軟體業市場規模可望達1兆4000億美元**
——全球軟體業市場規模預測

單位：10億美元

註：1. 資料時間為 2024.08；2.2024 年之後數據為預估值
資料來源：Precedence Research

表3）；以 2024 年來說，若在除息前以 40 元以下買進，享有的殖利率還達到 10%。為何成分股大多不配息，但國泰北美科技卻能配出高息呢？主要是這檔 ETF 在換股時有豐厚的資本利得入帳，因此有能力運用資本利得進行配息，也使它在眾多美股 ETF 當中特別突出。

整體而言，國泰北美科技不僅是少數以美國科技股為主要投資標的的 ETF，它還比其他 ETF 更注重軟體產業的投資，配置在軟硬體產業的資金相對均衡。若看好未來科技產業將持續扮演股市主要的成長動能，且認同美國

表3 2023年、2024年00770殖利率皆逾8%
——國泰北美科技（00770）配息紀錄

年度	股利（元）	年均殖利率（%）
2020	0.76	2.74
2021	0.38	1.04
2022	1.95	6.31
2023	2.80	8.46
2024	4.00	8.98

註：1.年均殖利率採當年合計股利與年均股價計算；2.資料時間為2024.11.29
資料來源：Goodinfo! 台灣股市資訊網

企業將透過增加軟體相關投資以維持其領先優勢，國泰北美科技不僅能有效
減少挑選產業所需的心力，也能避開只投資單一產業、面臨修正或是看走眼
的風險，讓大家一手掌握美國最具有潛力的科技股，並帶動資產規模跟著穩
定成長。

國泰費城半導體
鎖定美國半導體各領域龍頭

在 2023 年～ 2024 年全球股市一路水漲船高下，擁有出色績效與穩定殖利率與現金流的高股息 ETF 儼然成為市場上的投資顯學，不少 ETF 也趁著當前千載難逢的行情陸續成立。其實人工智慧（AI）行情和傳統存股族會青睞的標的大不相同，高殖利率與高成長性往往會相互衝突，畢竟具有高成長性的企業會傾向保留更多資金進行投資，而營運相對平穩的企業才會發放較高的股利金額。

以當前的環境來看，AI 仍處在相當初期的階段，未來一段時間內勢必還會擔綱股市的主軸；目前相關技術大多掌握在美國手上，特別是半導體晶片更是如此。目前半導體在 AI 伺服器中的成本占比已達到 80%，且隨著輝達（NVIDIA）與其他資料中心業者陸續升級效能，使半導體相關產品的報價不斷地上漲，讓專注於半導體產業的 ETF 搭上順風車，首先我們先來看看國泰費城半導體（00830）這檔 ETF。

表1 00830成立以來年化報酬率為24.77%
——國泰費城半導體（00830）基本資料

成立日期	2019.04.23	上市日期	2019.05.03
資產規模	294億元	追蹤指數	美國費城半導體指數
除息月份	1月	領息月份	2月
配息頻率	年配	成立以來年化報酬率	24.77%
累積報酬率	近1年	近3年	成立以來
	38.07%	52.67%	245.26%

註：1. 報酬率皆以市價計算，資產規模四捨五入至億元；2. 資料時間為 2024.11.29
資料來源：國泰投信、MoneyDJ

追蹤美國費城半導體指數，選股相對單純

國泰費城半導體成立於 2019 年 4 月，追蹤美國費城半導體指數（詳見表 1），選股標準相對單純，條件主要包含在美國紐約證券交易所、那斯達克股票交易所、芝加哥選擇權交易所掛牌、屬於半導體產業、市值達 1 億美元以上、過去半年月均成交量達 150 萬股以上，再根據市值大小挑出 30 檔公司作為成分股，每年 9 月會定期調整，並在每年的 3 月、6 月、9 月、12 月根據成分股的市值變化以調整權重。

根據 2024 年 11 月底資料，AI 晶片霸主輝達（NVIDIA）為國泰費城半導體第 1 大成分股，其次依序為博通（Broadcom）、超微（AMD）、邁

表2 **00830前3大成分股為輝達、博通、超微**
——國泰費城半導體（00830）前10大成分股

代號	成分股	持股比重（%）
NVDA.US	輝　達（NVIDIA）	14.46
AVGO.US	博　通（Broadcom）	10.42
AMD.US	超　微（AMD）	7.80
MRVL.US	邁威爾（Marvell）	5.02
INTC.US	英特爾（Intel）	4.56
TSM.US	台積電ADR	4.48
MU.US	美光科技（Micron）	4.34
TXN.US	德州儀器（Texas Instruments）	3.95
ADI.US	亞德諾半導體（Analog Devices）	3.93
QCOM.US	高　通（Qualcomm）	3.79

註：資料時間為 2024.11.27　　資料來源：國泰投信、MoneyDJ

威爾（Marvell）、英特爾（Intel）及台積電 ADR（美股證券代號：TSM）（詳見表 2）。這些公司都在 AI 和網通領域扮演相當重要的角色，可以說國泰費城半導體的成分股幾乎都在半導體各個領域中扮演不可或缺的地位。

AI需求續增＋美中貿易戰，半導體產業利多

　　根據研究機構 Gartner 的報告，全球半導體產業庫存已在 2023 年第 4 季步入谷底，2024 年預期隨著伺服器、電腦與手機等應用產品都回到成長

軌道，將使全球半導體產值年增雙位數。從目前美國主要雲端服務供應商的大型資料中心將繼續提高資本支出來看，AI 伺服器仍得以維持高成長性。

根據研究機構集邦科技（TrendForce）在 2024 年 7 月發布的預測，全球 AI 伺服器於 2024 年的出貨量預估能達到 167 萬台，年增約 42%，並預估 2025 年有可能再成長約成 28%，在這個趨勢下，對半導體供應鏈將帶來相當龐大的貢獻。

再以輝達的財報來看，2024 年第 3 季的營收達到 351 億美元，年成長 94%；其中主要的貢獻就是來自資料中心業務部門的 308 美元，年成長就高達 112%。輝達預期第 4 季營收可望來到 375 億美元，屆時反映的股價的成長上，也將使相關的 ETF 同步受惠。

美國半導體產業除了在庫存去化落底與 AI 推動下具有高成長潛力，美中貿易戰也是重要關鍵。美國總統拜登（Joe Biden）在即將卸任前，又對中國半導體業祭出新一波嚴厲的管制措施。2024 年 12 月 2 日，美國商務部宣布中國 140 家企業列入黑名單，禁止包含美國、台灣及韓國在內的部分企業，向黑名單中的中國企業輸出半導體設備、用於 AI 晶片的高頻寬記憶體（HBM）等商品。這項措施的目的在於防止中國生產先進晶片並用於軍事用途，預期可為美國半導體公司將持續拉開與中國技術上的差距，並在這場 AI 晶片戰中維持領先地位，而美國費城半導體指數也將能持續成為半導

圖1 **00830績效優於其他4檔半導體ETF**
──00830、00904、00891、00892、00911績效

— 國泰費城半導體（00830）
— 新光臺灣半導體30（00904）
— 中信關鍵半導體（00891）
— 富邦台灣半導體（00892）
— 兆豐洲際半導體（00911）

單位：%

註：資料時間為 2023.07.11 ～ 2024.07.11　　資料來源：MoneyDJ

體產業中最具有代表性的一檔指數。

總管理費用率較多數追蹤美股的ETF低廉

　　半導體產業在 2024 年 7 月上旬時，相關個股及 ETF 一度來到股價相對高點。我們以 2024 年 7 月 11 日為截止日來觀察往前一年的走勢，可以發現國泰費城半導體的累積報酬率高達 68%，大幅優於同期美股標普 500 指數及那斯達克指數，也有優於同類型 ETF 的表現（詳見圖 1）；若將時

間拉長到 3 年，累積報酬率更有超過 100% 的水準（2021 年 7 月 9 日～
2024 年 7 月 11 日），績效相當驚人。相較新成立的 ETF 多用回測的方式
宣傳其報酬率，國泰費城半導體則用實績證明了它的優秀表現。

　　不只在績效表現上略勝一籌，國泰費城半導體過去幾年也都有配息，是
少數追蹤美國指數且有配息的 ETF。過往多是在每年 1 月除息並於隔月發
放，配息水準則不太一致，例如 2021 年和 2023 年配息都不到 0.4 元，
2022 年卻一口氣配了 2.8 元，2024 年則是配 1.51 元（詳見表 3）。

　　不過這檔 ETF 原本就不是以穩定配息或高配息為訴求，畢竟美國企業並不
流行發放股息，尤其多數半導體公司為了因應 AI 需求而提升資本支出以獲
得未來更高的成長性，配息水準自然不高。

　　而這類 ETF 若能夠配發較高的股息，主要也是因為來自於已實現的資本利
得，會投資這檔 ETF 的人多半是看中其成長性，股息不會是重要的考量。

　　另外，從費用的角度來看，國泰費城半導體的總管理費用率約 0.62%，
相較多數追蹤美股 ETF 的費用大多在 1% 以上而言，費用成本相對低廉。

　　整體而言，基於目前半導體大廠多以美國企業為主，在技術領先與中美貿
易戰所產生壁壘的影響下，使費城半導體指數的參考性較高。且國泰費城半

表3 2024年00830配發1.51元股利
——國泰費城半導體（00830）配息紀錄

年度	股利（元）	年均殖利率（%）
2021	0.32	1.10
2022	2.80	11.10
2023	0.12	0.39
2024	1.51	3.37

註：1. 年均殖利率採當年合計股利與年均股價計算；2. 資料時間為 2024.11.29
資料來源：Goodinfo! 台灣股市資訊網

導體也擁有規模較大與流動性較佳的優勢，對於想參與美股、AI 與半導體產業行情的投資人而言，這檔 ETF 是選股邏輯相對單純、費用相對低，且績效表現相對突出的選擇。

6-5

兆豐洲際半導體
成長性高且風險相對分散

在各國政府都開始推動半導體自主供應鏈的趨勢下，讓整個半導體產業逐漸吸引更多資金與投資機會。根據世界半導體協會預估，在人工智慧（AI）、5G／6G 通訊與電動車等新科技發展的趨勢下，2030 年全球半導體產業的市值將達到 1 兆美元水準，年複合成長率（CAGR）約 11.3%，遠超越大多數產業成長的速度。以短期趨勢來看，目前已有不少半導體大廠為了因應供應鏈轉移、AI 與先進製程需求而進行建廠與擴產，使 2025 年整體半導體產業資本支出將重返成長。過往半導體產業資本支出擴張往往伴隨著整體產業步入多頭循環，2025 年隨著經濟成長加速、新一代 AI 晶片推出及各項應用端導入 AI 技術逐步成熟，可望讓整體半導體產業加速成長。

追蹤洲際半導體指數

美國之所以能在經濟與軍事等領域都掌握主導地位，一大原因在於科技發

表1 00911成立以來累積報酬率85.3%
——兆豐洲際半導體（00911）基本資料

成立日期	2022.06.17	上市日期	2022.06.27
資產規模	7億元	追蹤指數	洲際半導體指數
除息月份	1月、7月	領息月份	2月、8月
配息頻率	半年配	成立以來年化報酬率	29.31%
累積報酬率	近1年	近3年	成立以來
	29.71%	N/A	85.3%

註：1. 報酬率皆以市價計算，資產規模四捨五入至億元；2. 資料時間為 2024.11.29
資料來源：兆豐投信、MoneyDJ

展較領先，軟體研發能力明顯優於大多數國家的水準；但隨著中國多年前在軟硬體設計能力急起直追，讓美國在電腦與手機等電子產品的競爭優勢削減，近年則透過美中貿易戰以拉開與中國的差距。

因此美國的地位當前還是難以動搖，仍然掌握最先進的技術與研發能力，使得對半導體業有興趣的投資人也不能不關注美國半導體發展。

在台灣發行的 ETF 當中，較早掛牌的相關 ETF 是 2019 年成立的國泰費城半導體（00830），追蹤美國費城半導體指數；2022 年則有兆豐洲際半導體（00911）問世，追蹤的是 ICE（洲際交易所）的半導體指數（NYSE Semiconductor Index）（詳見表 1），和美國大型的半導體 ETF「iShares

半導體 ETF（代號：SOXX）」追蹤的標的相同。

遇景氣波動時，00911較00830抗跌

兆豐洲際半導體投資的標的都是在美國上市的股票與 ADR，每年 9 月調整成分股，並逐季調整成分股權重，篩選原則一共包含以下條件：

1. 成分股必須在美國上市。

2. 成分股的 ICE 產業分類屬於半導體產業。

3. 市值大於 1 億美元，在外自由流通股數占發行股數 5% 以上，且近半年的每月交易量達 150 萬股。

4. 上述 3 個條件符合後，挑出自由流通市值前 30 大的公司作為成分股。

5. 設定前 5 大成分股權重不超過 8% 的上限、第 6 ～ 30 大成分股權重不超過 4%、ADR 投資權重不超過 10%。

根據 2024 年 11 月底的資料，兆豐洲際半導體前 10 大成分股與國泰費城半導體完全相同，其中前 3 大都依序是輝達（NVIDIA）、博通（Broadcom）、超微（AMD）（詳見表 2）。

另外，也同樣都有納入了全球最大半導體及顯示器設備商應用材料（Applied Materials）、電源管理晶片大廠芯源系統（Monolithic Power

表2 00911前3大成分股為輝達、博通、超微
——兆豐洲際半導體（00911）前10大成分股

代號	成分股	持股比重（%）
NVDA.US	輝　達（NVIDIA）	9.79
AVGO.US	博　通（Broadcom）	8.46
AMD.US	超　微（AMD）	7.91
TXN.US	德州儀器（Texas Instruments）	6.26
QCOM.US	高　通（Qualcomm）	6.01
MRVL.US	邁威爾（Marvell）	5.10
INTC.US	英特爾（Intel）	4.63
MU.US	美光科技（Micron Technology）	4.40
TSM.US	台積電ADR	4.19
ADI.US	亞德諾半導體（Analog Devices）	3.99

註：資料時間為2024.11.27　　資料來源：兆豐投信、MoneyDJ

Systems），以及半導體製程控制設備大廠科磊（KLA）等。基本上兩者的成分股相當相似，只是配置比重不同。兆豐洲際半導體更重視個股的分散性，例如審核成分股時，前5大持股上限各為8%；而國泰費城半導體的前3大持股占比規定依序是12%、10%、8%。

因此，主要差異會是在前2大成分股對於兆豐洲際半導體的影響力稍微小一些，遇到景氣波動時，兆豐洲際半導體有機會比較抗跌；但在景氣多頭時，國泰費城半導體的績效表現會明顯較佳。

表3 2024年00911配息達2.2元
—— 兆豐洲際半導體（00911）配息紀錄

股利發放年度		當期股利（元）	年度合計（元）	年均殖利率（%）
2024	H1	1.00	2.20	8.24
	H2	1.20		

註：1. 年均殖利率採當年合計股利與年均股價計算；2. 資料時間為 2024.11.29
資料來源：Goodinfo! 台灣股市資訊網

須留意高殖利率並非常態

配息方面，兆豐洲際半導體為半年配，2024 年合計配息達 2.2 元，若以年均股價計算殖利率約 8%（詳見表 3）。大部分成分股雖不配息，但基於兆豐洲際半導體過去 1 年多已累積龐大的已實現資本利得，因此具備較高的配息能力。要注意的是，這樣的殖利率看似誘人，不過它的本質仍是投資於美國具有潛力的半導體公司，高殖利率表現不會是未來常態。

整體而言，兆豐洲際半導體是一檔很純的美國半導體 ETF，它網羅了美國各大半導體領域的龍頭廠，且投資權重的限制比一般 ETF 更嚴格，這讓它成為一檔成長性高且風險相對分散的半導體 ETF。

6-6

中信關鍵半導體
首檔結合半導體與ESG的ETF

在全球矚目的人工智慧（AI）熱潮下，相關供應鏈中就以半導體扮演其中最重要的角色，基於台灣的半導體產業掌握技術領先的優勢，無論是半導體產業的上、中、下游供應商，幾乎都能分食相關訂單。而市面上多檔半導體ETF中，2021年5月上市的中信關鍵半導體（00891）是第1檔結合半導體產業與 ESG 概念的 ETF。之所以會將 ESG 納入考量的主因在於，技術領先的半導體廠大多須和海外大客戶合作，若 ESG 未符合相關規範，接單能力勢必會受到影響。

換個角度想，公司肯定是在有獲利的情況下才有餘力進行 ESG 相關業務，因此 ESG 達標的企業不僅在和歐美客戶合作上較有利，也象徵這家公司具有一定獲利能力。

例如在日月光投控（3711）致力於綠能發展，透過水資源管理節省用水；

台積電（2330）積極推動綠色低碳供應鏈；聯發科（2454）則深耕在地人才培育，包括建立各縣市程式教育師資，並與台灣大學、清華大學等建立產學合作等，都是 ESG 的積極實踐者。

成分股營收須逾50%來自半導體產業

從選股流程來看，要入選為成分股的企業，市值必須大於 1 億美元，且屬於半導體產業的公司，定義是公司營收來自半導體相關產業的比重需大於50%。為了確保公司的獲利能力，過去 12 個月的投入資本回報率（ROIC）需大於零，或是股利發放率大於零。在流動性方面，過去 3 個月的日均成交值要達 50 萬美元以上等。

上述條件符合後，再剔除 ESG 風險分數過高的公司，並在剩餘符合條件的公司中選取市值排名前 30 大的個股，以確保這些公司具有足夠的競爭力；同時每檔個股權重控制 20% 以下，前 5 大持股合計不高於 65%，並於每年 1 月、4 月、7 月、10 月進行成分股審核（詳見表 1）。

根據 2024 年 11 月底的資料，中信關鍵半導體的第 1 大成分股為聯發科，第 2 大為台積電（詳見表 2），是難得台積電並非為第 1 大持股的台灣科技股 ETF，只不過兩者權重還是相當接近，都在 20% 左右。其後為聯電（2303）、日月光投控及聯詠（3034）等，都在半導體產業中扮演舉

表1 00891成立以來年化報酬率10%
——中信關鍵半導體（00891）基本資料

成立日期	2021.05.20	上市日期	2021.05.28
資產規模	186億元	追蹤指數	NYSE FactSet臺灣ESG永續關鍵半導體指數
除息月份	2月、5月、8月、11月	領息月份	3月、6月、9月、12月
配息頻率	季配	成立以來年化報酬率	10%
累積報酬率	近1年	近3年	成立以來
	20.14%	26.12%	39.61%

註：1. 報酬率皆以市價計算，資產規模四捨五入至億元；2. 資料時間為 2024.11.29
資料來源：中國信託投信、MoneyDJ

足輕重的地位。可以看到其成分股多為大型股，擁有獲利穩定且技術較領先的優勢，也能優先搭上 AI 趨勢順風車。而從產業上中下游分布來看，又更偏重於上游的 IC 設計及中游的晶圓代工等。

以中長期趨勢來看，基於 AI 對效率的要求沒有天花板，且大多終端客戶彼此間的競爭仍相當激烈，不大會為了省成本而放棄升級晶片、使自己的產品失去競爭力，這個趨勢有助於半導體製程持續往更先進的方向發展；在「摩爾定律」仍有效、技術沒有遇到真正的瓶頸之前，台積電在未來幾年內能夠持續與其他競爭對手拉開差距，並帶動 IC 設計與封裝測試等相關供應鏈跟著受惠。

表2 **00891前2大成分股為聯發科、台積電**
——中信關鍵半導體（00891）前10大成分股

代號	成分股	持股比重（%）	代號	成分股	持股比重（%）
2454	聯 發 科	20.08	2379	瑞 昱	3.82
2330	台 積 電	19.37	3529	力 旺	3.35
2303	聯 電	8.23	3661	世 芯 - K Y	2.87
3711	日月光投控	8.23	2449	京 元 電 子	2.40
3034	聯 詠	4.57	6415	矽 力 * - K Y	2.30

註：資料時間為 2024.11.29　　資料來源：投信、MoneyDJ

另外，先前台灣政府也訂定碳稅相關法案，規畫初步將先於 2025 年針對每年碳排放量達到 2 萬 5,000 公噸以上的公司徵收碳稅，其中包含不少上市櫃的製造業者；隨著這些公司將付出更高的成本以符合法規，將使資金逐步流向 ESG 表現較佳的企業以降低風險，使 ESG 重要性得以逐步提升。

成立3年半以來年化報酬率10%，仍算穩健

過往幾年，大多數主打 ESG 概念且擁有好績效的 ETF 並不多見，關鍵在於台灣的 ESG 相關法規不夠嚴格，使 ESG 所帶來的正面影響還無法完全反映在企業價值上。從中信關鍵半導體成立至今 3 年多的績效來看，累積報酬率約 39%，雖然落後大盤，但是年化報酬率仍有 10% 的水準，依然算是穩健。

表3 **2024年00891殖利率逾9%**
——中信關鍵半導體（00891）配息紀錄

股利發放年度		當期股利（元）	年度合計（元）	年均殖利率（％）
2022	Q1	0.29	0.65	5.10
	Q2	0.00		
	Q3	0.26		
	Q4	0.10		
2023	Q1	0.11	0.73	5.32
	Q2	0.13		
	Q3	0.22		
	Q4	0.27		
2024	Q1	0.32	1.62	9.01
	Q2	0.40		
	Q3	0.41		
	Q4	0.49		

註：1. 年均殖利率採當年合計股利與年均股價計算；2. 資料時間為 2024.11.29
資料來源：Goodinfo! 台灣股市資訊網

再觀察中信關鍵半導體 2022 年～ 2024 年的配息，平均殖利率約在 5.7%，其中 2022 年和 2023 年分別為 5.1% 及 5.32%，2024 年則大幅攀升到 9%（詳見表 3）。

整體而言，中信關鍵半導體的投資組合完整地涵蓋了半導體產業上、中、下游，是 1 檔投資範圍最廣的半導體 ETF。另外，中信關鍵半導體也是算是

能兼顧績效與殖利率,多數追求產業成長、賺取資本利得的 ETF 往往會在配息的表現上落後一截,而主打高殖利率的 ETF 也往往因投資的標的大多缺乏成長性,使報酬率表現相對平淡;但中信關鍵半導體兼顧了成長性與殖利率,加上 ESG 也逐步成為市場的顯學,對於半導體和 ESG 題材有興趣的投資人可以持續留意它的表現。

富邦台灣半導體
專注台廠相關概念股

受惠人工智慧（AI）趨勢，台灣的半導體產業前景持續看好。根據工研院產科國際所（IEKCQM）的預測，2024 年台灣半導體產業的產值約新台幣 5 兆 3,000 億元，年成長高達 22%；2025 年也可望成長超過 16%，也就是產值將突破 6 兆元。

布局涵蓋晶圓製造、IC 設計、半導體封測到半導體設備

要想搭上半導體產業的順風車，台股當中目前有好幾檔 ETF 可以挑選，其中，2021 年 6 月成立的富邦台灣半導體（00892），是專挑台灣的半導體概念股投資，涵蓋晶圓製造、IC 設計、半導體封測到半導體設備等。

富邦台灣半導體追蹤的是指數公司 ICE 的 NYSE FactSet 台灣核心半導體指數（詳見表 1），成分股共 30 檔，會在每年 4 月與 10 月定期審核，所

表1 00892成立以來年化報酬率6.88%
——富邦台灣半導體（00892）基本資料

成立日期	2021.06.02	上市日期	2021.06.10
資產規模	61億元	追蹤指數	NYSE FactSet台灣核心半導體指數
除息月份	7月、11月	領息月份	8月、12月
配息頻率	半年配	成立以來年化報酬率	6.88%
累積報酬率	近1年	近3年	成立以來
	25.07%	13.70%	26.02%

註：1. 報酬率皆以市價計算，資產規模四捨五入至億元；2. 資料時間為 2024.11.29
資料來源：富邦投信、MoneyDJ

有成分股都是在台灣上市櫃的公司，且須符合以下 3 個篩選條件：

1. 市值達 5 億美元以上。

2. 過去 3 個月的日均成交金額達 100 萬美元以上。

3. 半導體業務相關的營收占比需大於 50%。

符合上述條件所篩出的公司，市值前 3 大者會被納入成分股；其他公司則按「GPA」，也就是「（營業收入－銷貨成本）／總資產」排序，這個指標簡單說就是能用總資產賺取多少毛利；接著會依「半導體製造」與「非半導體製造」進行區隔，這 2 個領域 GPA 排名最高的前 15 檔公司則會成

表2 00892前3大成分股為台積電、瑞昱、力旺
—富邦台灣半導體（00892）前10大成分股

代號	成分股	持股比重（％）	代號	成分股	持股比重（％）
2330	台 積 電	24.26	3711	日月光投控	5.84
2379	瑞 昱	6.46	3034	聯 詠	5.83
3529	力 旺	6.06	3443	創 意	5.59
2454	聯 發 科	6.05	6223	旺 矽	3.57
5274	信 驊	6.02	3035	智 原	2.78

註：資料時間為 2024.11.29　　資料來源：富邦投信、MoneyDJ

為成分股。其中最大成分股占比上限為 25%，其他單一成分股為 6%，前 5
大合計上限為 50%。

　　根據 2024 年 11 月底的資料，富邦台灣半導體投資占比最高的成分股是
台積電（2330），達到 24%；其後是瑞昱（2379）、力旺（3529）、
聯發科（2454）等分別占約 6%（詳見表 2）。這些公司的市值與獲利不
僅都具有一定水準，在各自專精的領域也都維持領先地位。

　　從 2024 年的趨勢來看，半導體可說是成長性最明確的一個產業。除了
AI 帶動伺服器、加速卡與繪圖卡等產品對晶片的需求量提升，汽車、高速
運算、電腦與手機等應用的拉貨也都逐步回溫，使晶圓代工廠產能利用率逐
步回升至 90% 以上的水準，並帶動 IC 設計、封測與周邊產業的營運跟著

復甦。展望 2025 年，研究機構 Semiconductor Intelligence 預估，全球半導體產業資本支出將出現成長，達到 1,850 億美元。

從 IC 設計產業的角度來看，AI 相關應用的主晶片設計雖大多把持在美國大廠的手上，不過台廠還是有搶下 AI 晶片加速器的訂單，未來將配合台積電 CoWoS 先進製程一同出貨。

報酬率優於同期大盤，長期表現可期

以 2024 年 7 月 11 日股價高點為截止日，觀察富邦台灣半導體前 1 年的表現，累積報酬率為 55.68%，相較其他半導體 ETF 表現稍弱，不過這個成績還是優於同期大盤，長期表現可以持續留意。

富邦台灣半導體的投資邏輯其實和台灣加權指數有著異曲同工之妙，台積電的占比都達到遠高於其他個股的水準；不過富邦台灣半導體的投資標的僅限於半導體產業，並對公司的流動性與獲利能力都訂定相關規範，投資主題更為明確。從長期角度來看，未來 10 年內在台積電能維持技術領先的優勢下，使台灣相關供應鏈也得以跟著沾光，並靠著和台積電合作以提升競爭力，成長性優於其他產業是必然的趨勢。

在配息方面則是採取半年配，根據富邦台灣半導體 2021 年～ 2024 年

表3　**2024年00892殖利率為2.39%**
——富邦台灣半導體（00892）配息紀錄

股利發放年度		當期股利（元）	年度合計（元）	年均殖利率（％）
2021		0.580		3.610
2022	H1	0.219	0.569	4.690
	H2	0.350		
2023	H1	0.281	0.479	3.880
	H2	0.198		
2024	H1	0.145	0.385	2.390
	H2	0.240		

註：1. 年均殖利率採當年合計股利與年均股價計算；2. 資料時間為 2024.11.29
資料來源：Goodinfo! 台灣股市資訊網

的配息紀錄，以年均價計算的殖利率約為 3.6%（詳見表 3），並不算差。
整體而言，其優勢讓投資人享受半導體產業的趨勢紅利，又能同時領取穩定
的股息。

6-8

新光臺灣半導體30
鎖定市值前30大公司

從台灣各個半導體次產業的表現來看，無論是晶圓代工、IC 設計、封測與設備，產值都呈現成長趨勢。

台灣本身除了有技術領先的優勢，又具有在美中兩國之間斡旋的能力，這就是近幾年台灣半導體供應鏈的股價，之所以能擁有驚人漲幅的主因。若看好台灣半導體產業的優勢與未來成長性，市場上還有一檔專注投資台灣半導體業的 ETF——新光臺灣半導體 30（00904）。

台積電、聯發科合計占投資權重近5成

新光臺灣半導體 30 在 2022 年 3 月上市，追蹤的是臺灣全市場半導體精選 30 指數（詳見表 1），是台灣的指數編製公司。每年 3 月、6 月、9 月、12 月定期調整成分股，篩選原則一共包含以下條件：

表1 00904成立以來累積報酬率33.59%
——新光臺灣半導體30（00904）基本資料

成立日期	2022.02.23	上市日期	2022.03.07
資產規模	20億元	追蹤指數	臺灣指數公司臺灣全市場半導體精選30指數
除息月份	1月、4月、7月、10月	領息月份	2月、5月、8月、11月
配息頻率	季配	成立以來年化報酬率	10.9%
累積報酬率	近1年	近3年	成立以來
	22.93%	N/A	33.59%

註：1. 報酬率皆以市價計算，資產規模四捨五入至億元；2. 資料時間為 2024.11.29
資料來源：新光投信、MoneyDJ

1. 市值達新台幣 10 億元以上。

2. 產業分類屬於半導體。

3. 上述 2 個條件符合後，挑出市值前 30 大的公司作為成分股。

4. 設定單一成分股權重不超過 30%、前 5 大成分股合計權重不超過 60% 的上限。

篩選原則相對單純，主要的投資目標就是挑出市值大的半導體公司；且對單一成分股的持有權重設定相對寬鬆的規則，原因在於台積電（2330）在整體半導體產業的市值占比太高，為了同時兼顧貼近台股市況與分散投資風險，刻意拉高單一成分股的持有上限，並將前 5 大成分股的投資權重上限

設定在與大多數 ETF 接近的水準。

　　根據 2024 年 11 月底的資料，新光臺灣半導體 30 投資占比最高的是台積電，高達 32.71%（詳見表 2）。之所以會突破單一成分股占比 30% 上限，主因在於股價上漲；若下一次調整成分股時還是高於這個上限，就會調降台積電持股比重到 30% 以下。

　　第 2 大持股是聯發科（2454），占比約 17.6%，也就是説，前 2 大持股的比重合計約為一半，集中度高。新光臺灣半導體 30 並不是刻意重壓台積電與聯電，而是因為這 2 家公司的市值太大，和其他公司之間的差距過於懸殊，才會導致新光臺灣半導體 30 的投資部位特別偏重在它們身上。新光臺灣半導體 30 採取市值加權的特性，也讓它適合拿來和元大台灣 50（0050）、元大 MSCI 台灣（006203），或是同樣以市值排序的富邦公司治理（00692）等 ETF 進行比較。

半導體產業還有2～3年以上復甦與擴張期

　　在整個 AI 產業中，AI 晶片龍頭輝達（NVIDIA）固然扮演最重要的角色，但若少了台灣的半導體供應鏈，整個科技產業的技術至少會回到超過 10 年前的水準，因此在 AI 正在起飛的階段，台灣的半導體產業已成為不可或缺的一環。

表2 00904最大成分股為台積電，占比達32.71%
——新光臺灣半導體30（00904）前10大成分股

代號	成分股	持股比重（%）	代號	成分股	持股比重（%）
2330	台積電	32.71	3034	聯詠	2.63
2454	聯發科	17.62	2327	瑞昱	2.61
2303	聯電	4.74	2449	京元電子	2.50
3711	日月光投控	4.54	6415	矽力*-KY	2.49
3529	力旺	3.32	3661	世芯-KY	2.41

註：資料時間為 2024.11.29　　資料來源：新光投信、MoneyDJ

　　因應地緣政治衝突對供應鏈產生的衝擊，台積電與其他半導體廠陸續到美國、日本與德國等地建廠；隨著新廠在 2025 年後陸續投產，先前高額的資本投資也將逐步轉化為營收與獲利，讓台灣半導體產業邁入加速成長期。

　　從各個應用領域來看，目前無論是資料處理、消費性電子、通訊或汽車等領域對半導體的需求都開始回到成長軌道，且成長性至少都在 10% 以上。觀察半導體產業過往在走出谷底後，往往會迎來長達 2 年～ 3 年以上的復甦與擴張期；而這次半導體產業更有 AI 需求的加持，將帶動半導體拉貨量進一步增加、規格也會加速升級。

　　另外，美國已經對中國半導體業實施第三波的管制，且 2025 年川普（Donald Trump）上任總統後，可能對中國採取更激進的政策，未來一旦

表3 ## 2024年00904殖利率為3.75%
——新光臺灣半導體30（00904）配息紀錄

股利發放年度		當期股利（元）	年度合計（元）	年均殖利率（%）
2022			0.210	1.820
2023	Q1	0.095	0.440	3.410
	Q2	0.105		
	Q3	0.110		
	Q4	0.130		
2024	Q1	0.350	0.650	3.750
	Q2	0.050		
	Q3	0.100		
	Q4	0.150		

註：1. 年均殖利率採當年合計股利與年均股價計算；2. 資料時間為 2024.11.29
資料來源：Goodinfo! 台灣股市資訊網

有更多制裁，可望讓更多半導體訂單流向台廠。台灣不只擁有半導體技術較佳的優勢，高效率的管理制度也是海外難以效仿的模式，且台灣多數一流人才更將半導體產業作為畢業後最佳的去處，這讓台灣半導體產業在人才、制度、資源與技術等面向都無懈可擊，並成為績效長期優於大盤的主要動能。

長期報酬率很有機會超越大盤

以 2024 年 7 月 11 日股價高點為截止日，觀察新光臺灣半導體 30 往

前 1 年的表現，累積報酬率達 65%，不僅優於大盤，也優於同期元大台灣 50（0050）的表現。

配息部分則是採取季配息，觀察新光臺灣半導體 30 在 2022 年～ 2024 年的配息紀錄，以年均價計算的殖利率約為 3%，算是合理的水準（詳見表 3）。不過這類 ETF 原本就不是以殖利率取勝，能夠參與半導體業的成長才是重點。

國泰台灣5G+
專攻台灣5G供應鏈

在過去幾年的各種新科技當中，5G（第 5 代行動通訊）絕對可以説是其中最重要的一股潮流，它對偏鄉地區的網路傳輸速度產生相當大的影響，使城市與鄉村之間的差距得以有效縮小。雖然自推出以來已超過 5 年時間，但進展並沒有就此放緩，各項應用為了提升傳輸速度與性能，仍持續調整設計並導入 5G。除了大家熟知的 5G 手機，物聯網、智慧工廠、智慧交通與企業專網等應用也都積極導入 5G 設計。隨著愈來愈多應用接軌，未來對於傳輸速度與品質的影響勢必還會有更明顯的改善；若投資人看好 5G 的成長趨勢，可來認識這檔國泰台灣 5G ＋（00881）ETF。

台灣唯一具有配息機制的5G 主題ETF

國泰台灣 5G ＋是當前台灣唯一具有配息機制的 5G 主題 ETF，上市時間是 2020 年 12 月，追蹤臺灣指數公司特選臺灣上市上櫃 FactSet 5G ＋通

表1 **00881成立以來年化報酬率為18.48%**
——國泰台灣5G＋（00881）基本資料

成立日期	2020.12.01	上市日期	2020.12.10
資產規模	592億元	追蹤指數	臺灣指數公司特選臺灣上市上櫃FactSet 5G＋通訊指數
除息月份	1月、8月	領息月份	2月、9月
配息頻率	半年配	成立以來年化報酬率	18.48%
累積報酬率	近1年	近3年	成立以來
	47.15%	61.13%	93.72%

註：1. 報酬率皆以市價計算，資產規模四捨五入至億元；2. 資料時間為 2024.11.29
資料來源：國泰投信、MoneyDJ

訊指數（詳見表1），會在每年 4 月與 10 月定期審核成分股，篩選原則相當簡單，只有以下 3 個條件：

1. 企業的 5G 營收占比大於 50%。
2. 近 3 個月日均成交金額達 5,000 萬元以上。
3. 近 4 季每股盈餘（EPS）為正。

符合上述條件後，國泰台灣 5G ＋會取出市值排名前 30 大的公司作為成分股，並依照市值加權的方式進行資金配置。為了避免資金過度集中，國泰台灣 5G ＋有設定單一成分股的權重上限為 30% 的天花板，並將前 5 大成

分股的權重上限設定為 65%，使投資風險得以分散。

　　國泰台灣 5G＋雖然主打 5G，但資產配置有高達 5 成集中在半導體產業，背後的主因在於射頻元件、晶圓代工與測試及 IC 設計等公司，都在 5G 產業具有舉足輕重的地位；再加上台積電（2330）、聯發科（2454）與聯電（2303）等權值股市值較大，在指數以市值排行篩選時自然會被納入並占據較高比重（詳見表 2）。除了半導體，與 5G 相關的電路板、被動元件、散熱模組、網通設備及電源管理等產業也都在投資範疇當中，顯示國泰台灣 5G＋在 5G 的產業布局相當完整。

行動通訊裝置流量倍增，5G產業成長潛力大

　　回顧過往每一代行動通訊技術的演進，1G 走向 2G 是由類比走向數位，2G 走向 3G 則是由語音走向數據時代，3G 走向 4G 最大的改變則是實現 IP 化，4G 走向 5G 則是讓訊號傳輸速率大幅提升至 1Gbps ～ 10Gbps，並有效克服訊號衰減的問題，因此 5G 產業的觀察重點在於流量變化。

　　根據愛立信（Ericsson）發布的行動趨勢報告，全球智慧型手機在 2020 年的月平均流量僅約 9.1GB，到了 2021 年就提升 33% 至 12.1GB，2022 年 則 再 增 加 34.4% 至 16.26GB，2023 年 則 年 增 30% 至 21.13GB，顯示近幾年流量提升的速度都維持在相當高的水準。在人工智

表2 00881前3大成分股為台積電、鴻海、聯發科
——國泰台灣5G+（00881）前10大成分股

代號	成分股	持股比重（%）	代號	成分股	持股比重（%）
2330	台積電	29.86	2303	聯　電	3.53
2317	鴻　海	14.21	2345	智　邦	2.63
2454	聯發科	11.39	3231	緯　創	2.27
2308	台達電	4.83	3034	聯　詠	2.06
2382	廣　達	4.81	3045	台灣大	1.93

註：資料時間為 2024.11.29　　資料來源：國泰投信、MoneyDJ

慧（AI）對資料傳輸需求大幅提升及影音串流的帶動下，研究機構預估未來 5 年行動通訊裝置的流量將再成長 3 倍，成長性相當驚人。

由於 5G 訊號具有穿透力強但繞射能力弱的特性，全球大多以低頻與穿透性較佳的 700MHz／3.5GHz 作為 5G 主要使用頻段；隨著各國 5G 布建的密集度逐步提升，目前全球 5G 覆蓋率已達到 45% 水準，未來將開始邁向 5.5G／6G 世代。5.5G 可視為 5G 與 6G 之間的過渡期，這個階段的目標不僅在於提升傳輸速度，更要透過導入 AI 和機器學習（ML）以加強人機互動，為未來 6G 世代的量子通訊先行鋪路。

以短期趨勢來看，美國斥資 650 億美元的寬頻基建計畫，以及歐盟投資 2,000 億歐元的數位 10 年政策計畫，將成為 5G 產業在未來幾年的主要

推手。這 2 個計畫都需要透過布建大量 5G CPE 設備（可接收 5G 網路服務並轉換為家中 Wi-Fi 訊號或有線網路的終端設備）以有效提升網路傳輸速度，是支撐電信商下單量維持在高檔、甚至持續成長的主要動能。

5G 滲透率提升及技術演進都對相關供應鏈帶來不小的貢獻，像是晶片規格往 5 奈米以下的先進製程升級、PCB 板層數增加至 20 層以上、網通設備由 Wi-Fi 5 邁向 Wi-Fi 6 ／ Wi-Fi 7 等，整個 5G 產業的供應鏈都會迎來新的商機。

績效優於大盤及同類型5G ETF

5G 產業雖已發展多年，但整個產業的成長性非但沒有出現放緩的跡象，甚至連股價報酬率也都達到非常可觀的水準。截至 2024 年 7 月 11 日的股價高點，國泰台灣 5G ＋的 1 年累積報酬率高達 71%，明顯優於台股大盤及同類型 5G ETF，即使是下半年股價出現回檔，整體績效也保持領先。

國泰台灣 5G ＋的編製原則雖然相對單純，但大家所能想像的 5G 概念股全都在選股池當中，這是它之所以能順利搶占整段 5G 行情的關鍵。

另外有一點值得留意的是，台股電子產業的報酬率一向會在下半年優於上半年表現，只要不出現黑天鵝，那通常在上半年會是布局國泰台灣 5G ＋

表3 2024年00881殖利率達7.81%
——國泰台灣5G＋（00881）配息紀錄

股利發放年度		當期股利（元）	年度合計（元）	年均殖利率（％）
2021	H2	0.54		3.07
2022	H1	0.59	0.85	5.63
	H2	0.26		
2023	H1	0.35	0.81	4.97
	H2	0.46		
2024	H1	0.75	1.75	7.81
	H2	1.00		

註：1. 年均殖利率採當年合計股利與年均股價計算；2. 資料時間為 2024.11.29
資料來源：Goodinfo! 台灣股市資訊網

的好時機。

配息部分則是採取半年配，多在 1 月及 8 月除息，並於 2 月及 9 月發放，自 2021 年下半年第 1 次配息以來，以年均價計算的殖利率約在 5.3% 左右。而 2024 年獲利出色，配息明顯提高，合計 1.75 元，年均殖利率達到 7.81%（詳見表 3）。這樣的表現使得國泰台灣 5G ＋成為 1 檔報酬率優於同類型 ETF 且提供高殖利率的標的。

放眼全球，台灣 5G 產業的完整度確實可說是世界少有，從上游的半導體、被動元件、PCB 到下游的組裝與設備都一應俱全（詳見圖 1），使台

圖1 台灣科技業擁有完整5G供應鏈
——台灣5G產業相關台廠

5G通訊基礎建設	
射頻元件	穩 懋（3105）
晶片測試	京元電（2449）
電路載板	欣 興（3037）
散熱模組	台達電（2308）
濾波器	國 巨（2327）
陶瓷電容	華新科（2492）
銅箔基板	聯 茂（6213）
網通設備	廣 達（2382） 智 邦（2345）

5G手機	
組裝	鴻 海（2317） 和 碩（4938） 緯 創（3231）
PCB	臻鼎-KY（4958） 健 鼎（3044）
IC製造、手機晶片	聯發科（2454） 台積電（2330） 聯 電（2303）
手機鏡頭	大立光（3008）
電源供應系統	台達電（2308）
電源管理晶片	矽力*-KY（6415）

資料來源：國泰投信

灣成為 5G 產業發展最蓬勃、行情最火熱的 1 個市場。未來隨著 AI 與影音串流對資訊傳輸的需求量大幅提升，再加上各國政府對網路基礎建設的補助政策加持，勢必會讓 5G 產業再迎來一段既陡且長的爬坡期。

Chapter 7

投資報告5

主題型ETF

7-1

富邦公司治理
成分股與0050高度重疊

ESG（環境保護、社會責任、公司治理）是最近這幾年來才興起的議題，雖然目前大多數公司的重視度仍不高，普遍只追求符合法令規範的最低標準；但其實 ESG 已開始受到愈來愈多投資人的重視，特別是 ESG 當中的公司治理，更是大多數基金經理人最在意的環節。

公司治理不僅僅會影響內部員工，它也可能對外部投資人造成嚴重的影響，像是美國伺服器製造商美超微（Supermicro）被質疑未揭露與關聯方之間的交易，負責審查其財報公司的安永會計師事務所宣布退出審查，導致股價 1 天就暴跌近 33%，也使得美超微無法如期提交財報，一度面臨下市危機。儘管目前台灣不少公司仍採取人治為主、法治為輔的管理模式，但隨著愈來愈多公司爆發會計醜聞，大多數上市櫃公司的治理守則已修訂得愈臻完善。若想降低投資組合因公司治理問題產生的風險，可參考將公司治理納入選股條件的 ETF。

表1 00692成立以來年化報酬率16.45%
——富邦公司治理（00692）基本資料

成立日期	2017.05.04	上市日期	2017.05.17
資產規模	296億元	追蹤指數	臺灣公司治理100指數
除息月份	7月、11月	領息月份	8月、12月
配息頻率	半年配	成立以來年化報酬率	16.45%
累積報酬率	近1年	近3年	成立以來
	39.94%	46.51%	213.41%

註：1. 報酬率皆以市價計算，資產規模四捨五入至億元；2. 資料時間為 2024.11.29
資料來源：富邦投信、MoneyDJ

選股重視公司治理分數

富邦公司治理（00692）是台灣第一檔主打公司治理的 ETF，在 2017 年 5 月成立並上市（詳見表 1），會搭配台灣公司治理評鑑發布的時間，固定在每年 7 月調整成分股，一共包含以下 4 點篩選原則：

1. 蒐集近 1 年的上市公司交易資料，排除日均成交金額最小的 20% 公司。

2. 近 1 年公司治理評鑑結果排名前 20%。

3. 近 1 年每股淨值不得低於面額。

4. 上述條件皆符合者，會依照近 1 年「稅後淨利」及「營收成長率」進行排名，並挑出綜合排名前 100 名的公司作為成分股。

目前有不少半導體或 ESG 相關 ETF 的篩選條件都相對寬鬆，背後的原因不外乎就是為了盡可能提升投資組合的殖利率，或是讓回測績效更出色，以達到更好的行銷效果；而富邦公司治理的投資方向則可說是相當明確，它只挑出公司治理表現前 20% 的公司，並搭配基本的財務條件進行篩選，這讓富邦公司治理在目前已發行數百檔 ETF 的環境中仍能保有其獨特地位。

投資重心以權值股為主

雖然富邦公司治理的選股條件和傳統市值型 ETF 大不相同，不過選出來的重要持股卻高度重疊。

根據 2024 年 11 月底的資料，富邦公司治理的前 10 大持股，有 9 檔與元大台灣 50（0050）及富邦台 50（006208）相同，且占比合計高達 72%。其中最大持股台積電（2330）的占比高達 50%（詳見表 2），鴻海（2317）占約 5%，聯發科（2454）約 4%，可以說是投資重心都在權值股身上，因此也常被市場歸類為市值型 ETF。

儘管富邦公司治理的選股不夠分散，投資領域也高度集中在電子產業，不過這些大公司大多擁有相對完善的公司治理制度，具有相對低的營運風險；且觀察前 10 大成分股近幾年的股價波動大多也都相對穩定，讓富邦公司治理不致因投資集中度過高，而承擔太大的風險。

表2 **00692最大成分股為台積電，占比高達5成**
——富邦公司治理（00692）前10大成分股

代號	成分股	持股比重（％）	代號	成分股	持股比重（％）
2330	台 積 電	50.36	2308	台 達 電	1.93
2317	鴻 海	5.28	2882	國 泰 金	1.88
2454	聯 發 科	3.92	2412	中 華 電	1.86
2881	富 邦 金	2.34	2891	中 信 金	1.43
2382	廣 達	2.19	3711	日月光投控	1.30

註：資料時間為 2024.11.29　　資料來源：富邦投信、MoneyDJ

公司治理雖然看似對獲利或股價沒有很直接的影響，大多數中小企業為了節省人事成本而盡量精簡化，但其實將公司治理做好，才能有效降低公司發生弊案的風險。過去因會計醜聞、資料外洩或產品瑕疵而導致公司股價重挫的例子並不少見，像是 2001 年美國能源公司安隆（Enron）的會計醜聞、2015 年加拿大藥廠范立恩（Valeant）爆出做假帳事件，以及 2020 年中國瑞幸飲料自爆營收數字造假的會計醜聞……等（詳見表 3）。

這些公司的規模雖然都不小，但規模愈大的公司，若沒有妥善訂定公司治理相關的規範，就會很容易被鑽漏洞，從而導致弊案發生。

公司治理並不只會增加弊案發生的可能性，過往有多篇論文發現公司治理較差的公司也會擁有更低的報酬率，背後的原因主要包含以下 3 點：

表3 2020年中國瑞幸飲料公司會計醜聞，股價暴跌76%
——公司治理事件對股價影響

年度	公司事件	第1年股價變化
2001	美國能源公司安隆（Enron）會計醜聞	-99.6%
2001	美國電訊公司世界通訊（WorldCom）會計醜聞	-98.6%
2014	日本汽車零件供應商高田公司（Takata）回收有問題汽車安全氣囊	-53.5%
2015	加拿大藥廠范立恩（Valeant）會計醜聞	-91.5%
2015	德國福斯汽車公司排氣測試造假醜聞	-26.4%
2019	美國社交平台Facebook*隱私外洩事件	-9.4%
2020	中國瑞幸飲料公司會計醜聞	-76.0%

註：*2021年Facebook公司名稱更名為Meta　　資料來源：Bloomberg

1. 公司治理差代表公司的管理更容易出現漏洞，公司財務被經營者操弄的可能性增加，會損害股東權益。

2. 公司治理制度若不夠完善，可能會導致管理人員便宜行事，導致公司的營運風險增加。

3. 公司治理差的公司通常資訊較不透明，會降低外資與法人持有的意願，使公司的股票評價比同業更差。

對於規畫進行長期投資的人而言，公司治理絕對是一個相當重要的指標，一家公司的治理評鑑分數若長期處在偏低的水準，代表它對管理模式的重視度嚴重不足。公司的管理效率若不佳、甚至可能已經發生舞弊的情況，就不

表4 2021～2023年00692殖利率皆達5%以上
——富邦公司治理（00692）配息紀錄

股利發放年度		當期股利（元）	年度合計（元）	年均殖利率（％）
2020	H1	0.231	0.839	3.390
	H2	0.608		
2021	H1	0.172	1.970	5.670
	H2	1.798		
2022	H1	1.483	2.033	6.630
	H2	0.550		
2023	H1	0.732	1.794	5.800
	H2	1.062		
2024	H1	0.415	1.015	2.510
	H2	0.600		

註：1. 年均殖利率採當年合計股利與年均股價計算；2. 資料時間為 2024.11.29
資料來源：Goodinfo! 台灣股市資訊網

大可能會在它所處的產業中擁有好的競爭力，自然也就不會有好的成長性。

截至2024年11月底，年化報酬率達16.45%

自從上市以來截至 2024 年 11 月底，富邦公司治理累計報酬率已突破 200%，年化報酬率則達到 16.45%，表現相當亮眼。

治理能力好的公司通常會訂定較完善的人才培育制度，且在各項專案的設

計與規畫都更純熟，使公司能留住一流人才並對產業變化的適應力更強，從而讓整體獲利能力與股價表現擁有更大的成長空間。

　配息方式則為半年配息一次，以年度合計股利與年均價計算，2021 年～2023 年的殖利率為 5% 以上（詳見表 4），2024 年則下降到 2.5% 左右。富邦公司治理也並不標榜高配息，因此儘管配息變少，也無損其投資價值。

　在科技日新月異的環境下，追求技術創新固然重要，但打造完善的公司治理制度也不可或缺，這不僅能讓公司有效降低發生弊案的風險，也會讓公司更容易吸引法人資金的青睞。這檔 ETF 以公司治理作為投資主軸，並擁有多年實績，值得長期追蹤。

富邦臺灣中小
5原則聚焦活潑的中小型股

大多數 ETF 的既定印象都是擁有波動較低、配息穩定，以及適合長期投資等優點，在月配息熱潮的帶動下，高息型 ETF 儼然成為市場上的主流；不過，也有少數 ETF 專挑成長性較佳的標的進行投資，能為投資人創造更可觀的資本利得，例如富邦臺灣中小（00733）就是鎖定較活潑的中小企業為主要標的。

成分股漲勢須優於大盤

富邦臺灣中小是一檔將台灣中小型公司作為主要投資標的的 ETF，成分股共 50 檔，會在每年 1 月、4 月、7 月、10 月定期審核成分股（詳見表 1），篩選條件包含以下 5 點：

1. 市值篩選：排除市值前 50 大的公司。

表1 **00733成立以來年化報酬率21.81%**
──富邦臺灣中小（00733）基本資料

成立日期	2018.05.04	上市日期	2018.05.17
資產規模	76億元	追蹤指數	臺灣指數公司中小型A級動能50指數
除息月份	4月、10月	領息月份	5月、11月
配息頻率	半年配	成立以來年化報酬率	21.81%
累積報酬率	近1年	近3年	成立以來
	5.70%	55.46%	260.44%

註：1. 報酬率皆以市價計算，資產規模四捨五入至億元；2. 資料時間為 2024.11.29
資料來源：富邦投信、MoneyDJ

　　2. 流動性：挑出過去 12 個月成交金額排名前 20%、近 3 個月的月均成交量達 1 萬張，或平均周轉率達 6% 的標的（周轉率＝成交量／發行股數）。

　　3. 財務體質：上市滿 1 年且近 1 季獲利大於零，確保公司具有盈利能力。

　　4. 波動度高於大盤：挑選近 20 日 β 係數大於零的個股，基於台股大盤指數長期平均為正報酬，這類股票在多頭時期的表現往往更活潑。

　　5. 通過以上條件後，再依照近 20 日的 α 係數排序，選出超額報酬最高的前 50 檔公司作為成分股。α 係數是衡量股價報酬相對於大盤表現的指標，大於零就代表個股的股價走勢優於大盤表現，選取 α 係數較高的個股會對投資組合的長期報酬率有正面影響。而每檔成分股的權重以 20% 為上限，前 5 大持股合計則不超過 60%。

表2 **00733前3大成分股為致茂、東陽、材料-KY**
——富邦臺灣中小（00733）前10大成分股

代號	成分股	持股比重（％）	代號	成分股	持股比重（％）
2360	致 茂	21.56	2455	全 新	4.12
1319	東 陽	7.04	8996	高 力	3.99
4763	材料-KY	6.64	3617	碩 天	3.23
2637	慧洋-KY	5.19	9938	百 和	2.84
2201	裕 隆	5.16	8114	振樺電	2.72

註：資料時間為 2024.11.29　　資料來源：富邦投信、MoneyDJ

重視個股動能，換股比率偏高

因為選股條件的因素，富邦臺灣中小在更換成分股時，換股的比率相當高。就 2024 年的 4 次換股紀錄來看，50 檔成分股有超過 40 檔被換掉。例如 1 月換 44 檔、4 月換 46 檔、7 月換 47 檔、10 月又換 46 檔。以 2024 年 1 月換股之後的成分股為例，有超過 9 成都是持有電子類股，且當中有不少與 AI 和散熱產業的個股。再看 2024 年 10 月換股之後，電子類股的比重約為 5 成，其次為汽車、電機、化學等，產業較為分散（詳見表 2）。

富邦臺灣中小善於挑選 α 係數高的個股，好處在於容易選到主流產業，並能在行情剛起步時就搶先布局，使投資人站在潮流的最前端。這也是富邦

臺灣中小調整成分股的次數相對其他 ETF 更多的主因，1 季調整 1 次的頻率既符合產業週期性的變化，也不會讓富邦臺灣中小為了追求短期強勢的個股而追高殺低，使其得以保有一定的韌性。

中小型股成長潛力大且靈活性較高

雖然 2024 年以來，盤面重點都在於大型權值股，中小型股較無表現機會，使得富邦臺灣中小的績效並不理想；不過從長期趨勢來看，中小型股卻能擁有比大型股更高的報酬率，富邦臺灣中小自 2018 年上市以來截至 2024 年 11 月底，累積報酬率高達 260%，比起同期元大台灣 50（0050）累積報酬率約 185% 高出許多，而換算富邦臺灣中小這 6 年多來的年化報酬率則多達 21.8%。

中小型股能夠衝出這麼好的表現，關鍵在於這類股票成長潛力較大。大多數產業往往在發展初期能擁有最佳的行情，像人工智慧（AI）、5G 與電動車等都是如此；雖然並不是每項新科技都能成功帶來商機，但基於台灣的公司以電子代工與製造業為主，只要能承接客戶訂單就能賺取獲利，為了投入新產品而耗費鉅資、最後沒有任何成果的狀況相對歐美而言減少許多，使台灣中小型個股的投資風險較低。

除了成長潛力大，中小型個股也擁有靈活性更高的優勢。台灣不少大型公

司在面對產業變化時往往會有調整不及的問題，塑化與紡織產業就是最好的例子。若是大型公司無法跟上產業最新的潮流，競爭力勢必會逐步流失，甚至可能被中小型公司逐步取而代之。

富邦臺灣中小的價值所在就是要賺取這段中小型公司逐步從大型公司搶下市占率的趨勢紅利，中小型公司能夠將資源與重心更聚焦在少數的產品上，要在該產業中找到大公司的突破口相對簡單。另外，中小型公司也常因資訊相對不透明而導致評價被市場低估，且大型的投資機構較不傾向投資中小型個股，避免因投資部位龐大而導致日後落入難以脫手的窘境，這就使中小型股擁有超額報酬的機會更大。

須留意盤面修正時，波動度較大

由於中小型股普遍較為活潑，當股市普遍呈現多頭時期，可能會有更優於大盤的上漲幅度；相對地，也會在空頭時期跌得更深。中小型股本身因營運規模較小，且產業地位普遍較低，受到大環境影響的幅度本來也就會較大；再加上壽險與避險基金等長線資金更傾向投資大型股，通常在面臨盤面修正時也不會大幅調整持股，使大型股的波動因而降低。

富邦臺灣中小雖然長期報酬率遠優於大盤，不過波動也更劇烈，投資它的的關鍵並不在於進場眼光精準，而在於面臨盤勢修正時也能保持耐心，長期

表3 **2024年00733殖利率高達11%**
——富邦臺灣中小（00733）配息紀錄

股利發放年度		當期股利（元）	年度合計（元）	年均殖利率（％）
2020		0.358		1.590
2021		2.090		5.300
2022	H1	0.238	1.222	3.430
	H2	0.984		
2023	H1	0.114	1.314	2.760
	H2	1.200		
2024	H1	5.153	6.474	11.200
	H2	1.321		

註：1. 年均殖利率採當年合計股利與均股價計算：；2. 資料時間為 2024.11.29
資料來源：Goodinfo! 台灣股市資訊網

投資才能真正享受到這檔 ETF 的理想報酬。

在配息的部分為半年配息制，每年度的殖利率有較大差異。由於 2024 年上半年受惠於已實現獲利較高，配息也來到較高的水準。以 2024 年合計配發股利 6.474 元及截至 11 月底的年均價 57.9 元計算，殖利率高達 11%（詳見表 3），只是這檔 ETF 也並非標榜高股息，投資人若想投資，還是著眼在其資產價值的上升為宜。

整體而言，富邦臺灣中小的選股原則雖然不像目前多數高息型 ETF 那麼繁

複，但只用了 5 條規則便成功地在中小型股中淘金，累計漲幅還達到同類型 ETF 的第 1 名，體現了大道至簡的真理。投資人只要在面臨盤勢修正時能保持耐心，就不用擔心績效沒有贏過大盤的一天。

（7-3）

國泰智能電動車
完整涵蓋產業供應鏈

在各國陸續訂定電動車相關的政策補助下，使電動車成為近幾年來車市主要的成長動能；雖然中國平價電動車的殺價競爭轉趨激烈，但電動車銷量成長的趨勢並未改變。市場普遍預估 2024 年全球電動車銷量的成長幅度可達 2 成以上，2025 年也會是雙位數成長；在電動車銷量的成長趨勢之下，聚焦於電動車主題的 ETF 也受到不少矚目。

鎖定電動車產業龍頭股

2021 年 7 月上市的國泰智能電動車（00893），成分股囊括電動車產業上、中、下游供應鏈（詳見圖 1）。追蹤 ICE 指數公司的 NYSE FactSet 全球智能電動車指數（詳見表 1），成分股篩選原則只有 3 大重點：

1. 公司市值必須大於 10 億美元。

圖1 **00893成分股囊括電動車產業上、中、下游**
——國泰智能電動車（00893）成分股供應鏈分布

上游	雅寶 （Albemarle）	全球最大鋰電池材料供應商
中游	台達電（2308）	台灣電動車產業下一座護國神山
	輝達（NVIDIA）	自駕／車聯網系統先驅
	LG化學	全球電動車電池龍頭
下游	特斯拉（Tesla）	全球車廠市值TOP1
	蔚來汽車（NIO）	中國電動車領導者

資料來源：國泰投信

2. 過往 3 個月的日均成交金額須大於 1,000 萬美元。

3. 公司的營收必須有一定比重來自電動車產業。

符合這 3 個條件的公司名單中，前 30 家市值最大的公司會被納入成分股，權重則按市值加權方式分配，但單一個股權重不會超過 15% 上限，以及前 5 大成分股占比不高於 65%，成分股定期審核的時間為每年 4 月和 10 月。

觀察截至 2024 年 11 月底的成分股名單，以美國公司居多，超過一半。

表1 00893成立以來年化報酬率15.13%
—— 國泰智能電動車（00893）基本資料

成立日期	2021.06.21	上市日期	2021.07.01
資產規模	131億元	追蹤指數	NYSE FactSet全球智能電動車指數
配息頻率	不配息	成立以來年化報酬率	15.13%
累積報酬率	近1年	近3年	成立以來
	43.54%	37.77%	61.45%

註：1. 報酬率皆以市價計算，資產規模四捨五入至億元；2. 資料時間 2024.11.29
資料來源：國泰投信、MoneyDJ

成分股是以特斯拉（Tesla）占比最高，達到21%（詳見表2）；之所以會大於15%上限的主因在於近來股價漲幅較大，占比也跟著大幅拉升；下一次調整成分股時就會將特斯拉這檔股票的持股水位降低至15%以下，投資人不須過於擔心。占比第2高的是AI晶片龍頭輝達（NVIDIA），也是2024年以來漲幅驚人的股票。此外，無論是輝達，或是其他重要成分股超微（AMD）、恩智浦半導體（NXP Semiconductors）、英飛凌（Infineon）等公司，業務不以電動車為主，但它們掌握了電動車發展所需的晶片與技術，對整體產業的影響力並不亞於其他公司。

另外像是全球最大鋰電池材料供應商的雅寶（Albemarle）、電動車電池龍頭的寧德時代，以及掌握充電樁領先技術的台達電（2308）也都是成分

表2 00893最大成分股為特斯拉，占比達21%
——國泰智能電動車（00893）前10大成分股

代號	成分股	持股比重（%）
TSLA.US	特斯拉（Tesla）	21.71
NVDA.US	輝　達（NVIDIA）	14.12
AMD.US	超　微（AMD）	12.57
ABBN.SW	艾波比（ABB）	7.93
300750.CH	寧德時代	7.30
NXPI.US	恩智浦半導體（NXP Semiconductors）	5.15
IFX.GR	英飛凌（Infineon）	3.82
1211.HK	比亞迪（BYD）	3.02
6752.JP	松下電器（Panasonic）	2.04
2308.TW	台達電	1.90

註：資料時間為 2024.11.27　　資料來源：國泰投信、MoneyDJ

股之一，顯示國泰智能電動車的投資布局相當全面。

步入降息循環將有助車市買氣回溫

在各國政府陸續訂定禁售燃油車時程表、且針對碳排放量規定轉趨嚴格的影響下，電動車可望愈來愈普及。根據國際能源署（IEA）在 2024 年 4 月發布的《2024 年全球電動汽車展望報告》，2018 年電動車的滲透率僅約 2%，2022 年成長到 14%，2023 年則達到 18%，大約是每賣出 5 輛

新車就有 1 輛是電動車。若按照當前政策的格局發展，IEA 推估到了 2030 年的滲透率將可達 30%，2035 年為 50%；若這項預測成真，那麼屆時每賣出 2 輛汽車，將有 1 輛是電動車。

當前電動車銷量最大的市場雖然以中國為主，但是中國因電動車補助政策陸續到期，使消費者買氣跟著下滑，市場普遍認為 2024 年～ 2025 年電動車市的成長性將仰賴美國與歐洲市場帶動。2024 年 9 月，美國為了提升自身在電動車領域的優勢，將中國出口至美國的電動車關稅由原先的 25% 拉升至 100%，從中國電動車均價約 3 萬美元及美國電動車均價約 5 萬 5,000 美元這 2 項資料觀察，關稅提升將使中國電動車失去價格優勢，對美國公司所生產的電動車銷量有正面影響，有利於目前將投資重心放在美國市場的國泰智能電動車。

在評估電動車市成長性時，利率也是一項重要的觀察指標。現階段因美國利率處在相對高的水準，導致消費者因中高階車款的車貸金額較高，而傾向延後換車或購買新車，使美國平均車齡由先前的 12.2 年延長至 12.6 年。

然而，從目前全球行駛車輛約達 15 億輛評估，每年換車需求應達到約 9,000 萬輛的水準，目前多數消費者之所以沒有換車的主因在於聯準會（Fed）才剛步入降息循環，因此傾向在未來貸款成本壓力減輕的環境下再換車或購買新車；屆時電動車銷量可望在此趨勢下而顯著拉升。

有望搭上AI行情順風車

截至 2024 年 11 月底，國泰智能電動車過去 1 年的累積報酬率達到約 43%，與元大台灣 50（0050）相當，也略勝台股及美股大盤一籌。雖然投資重心放在電動車產業，但受惠成分股有涉獵 AI 相關業務，也得以同時搭上 AI 行情的順風車；未來隨著 AI 應用陸續導入電動車與相關供應鏈的生產模式，電動車產業勢必還會有更多令人期待的變化。

另外有一點需要留意的是，國泰智能電動車不會配息，其成分股以海外標的為主，大多數公司並沒有發放股利的習慣；不過，從國泰智能電動車過去 1 年的績效來看，漲幅已遠遠大於領息所能賺取的報酬。

在可預見的未來幾年中，電動車必然會持續成為市場上最熱門的話題之一。除了車用雷達、智慧座艙與自駕車等技術轉趨成熟，在電池成本結構優化及晶片耗能降低下，也會讓電動車性能進一步提升，並使車廠有能力推出更平價的車款，帶動更多消費者對電動車買單，加速整體產業的發展。車市短期雖然受到雜音干擾，但隨著聯準會在 2024 年 9 月開始逐漸步入降息循環，將促使先前因車貸壓力沉重而選擇觀望的消費者回心轉意，投資人也能樂觀面對接下來的電動車商機。

富邦未來車
廣度布局周邊產業績效佳

自從 19 世紀德國製造出全球第一輛汽車以來，交通工具進化的速度便開始大幅提升；隨著交通工具的速度與危險性愈來愈高，人們對速度的追求也逐步轉向安全與穩定性。除了對交通安全與便利性的需求提升，近幾年來在環保意識興起以及政策補助的帶動下，使電動車市場迅速崛起。根據國際能源署（IEA）的資料，2023 年電動車年銷量達到 1,400 萬輛水準，2024 年預估成長到 1,700 萬輛。未來在歐美多個國家陸續訂定禁售燃油車時程表的影響下，勢必會帶動電動車逐步取代傳統燃油車（詳見圖 1）。而在台灣的電動車 ETF 當中，有一檔富邦未來車（00895）繳出了亮眼的績效。

追蹤 MSCI ACWI IMI 精選未來車 30 指數

富邦未來車是 2021 年 8 月成立，追蹤 MSCI ACWI IMI 精選未來車 30 指數（詳見表 1）。這個指數並不只挑選電動車相關標的，而是從電動車、

圖1 台灣預計在2040年禁售燃油車
——全球主要國家禁售燃油車時程

2025年	2030年	2035年	2040年
挪威	瑞典、丹麥、荷蘭、德國、以色列、印度	美國、英國、加拿大、香港、日本	台灣、法國、西班牙等

註：實際狀況依各國政策變動調整

電池儲能、電動車金屬原料、自駕車與車聯網、電動車零組件與共享交通等產業中的公司篩選，涵蓋範圍更廣。並根據市值須大於 2 億美元、近 3 個月的年化成交金額大於 1 億 2,500 萬美元等條件進行篩選，最後從符合上述條件的標的中，選取市值最高的 30 家公司進行投資；單一成分股權重上限為 20%，前 5 大成分股權重合計上限則為 65%。

基於電動車市場愈趨成熟，除了電動車銷量逐年增加，電動車也開始帶動周邊產業發展，像是無人駕駛、車聯網、新能源與共享經濟等，富邦未來車所投資的標的並不僅有汽車產業關聯性較高、傳統大家所認知的公司，也包含其他與電動車產業有重要關聯性的標的。

根據 2024 年 11 月底的資料，前 5 大成分股包含輝達（NVIDIA）、特

表1 **00895成立以來年化報酬率24.57%**
——富邦未來車（00895）基本資料

成立日期	2021.08.02	上市日期	2021.08.12
資產規模	64億元	追蹤指數	MSCI ACWI IMI精選未來車30指數
配息頻率	不配息	成立以來年化報酬率	24.57%
累積報酬率	近1年	近3年	成立以來
	60.47%	66.25%	106.48%

註：1. 報酬率皆以市價計算，資產規模四捨五入至億元；2. 資料時間為 2024.11.29
資料來源：富邦投信、MoneyDJ

斯拉（Tesla）、台積電（2330）、超微（AMD）、智慧動力管理公司伊頓（Eaton）等（詳見表2），儘管部分公司的營運並非以汽車相關業務為主，但只要是有受惠電動車產業的成長趨勢、且本身業務也具有一定相關性，就會被富邦未來車納入選股池。

前5大成分股中，輝達、台積電、超微這3檔公司的本業都是以晶片設計與製造為主，雖然這些公司乍看之下和汽車產業沒有太強的相關性；但其實1輛電動車會用到的晶片數量會達到1,500顆以上，可以說汽車產業對這些晶片公司而言只是其中一項業務，但汽車產業卻萬萬不能沒有這些晶片廠。此外，在自駕車、續航力提升與車聯網等趨勢的帶動下，使電動車變得愈來愈耗能；隨著晶片效能的要求提高，讓晶片的重要性也變得遠遠高於其

表2 00895最大成分股為輝達，占比達18.76%
——富邦未來車（00895）前10大成分股

代號	成分股	持股比重（%）
NVDA.US	輝　達（NVIDIA）	18.76
TSLA.US	特斯拉（Tesla）	16.91
2330.TW	台積電	13.67
AMD.US	超　微（AMD）	5.41
ETN.US	伊　頓（Eaton）	4.28
UBER.US	優　步（Uber）	4.08
6501.JP	日　立（HITACHI）	3.71
ORLY.US	奧賴利汽車（O'Reilly Automotive）	3.14
GM.US	通用汽車（General Motors）	2.83
NSC.US	諾福克南方鐵路公司（Norfolk Southern）	2.82

註：資料時間為2024.11.27　　資料來源：富邦投信、MoneyDJ

他車用零組件。

電動車商機龐大，成長性不亞於AI

從電動車產業的趨勢來看，目前多個國家陸續訂定2030年～2035年禁售燃油車的計畫，以新車銷售週期平均落在5年～7年而言，多數車廠必須在近幾年就大幅調整新車銷售的設計與目標，以避免日後落入舊款燃油車無法銷售的窘境。除了電動車廠家數增多，傳統車廠預計陸續推出新的電

動車型號,使消費者選擇變多。且隨著充電樁覆蓋率提升,以及歐美持續針對電動車訂定相關政策補助,對電動車買氣都帶來正面的貢獻。

在政策面的部分,針對電動車訂定較多目標與相關規範的地區是歐洲,歐盟計畫明年將安裝 100 萬座充電樁,以達成 2030 年前 3,000 萬輛電動車上路的目標,換算年銷量尚有約 3 倍的成長空間。至於美國則是有針對電動車基礎設施撥出預算,並逐步增加電動車相關補貼與抵稅額度,以達成 2030 年電動車銷量占比達汽車總銷量 50% 的目標。

相較於歐美,中國在電動車相關技術的進展雖然較落後,但中國電動車的訂價最便宜,因此一般消費者的買單意願較高,電動車銷量仍居全球之冠;在 2023 年,中國的電動車銷量約占全球銷量的 60%。從上述資料可發現,無論是今年或是未來幾年,電動車市都具有相當強勁的成長性,可以說電動車的商機並不亞於人工智慧(AI)。

短、中期績效均優於大盤表現

全球車市在過去 1 年多來的回溫速度雖然相對緩慢,但基於富邦未來車的成分股大多是電動車相關概念股,並特別將投資重心放在海內外的晶片廠上,因此儘管這檔 ETF 沒有配息,本身的績效仍然相當優異。截至 2024 年 11 月底的過去 1 年來,累積報酬率達到 60%,遠優於同類型指數與大

盤的表現；若從成立至今的績效來看，雖然成立時的 2021 年整體股市已處於相對高的水位，但是富邦未來車至今的累積報酬率也高達 106%，短、中期績效均優於大盤表現。

　整體而言，富邦未來車的投資廣度相當高，不將選股池局限在電動車產業當中，而是將晶片、車聯網、電網與共享經濟等相關概念也都納入，布局更全面。另外，富邦未來車並不只將重心放在技術最領先的公司，投資標的也包含豐田（Toyota）、通用汽車（General Motors）與福特（Ford）等老牌車廠；隨著這些傳統車廠逐步跨入電動車市，可期待電動車市場將展現新的格局。

7-5

國泰數位支付服務
台灣首檔數位支付ETF

自從 2020 年新冠肺炎疫情爆發後，服務業便逐步向非接觸式的模式邁進，雖然這讓人與人之間的距離變得更遙遠，卻帶動不少新應用的普及速度提升，而數位支付絕對可以說是其中發展最快速的一項技術。

台灣雖因地狹人稠的影響，在金融機構提供的便利性已相當足夠的影響下，使數位支付的附加價值相對其他國家而言更低，有許多人仍傾向使用現金或信用卡交易。但其實全球已有不少國家的數位支付滲透率高於 50%，國泰投信看準這個趨勢的潛力，早在 2022 年就推出國泰數位支付服務（00909），將相關的投資機會一網打盡。

投資重心在美國科技股

國泰數位支付服務是台灣第一檔主打數位支付概念的 ETF，定期在每年 1

表1 00909成立以來累積報酬率159.8%
——國泰數位支付服務（00909）基本資料

成立日期	2022.07.01	上市日期	2022.07.13
資產規模	27億元	追蹤指數	Solactive全球數位支付服務指數
除息月份	4月	領息月份	5月
配息頻率	年配	成立以來年化報酬率	51.45%
累積報酬率	近1年	近3年	成立以來
	98.73%	N/A	159.80%

註：1. 報酬率皆以市價計算，資產規模四捨五入至億元；2. 資料時間為 2024.11.29
資料來源：國泰投信、MoneyDJ

月和 7 月調整成分股（詳見表 1），篩選規則是投資標的必須在全球已開發國家（包含台灣及韓國，但不含中國）的證交所上市，且市值須達 2 億美元以上，以及過去 3 個月的平均日成交金額大於 300 萬美元，最後再依照演算法選出和數位支付關聯性最高的 30 檔公司作為成分股。

國泰數位支付服務所採用的演算法是從新聞、公司網站、財報與其他相關資料進行文字探勘，從中挑出和數位支付、數位資產、交易所與半導體等相關性較高的公司。從成分股分布的產業類別來看，這檔 ETF 的投資重心在美國科技股，多數持股都屬於數位支付和數位資產概念股，其餘標的也都和數位支付有強烈的相關性。

　　根據 2024 年 11 月底的資料，成分股占整體資產組合比重最高的是微策略（MicroStrategy），這家公司的業務是以商業分析與軟體開發為主（詳見表 2）；而第 2 大成分股是羅賓漢（Robinhood Markets），主要提供股票網站與 App 給用戶；第 3 大成分股是早年由購物平台 eBay 分拆出來的第三方支付公司 Paypal Holdings。

　　在前 10 大成分股中，還有美國加密貨幣交易所龍頭 Coinbase；以及掌握 AI 晶片關鍵技術的輝達（NVIDIA），因為晶片本身也和數位支付息息相關，資料處理能力可說是數位支付品質的一大關鍵。還有主要為金融業提供服務的金融科技公司費哲（Fiserv）、前身為 Square 的數位支付公司 Block，以及具有壟斷地位的兩大信用卡清算組織威士卡（VISA）、萬事達卡（Mastercard）公司。國泰數位支付服務的多數成分股或許對一般人而言有些陌生，但其實這些公司都在數位支付相關產業中具有舉足輕重的地位，可見這檔 ETF 確實站在當前數位支付產業潮流的最前端。

數位支付市場規模逐漸成長

　　根據國泰投信提供的數據，隨著商業活動回溫，2024 年的數位支付市場規模將達到 11 兆 6,000 億美元；並在線上與線下資源整合的帶動下，有機會在 2028 年時達成 10% 的年複合成長率（CAGR）。相對傳統支付模式而言，數位支付的便利性明顯較佳，除了接受數位支付方式的店家數量持

表2 **00909最大成分股為微策略，占比達10.07%**
——國泰數位支付服務（00909）前10大成分股

代號	成分股	持股比重（%）
MSTR.US	微策略（MicroStrategy）	10.07
HOOD.US	羅賓漢（Robinhood Markets）	6.41
PYPL.US	Paypal Holdings	5.82
FI.US	費哲（Fiserv）	5.75
COIN.US	Coinbase	5.14
SQ.US	Block	5.09
MA.US	萬事達卡（Mastercard）	4.86
FOUR.US	Shift4 Payments	4.80
V.US	威士卡（Visa）	4.75
NVDA.US	輝達（NVIDIA）	4.72

註：資料時間為2024.11.27　　資料來源：國泰投信、MoneyDJ

續增加，近年來，數位支付也導入先買後付（BNPL）的模式，並祭出紅利回饋活動，使數位支付的附加價值已達到不輸給信用卡的程度。

從地區別來看，亞洲的數位支付市場擁有較佳的成長性，中國與印度因多數地區地廣人稀，在金融機構密度不足的影響下，使店家與消費者對數位支付的接受度較高，帶動覆蓋率提升至60%以上的水準。基於亞洲擁有經濟人口紅利，且整體經濟還有較大的成長空間，未來幾年將持續在數位支付市場中成為主要的動能來源。

　　除了一般常見的數位支付，各國央行也已針對中央銀行數位貨幣（CBDC）投入多年心力。由央行發行數位貨幣的好處在於，既能使貨幣擁有政府擔保的法償性，使店家不得拒收，並有助於數位支付的效率與安全性進一步提升；若未來順利推出由央行發行的數位貨幣，也有可能會為數位支付開啟新的市場。

屬於少數會發放股利的美股ETF

　　成立 2 年多來，國泰數位支付服務已繳出相當優秀的績效，截至 2024 年 11 月底的 1 年累積報酬率高達 98%，幾乎翻倍，居於台灣發行 ETF 績效之冠；而成立以來 2 年多的累積報酬率也來到 159%，相當驚人。主因除了疫後消費回溫，帶動數位支付市場規模擴大，使供應鏈獲利普遍跟著成長，AI 技術發展也對數位支付產業產生不小的影響。

　　大多數用戶在使用數位支付時，並沒有專人進行服務，操作上難免有不易理解的地方，數位支付平台就必須提供更多客服資源以滿足用戶需求。以目前的技術而言，搭載 AI 功能的智能客服，平均能讓數位支付平台省下 30% 成本並大幅減少用戶所需等待的時間；隨著 AI 功能日益成熟，將有助於持續降低數位支付平台的成本，並讓更多用戶提升對數位支付的接受度。

　　大多數投資美股的 ETF 並沒有配息，主因在於多數美股的股利很低甚至不

表3 **2024年00909殖利率達6.68%**
——國泰數位支付服務（00909）配息紀錄

年度	股利（元）	年均殖利率（%）
2023	0.225	1.260
2024	1.810	6.680

註：1. 年均殖利率採當年合計股利與年均股價計算；2. 資料時間為 2024.11.29
資料來源：Goodinfo! 台灣股市資訊網

發放股利，而是傾向保留資金以維持公司的成長性。而國泰數位支付服務算是少數會發放股利的美股 ETF，採取年配息，它在 2022 年成立後，2023 年首次配息 0.225 元，以年均價計算殖利率約 1.26% 出頭；2024 年配息金額則達到 1.81 元，殖利率 6.68%（詳見表 3）。不過，投資人也先不要因為看到單一年度出現了高殖利率，而對於高配息有所期待，畢竟它的本質並非高息型 ETF。

數位支付發展的時間雖不長，但近幾年滲透率提升的速度非常快，不僅為這個產業的供應鏈帶來龐大商機，也創造出許多好的投資機會。未來隨著數位支付的資源整合度提升，以及在 AI 功能的導入下，將會使其便利性與成本效益提升，過往大家慣於使用的現金與信用卡支付模式也可能將逐步被取代，使國泰數位支付服務具有相當長期的成長性。

------- 7-6 -------

中信特選金融
投資版圖囊括海內外金融巨擘

對存股族而言，或許會覺得台灣的金融股是最適合存股的標的之一，雖然 2023 年有不少金控公司發放的股利金額讓股東失望，但最壞的狀況已過；2024 年多家公司股利又回到正常，甚至有更好的水準。其實以台灣的市場而言，金融機構已相當飽和，且彼此營運的重疊性相當高；反觀國外有不少投資銀行、資產管理、金融數據公司及交易所等股票可供投資人選擇，每一種金融機構都在各個專業領域具有不可或缺的地位，使這些公司得以維持穩定的收入並拓展新市場。若想一次參與這些公司的行情，也可以透過 ETF 來達成，例如中信特選金融（00917）投資版圖就包含多家海外的金融巨擘。

資金分散在4大領域

中信特選金融成立於 2022 年 8 月，追蹤 ICE 指數公司的 FactSet 特選金融及數據指數（詳見表 1），會在美國、英國、德國、法國及香港等 5

表1 **00917成立以來累積報酬率63.76%**
——中信特選金融（00917）基本資料

成立日期	2022.08.18	上市日期	2022.08.26
資產規模	5億元	追蹤指數	NYSE FactSet特選金融及數據指數
除息月份	1月	領息月份	2月
配息頻率	年配	成立以來年化報酬率	23.92%
累積報酬率	近1年	近3年	成立以來
	53.77%	N/A	63.76%

註：1. 報酬率皆以市價計算，資產規模四捨五入至億元；2. 資料時間為 2024.11.29
資料來源：中國信託投信、MoneyDJ

個國家中上市的股票當中挑出 50 家公司作為成分股。每年 1 月、4 月、7 月、10 月定期審核並調整成分股，篩選規則主要包含以下幾點：

1. 營收來源須 50% 以上來自金融行業。

2. 市值達 50 億美元以上。

3. 過去 3 個月的平均日成交金額達 200 萬美元以上。

4. 將符合上述條件的公司區分為交易所、資產管理公司、銀行及證券商、金融數據及分析公司等 4 個類別，若營收來源皆不屬於這 4 個類別則歸類為第 5 類別，最後在這 5 大領域中各挑出市值排名前 10 大的公司作為成分股；若其中一個類別的檔數低於 10 檔，則從其他類別中剩餘的公司中挑

出市值最大者,直至成分股補齊 50 檔為止。

中信特選金融雖然專挑金融產業投資,卻不局限在銀行、壽險或證券產業,而是將資金分散在各個領域。儘管投資權重還是會因公司的市值規模而異,但中信特選金融有限定單一類別的投資上限為 50%,使資金不過度集中在市值規模較大的銀行與證券產業。這不僅讓中信特選金融擁有更多元的成長性,也能達到分散風險的效果。

根據 2024 年 11 月底的資料,中信特選金融投資的標的大多以美國大型投資銀行為主,包含摩根大通(JPMorgan Chase)、美國銀行(Bank of America)與摩根士丹利(Morgan Stanley)等,另外像是美國最大的資產管理公司貝萊德(BlackRock),以及指數公司標準普爾(S&P Global Ratings)等,也都在前 10 大成分股當中(詳見表 2),其餘成分股還有倫敦證券交易所(London Stock Exchange)、指數公司明晟(MSCI)、全球最大的衍生性金融產品交易所芝加哥商品交易所集團(Chicago Mercantile Exchange Group)⋯⋯等,可見這檔 ETF 的布局確實比台灣一般的金融 ETF 更完整。

以下我們來看看中信特選金融所投資的 4 大金融領域個別展望:

1. **銀行業:**美國進入降息循環雖然會導致銀行業的存放款淨利差下滑,

表2 00917最大成分股為摩根大通，占比達10%
——中信特選金融（00917）前10大成分股

代號	成分股	持股比重（%）
JPM.US	摩根大通（JPMorgan Chase）	10.41
BAC.US	美國銀行（Bank of America）	8.92
WFC.US	富國銀行（Wells Fargo & Company）	6.36
SPGI.US	標準普爾（S&P Global Ratings）	5.60
MS.US	摩根士丹利（Morgan Stanley）	5.56
BLK.US	貝萊德（BlackRock）	5.11
BX.US	黑石公司（Blackstone）	4.59
GS.US	高盛集團（Goldman Sachs）	4.57
HSBA.LN	滙豐控股（HSBC Holdings）	4.01
C.US	花旗集團（Citigroup）	3.18

註：資料時間為 2024.11.27　　資料來源：中國信託投信

壓抑整體獲利性，不過企業會更傾向在低利率的時候向銀行借款；再加上銀行與壽險有不少投資部位都放在債券，降息有助債券評價回升，因此未來即便步入降息循環，對整體金融產業未必會產生太負面的影響。

2. **交易所**：除了受惠股市成交量大幅攀升，帶動交易與結算收入增加；疫後商業活動日趨蓬勃也讓不少企業陸續執行 IPO（首次公開發行），把握股市處於高檔的好機會進行籌資。從長期趨勢來看，只要科技能持續進步，企業就會不斷地有新的資金需求，有潛力的小公司也會逐步發展為大公司並

進行 IPO，使交易所的營運具有相當穩定的動能。

3. 資產管理：從過去 20 多年的狀況來看，全球資產管理規模除了少數年份因金融海嘯與整體環境不景氣而步入衰退，大部分年度都維持穩定成長。雖然被動式管理的基金或 ETF 有逐步取代主動式基金的跡象，不過中信特選金融投資的標的是資產管理能力頂尖的公司，受到被動式投資商品的影響會比其他公司更小，甚至還能靠著優異的管理能力而進一步提升規模。

4. 金融數據與分析：會被歸類在這個領域的公司主要包含標準普爾、穆迪（Moody's）與晨星（Morningstar）等，這些公司的業務主要包含指數授權、信用評等與數據分析。以指數編製與授權來說，雖然這項業務和資產管理之間存在一定的競爭關係；但基於中信特選金融挑選的成分股都在產業中具有領先地位，再加上近年來資料分析的需求興起，因此這些公司的營運趨勢大多相當穩定。

累積報酬率勝過只投資台灣金融業的ETF

中信特選金融截至 2024 年 11 月底的 1 年累積報酬率達到 53%，大幅勝過只投資於台灣金融業的 ETF，也勝過同期大盤與元大台灣 50（0050）的報酬率。而中信特選金融是少數會發放股利的海外 ETF，只是金額不高，殖利率不到 2%（詳見表 3），不過以它優秀的成長性，還是讓這段期間有

表3	2024年00917殖利率為1.46%

2024年00917殖利率為1.46%
——中信特選金融（00917）配息概況

年度	股利（元）	年均殖利率（%）
2024	0.29	1.46

註：1. 年均殖利率採當年合計股利與年均股價計算；2. 資料時間為 2024.11.29
資料來源：Goodinfo! 台灣股市資訊網

投資它的人獲利滿滿。

當前股市最明確的成長動能主要來自人工智慧（AI）與相關科技產業，但只要人類對金錢的需求沒有停止，金融業就不會有沒落的一天。中信特選金融將金融產業細分為 4 大領域，從中挑出各個領域中的佼佼者作為成分股，這不僅讓它擁有比多數金融 ETF 更多元、更強勁的成長性，還多了一份穩定性，整體而言可說是用穩健的步伐邁向成長軌道。

7-7

FT臺灣Smart
運用3因子選股 尋求超額報酬

自從資本資產定價模型（CAPM）被威廉‧夏普（William Sharpe）提出以來，就成了當代投資組合理論的核心：也就是投資的合理報酬率，是由無風險利率加上該投資所承受風險（Beta 值）對應的超額報酬。

而近年來愈來愈多人開始討論的「因子投資」，則是從上述的基礎為出發點，透過找出和股價變動相關的因子以作為投資策略，經濟學家與投資機構通常會透過回測的方式找出這些因子，從而創造能夠打敗大盤的超額報酬。

隨著因子投資的研究逐漸成熟，ETF 商品也開始導入因子投資的邏輯，FT臺灣 Smart（00905）就是其中之一。FT 臺灣 Smart 採用 Smart Beta 的投資邏輯，兼具主動操作與被動追蹤的特色，除了透過大數據分析以降低交易成本，還進一步挑選出營運波動低且獲利性佳的個股作為投資組合，是一檔非常具有選股智慧的 ETF。

表1 ▸ 00905成立以來年化報酬率為17.54%
——FT臺灣Smart（00905）基本資料

成立日期	2022.04.13	上市日期	2022.04.21
資產規模	70億元	追蹤指數	臺灣指數公司特選Smart多因子指數
除息月份	1月、4月、7月、10月	領息月份	2月、5月、8月、11月
配息頻率	季配	成立以來年化報酬率	17.54%
累積報酬率	近1年	近3年	成立以來
	41.24%	N/A	52.23%

註：1. 報酬率皆以市價計算，資產規模四捨五入至億元；2. 資料時間為 2024.11.29
資料來源：富蘭克林華美投信、MoneyDJ

除了權值股，亦投資許多中小型飆股

FT 臺灣 Smart 是一檔由富蘭克林華美投信在 2022 年 4 月推出的 ETF，追蹤臺灣指數公司特選 Smart 多因子指數，會定期在每年 1 月、4 月、7 月、10 月調整成分股（詳見表 1）。相較本土投信而言，歐美金融圈實行量化策略的經驗較為豐富，因此在設計 ETF 的編製規則上也很嚴謹。FT 臺灣 Smart 所追蹤指數的成分股篩選母體是台灣加權股價指數，流程主要分為以下步驟：

1. 市值前 1% 的公司會無條件納入投資組合。市值大的公司往往具有營

運波動度相對低且獲利佳的特性，具有較高的投資價值。

2. 剩餘的公司中，市值前 25% 納入候選名單，並排除流動性不佳者。

3. 接下來，計算候選名單內各檔股票的 3 因子的分數：

①品質因子：依照股東權益報酬率、收益變動率、現金流量除以總資產、資產報酬率、毛利除以總資產與槓桿度等指標進行評分，這些指標能看出一家公司的營運體質與穩定性，是判斷標的是否具有長期投資價值的關鍵。

②價值因子：依據營業現金流除以股價、EBITDA（稅前息前折舊攤銷前淨利）除以企業價值、本益比與股東收益率等項目進行評分，藉此從公司的獲利能力評估當前評價是否過於昂貴，從而找出評價偏低的好公司。

③動能因子：針對股價動能與獲利動能這 2 項指標進行評分。畢竟營運與獲利穩定度高並不代表公司的股價就會擁有大幅上漲的潛力，將股價動能與獲利動能納入選股標準才會提升挑到潛力股的可能性。

4. 上述 3 個因子完成計算後，將品質因子的分數權重設定為 40%，價值因子與動能因子則各占 30%，並將這 3 個因子的分數加權計算，挑出因子分數排名前 25% 的個股納入成分股。而檔數的部分則是不固定，例如 2024 年 10 月定審後，成分股就一共有 132 檔。

根據 2024 年 11 月底的資料，FT 臺灣 Smart 配置在台積電（2330）的

表2 **00905最大成分股為台積電，占比達30%**
——FT臺灣Smart（00905）前10大成分股

代號	成分股	持股比重（%）	代號	成分股	持股比重（%）
2330	台積電	30.40	2308	台達電	3.31
2317	鴻 海	5.76	2882	國泰金	3.25
2454	聯發科	4.84	2412	中華電	3.22
2382	廣 達	3.69	2603	長 榮	1.27
2881	富邦金	3.55	3533	嘉 澤	1.27

註：資料時間為 2024.11.29　　資料來源：富蘭克林華美投信、MoneyDJ

比重達到 30%（詳見表 2），而鴻海（2317）、聯發科（2454）與富邦金（2881）等權值股也都在前 10 大成分股的名單中，這使 FT 臺灣 Smart 的投資屬性看似較接近市值型 ETF。其實除了這些權值股，FT 臺灣 Smart 也有不少成分股屬於中小型股，像是半導體設備廠的京鼎（3413）、檢測設備廠德律（3030）等，在 2024 年上半年都有動輒 50% 以上的漲幅；雖然這些中小型股的占比較低，但基於 FT 臺灣 Smart 加入動能因子的投資邏輯讓它成功挑到不少飆股，讓這些中小型股也能成為此檔 ETF 績效上揚的一大助力。從產業配置來看，除了半導體產業因台積電與鴻海、聯發科的關係而使占比較高達到 4 成，其他產業的投資權重都相對均衡，使 FT 臺灣 Smart 在面對單一產業波動時受到的影響較小。

因子投資在國外其實已經行之有年，但對台灣而言仍是一個相對新的投資

模式，主因就在於以往台灣的產業地位較低且單一，電子產業大多為代工廠、而傳產則以塑化與紡織為主，選擇並不算多元，使 ETF 發揮的空間很有限；且 ETF 必須要有足夠多的人買單才有辦法發行，並持續待在市場上。早期因金融知識不足與詐騙盛行，過於複雜的商品往往會讓大眾卻步，使許多投資策略具有特色的 ETF 面臨曲高和寡的窘境。

近幾十年來，隨著基本面研究與量化研究的思維逐漸成熟，讓台灣的投資市場終於得以擺脫早期以技術面與消息面為主的模式；且台灣的半導體、電子代工與組裝等各項領域的技術開始被全球大廠認可，這不僅為台灣的投資市場創造更多機會，也讓因子投資開始有了在台灣的發展空間。

殖利率不輸多數高息型ETF

在 2024 年台股由權值股領漲的環境下，FT 臺灣 Smart 截至 2024 年 11 月底的 1 年累計報酬率約 41%，雖然略遜色於同期的元大台灣 50（0050）的 46.85%，但仍優於其他高息型 ETF 表現。FT 臺灣 Smart 相對一般高息型 ETF 的優勢除了在於篩選原則更完整、將各項財務指標都納入選股邏輯以進行更全面的審核，每季一次的調整持股頻率，也讓投資組合更容易挑到符合當下潮流的個股並擁有較佳的成長性。FT 臺灣 Smart 採取季配息模式，雖然它的定位不是高息型 ETF，但是 2023 年和 2024 年的年度配息分別為 0.62 元、0.9 元，以年均價計算的殖利率則分別為 6.49%、

表3 ▶ 2024年00905殖利率達7%

——FT臺灣Smart（00905）配息紀錄

股利發放年度		當期股利（元）	年度合計（元）	年均殖利率（％）
2023	Q1	0.27	0.62	6.49
	Q2	0.00		
	Q3	0.18		
	Q4	0.17		
2024	Q1	0.00	0.90	7.02
	Q2	0.21		
	Q3	0.37		
	Q4	0.32		

註：1. 年均殖利率採當年合計股利與年均股價計算；2. 資料時間為 2024.11.29
資料來源：Goodinfo! 台灣股市資訊網

7.02%（詳見表 3），殖利率水準不輸大多數高息型 ETF。

　　因子投資雖然在台灣仍是個相對陌生的名詞，但它已成為歐美投資市場的主流之一，FT 臺灣 Smart 過去這 1 年的績效也顯示因子投資確實有其獨特之處。站在巨人的肩膀上才能看得更高更遠，這個道理在投資市場相當適用。過去有不少一流的財金學者都針對各種與股價相關的因子進行研究，善用前人多年的研究心血才能讓自己少走彎路，從而創造更大的市場報酬。

7-8

中信臺灣智慧50
首創5因子模型 更添防禦機制

　　近來常被討論的因子投資，是從可量化的條件中，找出有效提高報酬的因子。中信臺灣智慧 50（00912）就是利用多因子進行選股的 ETF。中信臺灣智慧 50 在 2022 年 6 月掛牌上市，是台灣第一檔納入 5 項投資因子的 Smart Beta ETF，分別是品質因子（財務體質）、價值因子（公司價值）、規模因子（公司規模）、成長因子（營運成長性）、動能因子（股價動能），編製流程相當嚴謹。每年的 1 月、4 月、7 月、10 月會定期調整成分股（詳見表 1），篩選原則一共包含以下幾點：

　　1. 先審核流動性，須符合近 12 個月成交金額排名前 20%，或是近 12 個月至少有 8 個月的自由流通周轉率（月成交量／自由流通股數）達 3% 的上市櫃公司；符合的標的中挑出市值排名前 50 大的公司作為成分股。

　　2. 成分股權重依照市值與 5 項投資因子分數進行計算，市值愈大且評分

表1 **00912成立以來累積報酬率45.08%**
——中信臺灣智慧50（00912）基本資料

成立日期	2022.06.22	上市日期	2022.06.29
資產規模	15億元	追蹤指數	臺灣指數公司特選臺灣上市上櫃智慧50指數
除息月份	1月、4月、7月、10月	領息月份	2月、5月、8月、11月
配息頻率	季配	成立以來年化報酬率	16.77%
累積報酬率	近1年	近3年	成立以來
	30.21%	N/A	45.08%

註：1. 報酬率皆以市價計算，資產規模四捨五入至億元；2. 資料時間為 2024.11.29
資料來源：中國信託投信、MoneyDJ

愈高的公司會擁有較大的投資權重。個別成分股權重上限為 30%，且前 5 大成分股權重合計上限則為 65%。5 項因子分別如下：

①**品質因子（財務體質）**：主要會用 3 個指標，包含毛利率、營業利益率及毛利除以總資產的比例，以評估公司的獲利能力。

②**價值因子（公司價值）**：主要以益本比、營運現金流除以流動負債的比例進行評估；找出價值被低估、手頭資金充裕且債務壓力較低的公司。

③**規模因子（公司規模）**：以公司近 1 個月平均市值作為評分指標，近 1 個月平均市值較小的公司會給予更高的分數。之所以會這樣設計的主因，在於規模剛擠進前 50 名的公司往往擁有較大的營運潛力，且以目前市值規模排名在第 50 名附近的公司來看，市值也有 2,000 億元以上，因此不須

擔心投資到市值太小的標的。

④**成長因子（營運成長性）**：即公司的營運成長性，參考公司營收成長率。從回測績效來看，營收成長率愈高的公司往往也會擁有更出色的股價表現。

⑤**動能因子（股價動能）**：以近 6 個月還原股價報酬率、當日收盤價除以過去 1 年最高價、稅後淨利年增率除以稅後淨利年增率的標準差綜合計算，找出獲利會成長、股價也會漲的好標的。

大盤5日線跌破年線時會改為3因子模型

這檔 ETF 還有個特別之處，就是為了預防大盤大幅修正時持股也跟著暴跌而導入了防禦機制。只要大盤的 5 日線跌破年線，篩選原則就會由原先的 5 因子模型改為 3 因子模型，分別是財務體質、公司價值與公司規模；藉此在大跌時側重布局營運穩定的好公司，以降低投資組合的波動度。

中信臺灣智慧 50 的成分股大致上和元大台灣 50（0050）十分相近，它們都挑出市值最大的 50 家公司進行（詳見表 2）。不同之處在於，中信臺灣智慧 50 針對各家公司的投資權重會因 5 大投資因子的表現而異，因此像是大立光（3008）、凱基金（2883）與瑞昱（2379）等公司的市值雖然不是前 10 名，但基於它們的財務體質與公司價值等指標的分數較高，才能躋身前 10 大成分股的行列。中信臺灣智慧 50 智慧選股的特性，讓它能在個別公司的股價處於低檔時加碼布局，並在股價動能下滑後適度減碼。

表2 00912前3大成分股為台積電、聯發科、鈊象
——中信臺灣智慧50（00912）前10大成分股

代號	成分股	持股比重（%）	代號	成分股	持股比重（%）
2330	台積電	30.79	2881	富邦金	3.56
2454	聯發科	6.24	2379	瑞 昱	3.38
3293	鈊 象	4.88	2317	鴻 海	3.09
2603	長 榮	4.16	2883	凱基金	2.51
2615	萬 海	3.98	3008	大立光	2.51

註：資料時間為 2024.11.29　　資料來源：中國信託投信、MoneyDJ

這種操作雖然有追漲殺跌的成分，但很適用於波動明顯的個股。

適合賺取短期報酬，也能長期投資

觀察中信臺灣智慧 50 實際的績效，截至 2024 年 11 月底的 1 年累積報酬率約 30%，勝過不少高息型 ETF，但在 0050 的同期表現 46.85% 面前仍黯然失色。2024 年台股的上漲動能主要來自權值股，且盤勢波動幅度很大，導致股價回檔時容易因減碼而錯失反彈行情。

雖然中信臺灣智慧 50 追漲殺跌的特性，難免讓人懷疑它在盤整時期的表現，不過從該指數回測過去 10 年的累積報酬率達 730% 來看，顯示其投資策略仍有成效。

表3 **2024年00912殖利率達7.64%**
——中信臺灣智慧50（00912）配息紀錄

股利發放年度		當期股利（元）	年度合計（元）	年均殖利率（％）
2022	Q4	0.20	0.20	1.45
2023	Q1	0.20	0.87	5.82
	Q2	0.29		
	Q3	0.18		
	Q4	0.20		
2024	Q1	0.24	1.38	7.64
	Q2	0.23		
	Q3	0.25		
	Q4	0.66		

註：1. 年均殖利率採當年合計股利與年均股價計算；2. 資料時間為 2024.11.29
資料來源：Goodinfo! 台灣股市資訊網

　　中信臺灣智慧 50 採取季配息，過去幾季的配息大多落在 0.2 元～ 0.25 元上下，2023 年及 2024 年的年均殖利率分別約 5.8%、7.6%（詳見表 3），優於同期多數市值型 ETF 的 3% ～ 4% 水準。整體而言，兼具高勝率與高報酬率，既適合賺取短期報酬、也適合長期穩定投資。

復華S&P 500成長
從美股大盤精挑成長股

如何讓投資績效擊敗大盤一直是投資圈的一門大哉問，即便是經驗老到的基金經理人，要想連續幾年都將績效都維持在優於大盤的水準也不容易，更不用說一般投資人並沒有足夠的時間與心力進行研究，這就是為何節省時間又簡單易懂的 ETF 會成為這幾年的投資顯學。目前雖然有各種主題類型的 ETF，不過要在不同的時間點，精準挑出未來會站上潮流的 ETF 也非易事；若想進行長期投資，並試圖讓投資績效維持在優於大盤指數的水準，其實只要將大盤指數當中表現較佳的成分股挑出，另組成一個投資組合就能辦到。

在目前全球股市中，市值占比最高的美股無疑是最具有代表性的一個市場，其中 S&P 500 指數可說是最能代表美股大盤。目前市面上不僅有直接投資於追蹤 S&P 500 指數的 ETF，也有 ETF 是從指數中挑選營收、獲利與股價成長表現較佳的公司作為成分股，例如復華S&P 500成長（00924），就成功在上市後創造出優於大盤的亮麗表現。

S&P 500指數為選股池，再從2因子評分

　　復華 S&P 500 成長在 2023 年 4 月上市，會在每年 12 月定期調整成分股（詳見表 1）。復華 S&P 500 成長的成分股不僅須通過其篩選條件，在這之前還得先被 S&P 500 指數選中；因此在了解復華 S&P 500 成長前，我們先列出 S&P 500 指數的篩選規則提供大家參考：

　　1. 過去 4 季每股盈餘（EPS）總和與近 1 季 EPS 皆為正。

　　2. 成分股流通在外市值達總市值的 50% 以上，比率過低的公司可能代表其資訊較不透明或是內線交易的頻率較高，因此須將其排除。

　　3. 可投資權重係數（亦即流通在外股數占總股數比例）須達 0.1，避免少數市值較大的公司因持股掌握在少數人手上而導致流動性不佳。

　　4.「每年成交金額／流通在外市值」須達 0.75 以上，且過去 6 個月日均成交量達 25 萬股以上。

　　由於 S&P 500 指數的編製規則相對保守，除非成分股有被合併、違反多項篩選標準才會被剔除，否則通常都不會有太大的變動。在經過上述條件的把關後，復華 S&P 500 成長所追蹤的 S&P 500 成長指數又設計了 2 個因子，以找出潛力更大的成長股：

　　①**成長因子**：包含 3 個比率：「過去 3 年 EPS 波動／目前股價」、「過

表1 **00924成立以來累積報酬率66.37%**
——復華S&P 500成長（00924）基本資料

成立日期	2023.04.12	上市日期	2023.04.26
資產規模	37億元	追蹤指數	S&P 500成長指數
配息頻率	不配息	成立以來年化報酬率	37.46%
累積報酬率	近1年	近3年	成立以來
	42.88%	N/A	66.37%

註：1. 報酬率皆以市價計算，資產規模四捨五入至億元；2. 資料時間為 2024.11.29
資料來源：復華投信、MoneyDJ

去 3 年每股營收成長率」、「過去 12 個月股價變動率」。

②**價值因子**：包含：「每股淨值／股價」、「EPS ／股價」、「每股營收
／股價」。

這 2 個因子當中的每個比率都會分別進行評分，將其標準化後進行加總，
計算出該公司成長因子與價值因子各自的分數並進行排名，再將每一檔股票
成長因子的排名除以價值因子的排名，由高至低排序，並依照 S&P 500 指
數總市值分成 3 等分。

排名前 1/3 的標的被歸類為成長型個股，會無條件入選，占復華 S&P
500 成長投資比重 64%；排名位居中間 1/3 的個股則按照成長因子總分
由高至低入選，直至這個區塊入選的成分股占復華 S&P 500 成長投資比重

達到 36% 為止。

　　復華 S&P 500 成長的篩選流程雖然相當複雜，不過這種方式讓它成功挑出成長性更勝一籌的好公司，從而達成擊敗 S&P 500 指數報酬率的目標。

科技業占比最高，但整體產業配置仍屬均衡

　　基於 2023 年到 2024 年的股市與企業營運成長動能都以人工智慧（AI）相關產業為主，因此復華 S&P 500 成長的產業配置也集中在相關性較高的資訊與技術領域，根據 2024 年 10 月底的統計，占比將近 46%；不過配置在非科技產業的比重其實也不少，像是非核心消費將近 14%，通訊服務占約 12%，醫療保健、工業、金融及核心消費等合計占約 20%，產業配置相對均衡。

　　復華 S&P 500 成長的前 10 大成分股當中，包含大家所熟知的蘋果（Apple）、輝達（NVIDIA）、微軟（Microsoft）、亞馬遜（Amazon）等（詳見表 2），這些公司在最近這幾季的成長性確實都超越產業平均表現，符合其投資精神。

　　或許有一部分的人會認為美股是相對成熟的市場，縱使有少數公司的成長性驚人，但若以整體市場來看，會被不少成長性開始停滯、甚至面臨衰退的

表2 00924前3大成分股為蘋果、輝達、微軟
──復華S&P 500成長（00924）前10大成分股

代號	成分股	持股比重（%）
AAPL.US	蘋　果（Apple）	11.15
NVDA.US	輝　達（NVIDIA）	10.38
MSFT.US	微　軟（Microsoft）	9.78
AMZN.US	亞馬遜（Amazon）	6.92
META.US	臉　書（Meta）	3.98
TSLA.US	特斯拉（Tesla）	3.40
GOOGL.US	字　母（Alphabet）A股	3.18
GOOG.US	字　母（Alphabet）C股	3.06
LLY.US	禮　來（Eli Lilly）	2.40
AVGO.US	博　通（Broadcom）	2.38

註：資料時間為2024.11.27　　資料來源：復華投信、MoneyDJ

大公司而拖累；不過從統計資料來看，在全球七大工業國組織（G7，美國、德國、英國、法國、日本、義大利、加拿大）當中，美股的長期報酬率明顯比其他國家高出1倍以上，證實美股仍是最值得關注、最有機會賺取高額報酬的一個市場。

從產業配置的角度而言，復華 S&P 500 成長的首要目標並非為了追求高成長而承擔高風險，而是要在 S&P 500 指數的選股池中挑出成長性更佳的成分股，從而創造出優於 S&P 500 指數的績效。因此復華 S&P 500 成長

的產業組成會與 S&P 500 指數相近，但也會將其中競爭力較差的公司排除，這麼做的好處，除了能讓整體資產組合擁有更強的成長性，也能享有比科技型 ETF 更低的波動度。

報酬率擊敗S&P 500指數

　　從截至 2024 年 11 月底的 1 年績效表現來看，復華 S&P 500 成長累計報酬率達到42%，明顯優於追蹤 S&P 500 指數的元大 S&P 500（00646）的 38%，顯示復華 S&P 500 成長的選股策略奏效。從長期投資的角度來看，成長性愈高的公司必定會擁有更好的獲利能力與競爭力，無論是在題材面、基本面抑或是資金面都具有優勢，使公司的股價表現比同業更出色。另外需要留意的是，復華 S&P 500 成長並沒有配息機制，這或許會對某些需要穩定現金流的投資人造成困擾，不過以報酬率來看，資本利得絕對能遠遠超過領息的穩定收益；且換個角度想，投資人也能透過賣出部分持股的方式以創造屬於自己的現金流，讓資金配置更靈活。

　　整體而言，復華 S&P 500 成長是一檔少數以美股大盤指數作為選股池的 ETF，選擇美股的好處在於美國市場成長性較佳，長期報酬率具有優於其他國家股市的動能；且復華 S&P 500 成長透過層層篩選機制，不僅在 S&P 500 指數中挑出成長性較佳的公司，更成功繳出報酬率優於大盤表現的實際成績單。

Chapter 8

投資報告6

成長型個股

●8-1●

遊戲股王——鈊象
拓展海外市場 獲利續創高

　　研究機構 Newzoo 近期針對遊戲產業發布報告指出，2024 年在通膨緩解以及消費力道回溫的帶動之下，預期全球遊戲市場的產值將達到約 1,900 億美元的水準，相較 2023 年成長約 3%。

　　然而，隨著雲端遊戲服務商針對平台式服務（PaaS）與生成式人工智慧（AI）投入更多資源，使遊戲開發流程得以加速。

　　在台灣的遊戲公司當中，最受市場矚目的遊戲股王鈊象（3293），其主要的遊戲 App 包含《明星 3 缺 1》、《金猴爺》、《滿貫大亨》、《金好運》等。另外，公司有超過 80% 的員工都是屬於研發人員，在遊戲開發與維護的能力都堪稱頂尖，在目前的 AI 浪潮之下，無疑是讓鈊象能夠更進一步拉開與同業之間的差距，並讓公司得以順利拓展美國、歐洲與東南亞等地的版圖。

自有品牌網路遊戲營收占比約50%

對鈊象而言，AI 工具的使用範圍主要是圖像與影音的繪製，並提升程式撰寫的效率，使遊戲的畫面精緻度與運作效率得以優化。鈊象和同業最大的差異不只在於遊戲研發能力，公司的營收來源並未高度集中在台灣，截至 2024 年前 8 月，東南亞占 40%、台灣 29%、美國 12%、中國 12%，日本、歐洲及其他市場約 7%。

鈊象獲利大多來自網路遊戲，根據 2024 年 9 月的法說會資料，其 2022 年、2023 年以及 2024 年前 8 月的數據，網路遊戲營收占公司營收比重約 93%，其中自有品牌的營收占比約 50%，授權遊戲的營收占比約 43%，其餘占 7% 營收的來源則來自商用遊戲機台，自有品牌的高營收占比，是鈊象獲利比同業更出色的主因。

鈊象在 2024 年第 1 季雖然針對新遊戲投入較多行銷費用，不過受惠海外授權遊戲及《明星 3 缺 1》遊戲的營收成長，且公司 2023 年 9 月取得歐洲馬爾他執照，讓公司得以切入歐洲的遊戲市場，2024 年第 1 季開始貢獻營收，使整體營收與獲利都創下歷史新高（詳見表 1），季營收約新台幣 41 億 8,000 萬元，稅後淨利約 20 億 4,000 萬元；第 2 季受惠東南亞與歐洲地區的貢獻度持續提升，營收再創新高來到約 45 億 8,000 萬元，較第 1 季成長 9.5%，稅後淨利則提升到 22 億 8,000 萬元；第 3 季營收

表1 鈊象2024年起連續3季獲利創新高

——鈊象（3293）近12季營收與獲利表現

季度	營業收入（億元）	稅後淨利（億元）	EPS（元）
2021年第4季	28.29	11.81	16.77
2022年第1季	29.19	13.20	18.74
2022年第2季	28.73	13.33	9.46
2022年第3季	29.89	14.92	10.59
2022年第4季	31.67	13.34	9.46
2023年第1季	33.24	14.43	10.24
2023年第2季	34.79	16.64	11.81
2023年第3季	35.83	17.45	12.39
2023年第4季	37.90	15.74	11.17
2024年第1季	41.77	**20.37**	14.45
2024年第2季	45.75	**22.76**	8.08
2024年第3季	46.98	**21.74**	7.71

資料來源：XQ全球贏家

繼續成長，約 47 億元，稅後淨利則約 21 億 7,000 萬元。

連續3年配發高現金股利與股票股利

另外在股利的部分，鈊象也配得相當大方。以發放年度來看，2022 年配出每股現金 50 元、股票 10 元的高額股利；2023 年則配發每股 35 元的現金股利；2024 年則是每股現金 35 元、股票 10 元的股利，相當驚人。

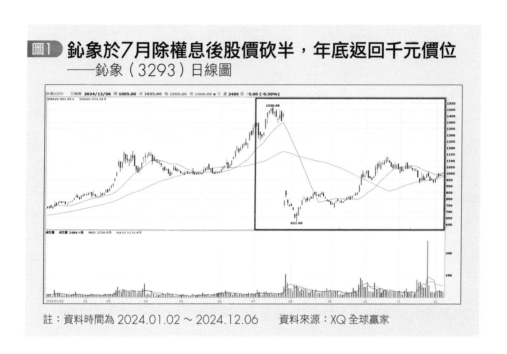

圖1 **鈊象於7月除權息後股價砍半，年底返回千元價位**
── 鈊象（3293）日線圖

註：資料時間為 2024.01.02～2024.12.06　　資料來源：XQ 全球贏家

可以看到 2024 年第 1 季鈊象的每股盈餘（EPS）高達 14.45 元，但是第
2 季獲利明明創新高，EPS 卻只有 8.08 元，就是因為股本膨脹 1 倍的因素，
除權息前最高來到 1,520 元的股價，自然也因此而在 2024 年 7 月除權息
後大幅砍半（詳見圖 1）。然而，隨著鈊象的成長動能持續，股價也漸漸重
返千元價位。

　　鈊象認為，台灣與美國市場都已經接近飽和，營運策略是將重心放在旗
下較熱門的 App，包含《明星 3 缺 1》、《金猴爺》、《金好運》等遊

戲,透過定期推出活動的方式以維持遊戲熱度,2024 年的營收貢獻預期與 2023 年差異不大。

以地區而言,2024 年以來主要的成長性來自東南亞,因東南亞國家較多、代理商多元,且各家公司的市占率都不高,還有很大的發展空間。鈊象在東南亞的遊戲市場雖然屬於後進者,但因為公司的產品競爭力強,陸續有多家遊戲商和公司簽約。

2023 年底時,鈊象的東南亞市場占公司營收比約 31%,到了 2024 年 8 月已達到 40%。公司預期,東南亞地區的營收將由 2023 年的 44 億元,成長至 2024 年的 60 億～ 70 億元,且未來 3 年內都會維持成長趨勢。

歐洲市場的部分,目前鈊象主要是透過子公司 TaDa Gaming 以遊戲供應商及開發商的角色協助當地代理商上架遊戲;公司原先認為 2024 年第 4 季才會逐步發酵,不過目前遊戲送審的進度比原先預期更快,已有超過 20 款遊戲上線,使營收貢獻時程提前。公司認為歐洲遊戲市場的格局與東南亞較為相似,各家遊戲公司的市占率都不高,使後進者具有較大的發展空間。

商用遊戲機的部分,近幾年市場規模雖有所萎縮,逐步被線上遊戲取代,不過賭場仍有定期採購並維護機台的需求;且近 2 年來在疫情趨緩下使賭場人流回溫,讓機台出貨也逐步回到正常水準。鈊象因應客戶需求,在

2024 年第 2 季與第 3 季分別推出新款商用遊戲機，看好 2024 年商用遊戲機營收將達到約 15 億元的水準。

　　整體而言，鈊象不僅能善用 AI 工具以提升遊戲品質並降低營運成本，公司也憑藉技術優勢，順利地以後進者的姿態切入東南亞與歐洲市場。未來隨著遊戲陸續在當地上線，鈊象整體營收與獲利勢必還會有更大的成長性，是遊戲產業中相當值得關注的公司。

軸承大廠——富世達
具摺疊手機、伺服器滑軌雙動能

自從中國柔宇科技在 2018 年推出全球第一款摺疊螢幕手機（以下簡稱摺疊手機）FlexPai 以來，摺疊手機就開始成為韓國三星（Samsung）與中國華為（HUAWEI）等手機廠的兵家必爭之地。

現階段摺疊手機螢幕仍有摺痕明顯的問題，且隨開合次數增加，摺痕將在使用 2 年～ 3 年後更明顯；不過隨著技術改善與製造商增加，這個問題持續被改善，讓更多使用者的接受度提升。未來當摺疊手機滲透率逐步提升，相關供應鏈也可望邁入高速成長期，若有興趣關注這個產業，可研究一下專攻手機軸承的富世達（6805）。

2024年前3季獲利創新高

富世達成立於 2001 年，2024 年前 3 季的營收，約 84.5% 來自手機軸

表1 富世達2024年前3季累積EPS達11.88元
——富世達（6805）近12季營收與獲利表現

季度	營業收入（億元）	稅後淨利（億元）	EPS（元）
2021年第4季	23.86	2.21	3.86
2022年第1季	15.39	1.66	2.75
2022年第2季	11.71	1.28	2.11
2022年第3季	10.92	1.20	1.99
2022年第4季	12.11	1.50	2.48
2023年第1季	8.87	0.76	1.26
2023年第2季	14.15	1.78	2.95
2023年第3季	15.64	1.98	3.27
2023年第4季	17.78	1.76	2.85
2024年第1季	17.11	2.24	**3.27**
2024年第2季	17.19	2.56	**3.74**
2024年第3季	19.88	3.34	**4.87**

資料來源：XQ 全球贏家

承、12% 來自筆電軸承，2% 來自伺服器滑軌。而中國手機大廠華為是主要客戶，占富世達整體營收比重超過 6 成，其次為美商摩托羅拉（Motorola）。富世達的優勢在於技術能力較佳，且近幾年透過申請專利建立技術壁壘，讓後進者必須選擇向公司支付專利權費用，抑或是付出更多心力研發新設計，讓富世達與其他競爭者的差距拉大。富世達在 2024 年第 3 季繳出 19 億8,800 萬元的單季營收，單季稅後淨利首次突破 3 億元，累計前 3 季的稅後淨利 8 億 1,400 萬元，每股盈餘（EPS）共 11.88 元（詳見表 1），獲

利年成長高達 80%，也難怪股價會從 2023 年底約 380 元，於 2024 年時晉升千金股（詳見圖 1）。

目前對軸承需求最大的電子產品其實是筆電與平板，1 台筆電平均會使用 8 個～ 10 個軸承，且必須承受 2 萬～ 3 萬次的開合可靠性測試。而摺疊手機的市場規模雖然遠小於筆電與平板，但 1 支摺疊手機所需使用的軸承數量則往往會達到 100 個以上，且必須承受 15 萬～ 25 萬次的開合可靠性測試；這讓摺疊手機軸承的毛利率動輒達到 30% 以上、遠大於筆電與平板的水準。因此在軸承技術與專利都掌握優勢的富世達，才會將重心都放在摺疊手機。

華為瓜分三星摺疊機市場，富世達持續受惠

軸承設計的部分，過往摺疊手機的軸承多採用馬蹄型設計，而水滴型設計有更緊密的貼合效果，更適用於頻繁開合、且開合角度較大的產品，因此目前華為與其他手機廠都以此設計為主，對專攻水滴型設計的富世達有利。根據研究機構 Gartner 預估，2024 年受惠華為推出新機，將帶動全球摺疊手機出貨量達 2,720 萬支；2025 年在更多品牌推出新機種的挹注下，可望增加至 3,790 萬支。目前摺疊手機市場龍頭是三星，2022 年掌握約 8 成市占率，但受到中國手機廠加入競爭，三星於 2023 年的市占率下滑到將近 7 成；而華為在摺疊手機的設計上更貼合消費者需求，螢幕也較三星更

圖1 2024年富世達股價突破千元
——富世達（6805）日線圖

註：資料時間為 2023.09.01 ～ 2024.12.06　　資料來源：XQ 全球贏家

不明顯，市場看好華為在 2025 年的市占率自當前約 19% 提升到 25%。

切入伺服器滑軌市場，毛利率可達50%以上

　　除了摺疊手機，受惠母公司奇鋐（3017）的技術與資源挹注，富世達目前也切入伺服器滑軌市場，2024 年第 3 季開始提供 1U 伺服器滑軌給資料中心業者（編按：U 為伺服器機箱的高度，1U 為 4.445 公分），另外，2U 及 4U 規格產品也已通過客戶認證。雖然目前伺服器滑軌占富世達營收

比重仍低，但基於滑軌屬於寡占市場，且毛利率可達到 50% 以上、明顯優於摺疊手機軸承，可望對富世達未來營運帶來不小貢獻。

另外，備受矚目的輝達（NVIDIA）GB200 伺服器導入水冷散熱系統，而奇鋐為其水冷板模組廠的主要供應商之一，當中的重要元件快接頭則交由富世達負責，使富世達也成為輝達伺服器供應鏈的一員。整體而言，富世達不僅有原本的摺疊手機成長動能，還切入了 AI 伺服器商機，相當具有潛力。

隨時持有
能夠安心長抱的標的

在這本書中，大俠已經向大家介紹了關於如何布局 ETF 的心法，還提供了 26 檔 ETF、14 檔金控股與 2 檔成長型個股的投資分析。這一切並不是紙上談兵，而是實戰結果的見證。

2024 年開局，大俠帳上的未實現損益 84 萬元；截至 10 月 15 日，未實現損益為 1,468 萬元。這段期間，經歷了 6 月、7 月台股狂歡衝上 2 萬 4,000 點，也經歷了 8 月初市場的大型恐慌。當時大俠帳面上的未實現虧損一度達到 157 萬元，也把握住這波大跌大量買進。而後市場開始反彈，帳上報酬逐漸回升並轉正，短短 1 個月內未實現損益來到 661 萬元（詳見圖 1）。你會看到大俠的對帳單上不僅有 ETF，也會有一般個股，且個股報酬也相當不錯，但為什麼還是鼓勵大家以投資 ETF 為主呢？

大俠常常強調，只要是剛進入市場，或是打算正要好好累積資產的人，投

圖1 **2024年8月28日帳上未實現損益661萬元**
——大俠的投資對帳單

		商品	損益	報酬率	類別		幣別
損益:6,614,405							
下單	明細	元大台灣50	110,084	2.4%	現股	25,734	台幣
下單	明細	富邦科技	71,227	4.03%	現股	10,264	台幣
下單	明細	富邦台50	56,360	1.92%	現股	27,951	台幣
下單	明細	富邦公司治理	14,416	3.2%	現股	10,837	台幣
下單	明細	元大台灣高息低波	171,048	4.84%	現股	63,868	台幣
下單	明細	富邦臺灣中小	49,686	3.97%	現股	23,241	台幣
下單	明細	國泰臺韓科技	593	0.07%	現股	26,529	台幣
下單	明細	統一FANG+	16,367	0.95%	現股	20,527	台幣
下單	明細	元大全球AI	11,911	2.9%	現股	7,151	台幣
下單	明細	永豐美國500大	18,041	2.97%	現股	20,024	台幣
下單	明細	元大全球未來通訊	10,650	2.73%	現股	9,552	台幣
下單	明細	元大全球5G	-41,227	-3.52%	現股	29,694	台幣
下單	明細	國泰智能電動車	15,229	4.67%	現股	15,869	台幣
下單	明細	富邦特選高股息30	-17,559	-3.35%	現股	33,569	台幣
下單	明細	新光臺灣半導體30	5,509	3.36%	現股	9,334	台幣
下單	明細	大華優利高填息30	13,721	2.17%	現股	26,312	台幣
下單	明細	群益台灣精選高息	5,923	0.74%	現股	32,870	台幣
下單	明細	復華S&P500成長	9,493	3.86%	現股	11,366	台幣
下單	明細	群益半導體收益	18,283	6.2%	現股	16,295	台幣
下單	明細	復華台灣科技優息	-1,841	-0.28%	現股	33,565	台幣
下單	明細	台新永續高息中小	-71,422	-5.01%	現股	80,473	台幣
下單	明細	統一台灣高息動能	6,898	2.62%	現股	18,461	台幣
下單	明細	亞力	101,889	83.42%	現股	1,653	台幣
下單	明細	鈊象	4,600,857	23.67%	現股	29,775	台幣
下單	明細	富世達	1,405,174	64.99%	現股	4,452	台幣
下單	明細	國統	33,095	39.23%	現股	1,749	台幣

資優質的 ETF 會是最好的開始，也是你應該要擁有的資產核心部位。當你有了豐厚的投資報酬之後，還可以一邊同時學習個股的投資，屆時想再撥出一部分資金去參與也不遲，就算真的看錯，帳上還有原本的 ETF 報酬可以 Cover（照顧），避免全盤皆輸的後果。

畢竟在還不懂市場漲跌邏輯時，就把身上的資金投入不熟悉的個股，是相當危險的事。就算是真的看對產業也買對股票，也可能因為缺乏正確的認知，而在市場恐慌時退場，也終究賺不到上漲的甜頭。別忘了，在系統性風險發生時，無論基本面再好，任何股票都會跌。

受惠人工智慧（AI）科技的發展，無論是美國科技大廠或是台灣的供應鏈，產業前景都呈現不可思議的樂觀，也使得當前台股和美股都衝上歷史水位高檔。我們很幸運能參與到這場盛會，但是也要注意，就算前景再好，股市也不是天天都在漲；一個經濟指標的變動、美國總統的一句話，都可能讓股市出現驚人的波動，以前跌個幾百點就很嚇人，但是 2024 年 8 月 5 日的大跌，可是一天就跌了 1,807 點！如果再次發生大型恐慌的時候，而你也敢大量買進，最令人放心的標的應該還是 ETF，因為你透過 ETF 所投資的是一籃子股票，或是一整個市場，不用擔心單一公司有破產倒閉危機。既然要長期待在市場，就得隨時持有能讓我們安心長抱的標的。

這本書匯集了大俠近年來的投資心法，希望能幫助讀者們實現更有品質的生活。如果想要掌握大俠的最新動態，也歡迎到 YouTube 搜尋「大俠武林」，將能每週看到大俠的直播內容，聽聽大俠是怎麼面對每天的市場變化。

大俠始終都認為，平時專注本業，努力加薪、累積銀彈、紀律買進，然後等待恐慌時大舉 All in（全部投入），定能取得漂亮的長線報酬。最後也祝福所有讀者，能夠盡早開始穩健投資，一步一腳印，達成財富自由的目標。

大俠武林

國家圖書館出版品預行編目資料

大量買進：專注本業,閒錢All In：大俠武林教小資變富有
的實戰練習/大俠武林著. -- 一版. -- 臺北市：Smart智富
文化, 城邦文化事業股份有限公司, 2024.12
　　面；　　公分
ISBN 978-626-7560-06-8(平裝)

1.CST: 股票投資
563.52　　　　　　　　　　　　　　　　113018657

Smart智富
大量買進
專注本業，閒錢All In──大俠武林教小資變富有的實戰練習

作者　大俠武林
企畫　黃嫈琪

商周集團
執行長　郭奕伶

Smart 智富
社長　林正峰（兼總編輯）
總監　楊巧鈴
編輯　邱慧真、施茵曼、梁孟娟、陳婕妤、蔣明倫、
　　　劉妍志、劉鈺雯
協力編輯　曾品睿
資深主任設計　張麗珍
封面設計　廖洲文
版面構成　林美玲、廖彥嘉

出版　Smart 智富
地址　115 台北市南港區昆陽街 16 號 6 樓
網站　smart.businessweekly.com.tw
客戶服務專線　（02）2510-8888
客戶服務傳真　（02）2503-6989
發行　英屬蓋曼群島商家庭傳媒股份有限公司城邦分公司

製版印刷　科樂印刷事業股份有限公司
一版一刷　2024 年 12 月
ISBN　978-626-7560-06-8